HERMES

在古希腊神话中，赫耳墨斯是宙斯和迈亚的儿子，奥林波斯神们的信使，道路与边界之神，睡眠与梦想之神，亡灵的引导者，演说者、商人、小偷、旅者和牧人的保护神……

西方传统　经典与解释

HERMES
Classici et Commentarii

柏拉图注疏集
Platonis opera omnia
cum commentariis

刘小枫 甘阳◎主编

柏拉图的灵魂学

Plato's Psychology

[加] 罗宾逊 Thomas M. Robinson ｜ 著

张平 ｜ 译

黄薇薇 ｜ 校

華夏出版社

古典教育基金・蒲衣子资助项目

"柏拉图注疏集" 出版说明

"柏拉图九卷集"是有记载的柏拉图全集最早的编辑体例,相传由亚历山大时期的语文学家、数学家、星相家、皇帝的政治顾问忒拉绪洛斯(Θράσυλλος)编订,按古希腊悲剧演出的结构方式将柏拉图所有作品编成九卷,每卷四部(对话作品 35 种,书简集 1 种,共 36 种)。1513 年,意大利出版家 Aldus 出版柏拉图全集,被看作印制柏拉图全集的开端,遵循的仍是忒拉绪洛斯体例。

可是,到了十八世纪,欧洲学界兴起疑古风,这个体例中的好些作品被判为伪作;随后,现代的所谓" 全集" 编本迭出,有 31 篇本或 28 篇本,甚至 24 篇本,作品前后顺序的编排也见仁见智。

俱往矣! 古典学界约在大半个世纪前已开始认识到,怀疑古人得不偿失,不如依从古人受益良多。回到古传的柏拉图"全集"体例在古典学界几乎已成共识(Les Belles Lettres 自上世纪二十年代始陆续出版的希法对照带注释的 *Platon Œuvres complètes*,以及 Erich Loewenthal 在上世纪四十年代编成的德译柏拉图全集,均为 36 种 + 托名作品 7 种),当今权威的《柏拉图全集》英译本(John M. Cooper 主编,Plato,Complete Works,Hackett Publishing Company 1984,不断重印)即完全依照"九卷集"体例(附托名作品)。

"盛世必修典"——或者说，太平盛世得乘机抓紧时日修典。对于推进当今中国学术来说，修典的历史使命不仅是续修中国古代典籍，还得同时编修古代西方典籍。古典文明研究工作坊属内的"古典学研究中心"拟定计划，推动修译西方古代经典这一学术大业。我们主张，修译西典当秉承我国清代学人编修古代经典的精神和方法。精神即敬重古代经典，并不以为今人对世事人生的见识比古人高明；方法即翻译时从名家注疏入手掌握文本，考究版本，广采前人注疏成果。

"柏拉图注疏集"将提供足本汉译柏拉图全集（36 种＋托名作品 7 种），篇序从忒拉绪洛斯的"九卷集"。尽管参与翻译的译者都修习过古希腊文，我们还是主张，翻译柏拉图作品等古典要籍，当采注经式译法，即凭靠西方古典学者的笺注本和义疏本迻译，而非所谓"直接译自古希腊语原文"。如此注疏体柏拉图全集在欧美学界亦未见全功。德国古典语文学界于 1994 年着手"柏拉图全集：译本和注疏"，体例从忒拉绪洛斯，到 2004 年为止，仅出版不到 8 种；Brisson 主持的法译注疏体全集九十年代初开工，迄今也尚未完成一半。

柏拉图作品的义疏汗牛充栋，而且往往篇幅颇大。这套注疏体汉译柏拉图全集以带注疏的柏拉图作品为主体，亦收义疏性质的专著或文集。编译者当紧密关注并积极吸收西方学界的相关成果，不急于求成，务求踏实稳靠，裨益於端正教育风气、重新认识西学传统，促进我国文教事业的新生。

刘小枫　甘阳

2005 年元月

谨将此书献给我心爱的妻子欧娜，我已将此生献给了她。

青春多么美丽，
然而匆匆凋谢！
同样，想要幸福的人：
明天没有确定性。

洛伦佐·德·美第奇

目　　录

中译本导言

黄薇薇

《柏拉图的灵魂学》主要以《蒂迈欧》为研究主线，把柏拉图对话中所有涉及灵魂的部分拉通来解释，试图梳理出一条清晰的"灵魂观"线索。

按照《蒂迈欧》的叙述，灵魂分为"世界灵魂"与"个人灵魂"两部分。有关"世界灵魂"部分，作者主要参照《斐多》对灵魂的本质及其性质的分析，即以《斐多》的灵魂观为理论基础，建立灵魂的总体概念和特征，再专门探讨"世界灵魂"的生成过程和性质。有关"个人灵魂"部分，作者则主要参照《王制》，以"灵魂三分"的概念来对堪《蒂迈欧》中对个人灵魂的论述。

在篇章安排上，作者首先讨论《斐多》（第二章），然后讨论《王制》（第三章），接下来用两章讨论《蒂迈欧》（第四、五章），余下各章讨论《斐德若》《治邦者》《斐勒布》《法义》和《法义附言》中有关灵魂的论述（第六至十章），但无不是在前四章的基础上进行对勘和增减。当然，对于这样的安排，作者在"初版前言"中做了如此假设：柏拉图的"灵魂观"（尤其"世界灵魂观"或"宇宙灵魂学"）一定有一个发展过程，理应按照对话的写作顺序来建立其灵魂学说之体系，尽管学界对于对话的排序尚有诸多争议，作者还是按照自己的理解和分析做出了以上排序的选择。

不过，到了第二版，作者对于初版的排序问题有了新的看法，认为《治邦者》并不晚于《斐德若》，而是与《蒂迈欧》更为接近，即应该把《治邦者》和《斐德若》的位置交换一下。理由是，在初版的时候，作者认为，"灵魂做自我运动"，但到了第二版的时候，他认为"灵魂做自我运动"这一说法其实是柏拉图的推断，并不是理直气壮的论证，况且《蒂迈欧》和《治邦者》都不涉及"灵魂做自我运动"这一说法，这一说法只在《斐德若》和《法义》中才比较重要。作者虽然对排序问题有新的看法，但认为这并不影响初版对于灵魂学的讨论，所以第二版原封不动出版。

就"灵魂学"问题，作者锁定在灵魂的本质和性质两个方面，也就是主要探讨灵魂是什么，以及有怎样的特征。总体上说，灵魂与身体一样，是一个实体，但这个实体究竟是独立于身体还是包含了身体，作者认为柏拉图并未给出明确说法，尤其在早期对话中说得比较含混。但作者分析了《克力同》《卡尔米德》《阿尔喀比亚德》《普罗塔戈拉》以及《高尔吉亚》的相关段落后，偏向于认为，灵魂这个实体其实就是"整个人"，即"自我"，也就是"灵魂 = 人"。身体与灵魂不是简单的二元论关系，灵魂并非是外在于身体且具有身体之形的复制品，一个完整的人不是身体加灵魂的总和，一个人就是灵魂本身，人就是灵魂。身体和灵魂虽然都是实体，但身体不能离开灵魂独立存在，身体依赖于灵魂，身体与灵魂有着特殊的所属关系。

然而，就《斐多》而言，作者认为柏拉图其实并未提出比早期对话更清楚的灵魂概念。与作者归纳的柏拉图早期灵魂观不太一致的地方是，《斐多》中的灵魂观认为灵魂是独立于身体的实体，具有认知性或者认知能力。灵魂与身体最大的差异在于，灵魂可以触及实在（真理），但身体和身体之需却总是妨碍灵魂拥有真理，因此灵魂总是想摆脱身体的束缚而试图"自己独立"。在这种情况下，灵魂看起来就像是"另一个人"，也即身体的"复制品"。

作者认为，如此"个人化"的描述只是为了便于说明灵魂的特征，即灵魂有前世、有此生而且在身体去世之后还会有来世，灵魂不朽。灵魂不朽的基础是灵魂有认知能力，因为有了认知能力，灵魂就能够回忆出自己的前世。正是因为这一点，《斐多》就比早期对话呈现的灵魂观多提出了一点，即认为灵魂还是一种生命原则，灵魂先于身体存在，并在身体死后可以继续存活。但是，如果把灵魂视为生命原则，灵魂就是变化的，这与灵魂能够认识并接近静止的且永恒实在矛盾，所以作者认为柏拉图在《斐多》中的灵魂观依然是模糊的。

作者认为，在《王制》中柏拉图呈现的灵魂观与《斐多》中的有类似之处，即灵魂也是生命原则和认知原则，但因为引入了"功能"（或"德性"）的概念，灵魂便具有了伦理和道德意义，灵魂有着独一无二的德性——正义。唯有生活得好的人才有正义，并享有幸福。然而，正义究竟是什么，对应灵魂怎样的活动，这些问题引出《王制》对灵魂内部的进一步细分，并由此提出"灵魂三分"的概念。与城邦阶层对应，灵魂被分成了理性、血气和欲望三个部分；而正义，对于城邦和个人来说都一样，即各组成部分"各司其职"。正义的人，就是让灵魂的三个部分和睦相处，让理性部分统治血气和欲望两个部分。

此外，《王制》也涉及灵魂与自我的关系。与《斐多》一样，《王制》中的灵魂即自我，但作者认为这里的自我有时只是指灵魂本身，有时又是指灵魂与身体的结合体，有点像超越身体和灵魂这个结合体的另一种实体，故二者的确切关系在《王制》中并无定论。有关灵魂不朽方面，作者主要把这部分论证建立在《斐多》的基础之上，突出灵魂不朽不是三个部分中理性部分的不朽，而是整个灵魂的不朽，即灵魂在身体死亡之后得以存活是作为整体的灵魂而非灵魂的一个部分继续活着。有关灵魂的欲望和快乐，《斐多》把这些都归给身体，但《王制》则允许灵魂各部分有自己的欲望和快乐，健康快乐的灵魂就是三个部分欲望之间的平衡。

《蒂迈欧》处理的主要是世界灵魂，即宇宙灵魂学的问题。宇宙是生成的，在时间上有一个开端，但宇宙生成之前就有了灵魂，就是说世界的灵魂先于世界的身体存在。灵魂的这种先在性在《斐多》中就已出现。但是，柏拉图在讲述世界灵魂的创作时，却把它放在了世界身体的创作之后。对于这个难题，作者认为这是柏拉图便于图示化地讲解世界及其灵魂的产生而为。从种类上说，世界灵魂与早期对话中的灵魂概念没有什么区别，都是一种生命原则，都有理智和不朽的部分，并因此也具有认知性，从而也是一种认知原则。然而，世界灵魂似乎不涉及非理智的部分，也就无法与个人灵魂的血气部分和欲望部分对应。作者详细地分析了世界灵魂的构造过程，其构造的成分和比例是区分世界灵魂做同和异的运动的依据，而世界灵魂的运动则统领或带动了整个宇宙的运动。

不过，世界灵魂的运动对宇宙的运动只是产生了极大的影响，并非激发宇宙运动的第一动力，宇宙似乎像个生物那样，做自我运动。至于人的灵魂，其理智部分是造物主所造，用的原料是塑造世界灵魂之后剩下的材料，混合的比例也与世界灵魂的一致，只是在纯度上有差异。人的灵魂塑造好之后被分配到各自所属的行星生活，然后开始转世，每一世只要好好生活，肉体死亡后，灵魂就会重返之前被分配的行星生活，倘若不好好生活，就会在下一世转变成女人，倘若在当女人的时候还继续堕落，那就再转世为与其性情相应的野兽。

世界及其灵魂的形成和运动都与造物主相关，那么造物主是什么，有没有灵魂也需要讨论。作者认为，造物主塑造了世界及其灵魂，造物主先于世界及其灵魂存在，因而造物主也是一个实在，是一种灵魂，但这种灵魂与世界灵魂是两回事。造物主是一种有理智的灵魂，且永恒，世界灵魂也有理智，其运动也是永恒的，但二者存有差异，造物主的理智和灵魂不是被造的，因而是非依赖性的，而世界的灵魂和理智却是造物主创造的，因而依赖于造物主，世界灵魂的永恒运动也只是时间上的持续，不是自发的，也不能自我维持。

此外，《蒂迈欧》也提到了灵魂的三分，灵魂的每个部分都相应地置入了身体的特殊部位，理性部分在头部，血气部分在颈部和横膈膜之间，欲望部分在腹部。但与《王制》的差别在于，《蒂迈欧》只把理性部分视为不朽，而把血气和欲望部分归为可朽，因此实际上仍然是二分说。

作者认为，相较于《蒂迈欧》中的灵魂观，《斐德若》提出了一种新的灵魂观，涉及灵魂本身，不是宇宙灵魂，也不是个人灵魂，而是作为整体的灵魂。这种灵魂是运动的本源，做永恒的自我运动，像神一样关照没有被赋予灵魂的事物。这在《蒂迈欧》中仅指造物主，而《斐德若》却认为这适用于所有灵魂，但作者认为这种灵魂仅指理性灵魂。

《治邦者》则更为清楚地表达了宇宙的本质：宇宙是一个生物，有灵魂，也不朽，但此不朽与世界灵魂一样，依赖于造物主。然而，《治邦者》的灵魂观也有新的发展，即造物主也有运动，且做自我运动；而且，宇宙的灵魂虽也依赖于造物主，但不只是处于永久运动中，自身也做自我运动。作者据此认为，《治邦者》把之前对话中说得不太清楚的地方都明朗化了，理念、造物主、世界灵魂和世界身体之间有一个清晰的等级关系。

理念是唯一真实的实在，是造物主凝视的对象，给世界灵魂起着范式作用；随之是造物主，是最纯粹的有理智的灵魂，造物主塑造了世界灵魂，是世界灵魂得以形成的有效原因；次之为世界灵魂，世界灵魂依赖于造物主，故其永恒性也仍是依赖性的；最后是世界身体，世界身体与世界灵魂分不开，世界身体的各因素会阻止和妨碍世界灵魂的运动。在《蒂迈欧》中，造物主与理念似乎是平行的对照关系，不存在等级秩序，但在《治邦者》中，二者的关系就比较明显，理念超越造物主。

《斐勒布》承接的是灵魂的快乐和欲望问题。快乐和欲望在《斐多》中全部归给了身体，在《王制》中则允许灵魂为其保留一席之地。《斐勒布》则重申了灵魂也有快乐，知识就是灵魂最纯粹的快乐。至于世界灵魂和个人灵魂问题，《斐勒布》认为世界灵魂是人的灵魂和理智的模板，此外并没有提出新的灵魂观。

《法义》中的灵魂观处理的不是特殊灵魂，而是一般性的灵魂问题。作者认为，《法义》中的灵魂也是运动的本源，做永恒的自我运动，但这种灵魂指的是一种宇宙质料或生命力，在伦理和理智上是中性的，是所有伦理或理智活动的必要条件。这种灵魂质料类似于《蒂迈欧》中的世界灵魂，比世界的身体更古老，但也是生成的。也就是说，这种灵魂也依赖于某种其他的存在，这种存在就是神圣棋手，就像《蒂迈欧》中的造物主。此外，灵魂的运动也有变化，是"希望、思考、预见、建议、判断、真或假、快乐、痛苦、希望、恐惧、仇恨、热爱"等运动，灵魂通过这些运动来引导宇宙的运动。《法义附言》并未有新的灵魂观提出，不过是把神或造物主视为世界灵魂的胞体。

《柏拉图的灵魂学》按照柏拉图对话的写作顺序，把对话中有关"灵魂"的部分集中到一起进行讨论，分析了灵魂的概念、灵魂的本质、灵魂的运动、灵魂的性质、灵魂与身体的关系，灵魂与自我的关系，以及世界灵魂与造物主的关系。大体可归纳出如下观点：灵魂是一种不同于身体的实体，是一种认知原则、道德原则和生命原则，灵魂有时高于身体，统领身体，等同于整个的人（或自我），有时又是与身体相当的独立实体，整个人（或自我）则是灵魂与身体的结合体。灵魂可分为世界灵魂与个人灵魂，世界灵魂是造物主所造，处于永久的运动状态，但这种运动不是自发的，而是依赖于造物主，造物主也是一种灵魂，是不同于世界灵魂的有理智的灵魂，造物主也有运动，做自我运动。造物主类似于神，神不是理念，神只是接近理念，因此造物主也区别于理念，造物主凝视理念创造了世界灵魂，因而造物主是世界灵魂的有效原因，而理念是世界灵魂的范式原因。个人灵魂具有灵魂的总体特征，内部则可以分为理智和冲动两部分，也可分为理智、血气和欲望三个部分。作为整体的个人灵魂不朽，可以转世。转世有男女性别之分，也可以转世为不同秉性的动物，转世为何物既与此世的德性有关，也与灵魂的意愿相关。

（北京第二外国语学院文化与传播学院）

初版前言

[ⅸ] 目前，柏拉图的哲学研究似乎有个重要空白，以下诸页试图填补这一空白。第二次世界大战以来，有大量著作研究柏拉图的"知识论"（Theory of Knowledge），这有助于理解对话中许多迄今仍然晦暗的角落。然而，"柏拉图主义的另一支柱"，灵魂或心智（psyche）学说，却只获得零星关注，这不免让人惊讶，因为"心智论"（Theory of Mind）与"知识论"密切相关。整整一个世纪过去了，也没有出现一本专门讨论柏拉图灵魂观的英文著作。1862年，沙涅（A. -Ed. Chaignet）出版了一本《柏拉图的灵魂学》（*De la Psychologie de Platon*），此书本能地打上了他个人的唯心主义（或哲学的）烙印，很少公正地倾听柏拉图的对话。西姆森（J. Simson）1889年出版了《柏拉图的灵魂概念》（*Der Begriff der Seele bei Platon*），这本书好一些。其最大的优点在于，冷静地处理了柏拉图本人的文字，实事求是地用文本来证明每一个普遍的看法；美中不足

在于，书太单薄，不够全面。书中所谈内容，可圈可点，但不够深入。巴思（H. Barth）的《柏拉图哲学中的灵魂》（*Die Seele in der Philosophie Platons*）出版于 1921 年，离我们的时代更近。但这本书只能算一种倒退，像沙涅的专著一样，也充斥着他个人的哲学偏见［这一次是生命哲学（Lebensphilosophie）］，因而可以说毫无价值。

本书试图就柏拉图每篇对话谈及的灵魂本质、个人灵魂和宇宙灵魂等问题，尽量提供一个清晰和全面的说法。这难免牵涉大量阐释，但我尽量让文本为自己说话。就"个人"灵魂学而言，我认为对话并未表明柏拉图做了什么特别"发展"。相反，他似乎在不同的场合使用了不同的灵魂"模式"（统一、二分、三分等等）。［x］直到生命的尽头，柏拉图在这方面都没有特别受教条主义束缚。至于"宇宙"灵魂学，本书认为，对话确实表明了某种发展，尽管仍有很多模糊之处。

柏拉图对话的相对顺序，这是每个研究柏拉图的人都得面对的问题。我遵从普遍认可的顺序，但《蒂迈欧》和《斐德若》除外。我尝试（按那个次序）把这两篇对话放到《王制》（译按：又译《理想国》）之后。要论证这一点，需要另写一本书。目前只需说，我认为这样的顺序与之前的顺序相比，能够让柏拉图的宇宙灵魂学和宇宙神学遵循一个更容易让人理解的发展模式。这只是我个人的看法，我希望这不会太影响我对"后期"对话的分析，以免妨碍读者，他们应该根据柏拉图在具体体场合说的话来形成自己的判断。因为，本书的最终目的是，希望读者能够基于我对相关文本所做的精确且毫无偏见的解释，就特定问题形成自己的意见。在此意义上，我倒认为自己干的是洛克在《人类理解论》中所说的"小工"（under-laborer）之活儿。

Psyche 这个词，一直很难翻译。究竟该译成"灵魂""心智"，还是"个人"？译者们争论不休。我考虑再三，最终决定将其统一译为"灵魂"，因为这最不容易给人误导。"灵魂"这个词，对大多数人（包括对其嗤之以鼻的人）而言，意味着"内在的人"或"体内的魂魄"（赖尔［Ryle］语），我认为这非常接近柏拉图对这一问题的通常看法。至于"心智"，这个译法在少数语境中适用（如《斐多》），psyche 在这种语境下完全可以视为一种理智原则，但这个译法在更多语境下容易给人误导，因为那些地方仅把理智视为 psyche 的众多含义之一。当然，假如本书的每个读者都能遵从赖尔的心智观，"心智"这个译法也不那么容易给人误导，但这似乎不太可能。

整本书我都采用标准译文，只在一个方面统一了译名，即把每个例子中的 ψυχή 都译成了"灵魂"。《蒂迈欧》和《王制》的部分内容，我用了康福德（Conford）的译文；《斐多》的一些段落，我用了哈克福斯（Hackforth）的译文；《高尔吉亚》的一些段落，我用了乔伊特（Jowett）的译文——除此之外，所有译文都选自汉密尔顿（Hamilton）和凯恩斯（Cairns）编的《柏拉图对话全集》（Bollingen Series，LXXI）。除另有说明，我用的希腊文本均出自［xi］伯内特的编本（Burnet，牛津大学出版社，1900—1907）。我还得感谢如下杂志的编辑们，他们允许我使用该刊物的原始材料：《美国语文学杂志》（*The American Journal of Philology*，第 58 期，1967，页 57 – 66），

《实践智慧》（*Phronesis*，第 12 期，1967，页 147 - 151），和《无限者》（*Apeiron*，1968，页 12 - 18）。

要跟进柏拉图所有研究成果（哪怕就一个领域），即便有可能，也是项艰巨的任务。我在这方面略有所成，很大程度是我不断参考彻尼斯教授（H. Cherniss）《检视》（*Lustrum*，1959—1960）一书的缘故，他在书中列出了柏拉图研究的杰出文献。至于最近几年出版的著作，我的文献信息仰仗于《哲学年鉴》（*L'Année philologique*）和《信息公报》（*Bulletin signalétique*）。尽管如此，还是（不可避免）忽略了许多文献，但我现在想提请大家关注它们，因为我注意到它们时太晚了，没能用上。这些文献有：舒尔茨（D. J. Schulz）的著作《柏拉图〈蒂迈欧〉中的物质问题》（*Das Problem der Materie in Platons Timaios Bonn*，Bonne，1966）；伊斯特林（H. J. Easterling）的文章《〈蒂迈欧〉和〈法义〉卷十中的因果律》（"Causation in the *Timaeus and Laws* X"，载于 *Eranos*，第 65 期，1967，页 25 - 38）；科尔韦（M. Corvez）的文章《柏拉图的神》（"Le Dieu de Platon"，载于 *Revne philosophique de Louvain*，第 65 期，1967，页 5 - 35）；斯肯普（J. B. Skemp）的著作《柏拉图后期对话中的动因论》（*The Theory of Motion in Plato's Later Dialogues*，Amsterdam，1967）。

毫无疑问，还有很多这样的文献，但柏拉图的研究成果就像迷宫，使我忽略了这些文献的存在，但我完全相信，这些文献的作者会理解我，他们会认为这是出于我的孤陋寡闻，而非我不愿意考虑它们。

最后，我乐于感谢许多学者，他们就一些具体问题给出了建议。我要特别提及牛津大学耶稣学院的雷斯（D. A. Rees）博士，多伦多大学的格鲁贝教授（G. M. A. Grube）和盖洛普教授（D. Gallop）。当然，这绝不是让他们为本书负责，我本人对此书全权负责。他们的建议让我重新考虑了大部分观点，而且我认为，这些建议总是让我更加完善。要是我偶尔固执己见，我也欣然接受责备和惩罚。

本书出版，得益于"人文研究会"的资助，该研究会由加拿大委员会提供资金，同时也得益于多伦多大学出版社的出版资助。我还想感谢该出版社的特雷西（Prudence Tracy）女士，从完成初稿到本书出版，她都给予了细心和友好的监督。

罗宾逊

于多伦多

1969 年 6 月

第二版导论

——反思

[xiii]《柏拉图的灵魂学》再版，给我提供了一个愉快的机会，让我可以反思此书出版以来，该领域又出现的一些著作,[①]也可以让我重新考察各种问题引发的一些更具争议的观点。以上两个方面，我都强调"一些"。因为，要详实地涵盖所有文献，或详尽地讨论所有可商榷的问题，即便不需要写好几本书，至少也得写一本。在反

---

① 更详尽的书目信息可参 Richard D. Mohr，《柏拉图的宇宙学》（*The Platonic Cosmology*，Leiden，1985），页 189 – 191；Luc Brisson，《柏拉图：〈蒂迈欧〉–〈克里提阿〉》（*Platon：Timée/Critias*，Paris，1992），页 79 – 93；以及 Peter M. Steiner，《柏拉图著作中的灵魂》（*Psyche bei Platon*，Göttingen，1992），页 219 – 238。这些书单还应该加上 E. N. Ostenfeld 的《形式、物质和心智：柏拉图形而上学中的三条线索》（*Forms*，*Matter and Mind：Three Strands in Plato's Metaphysics*，The Hague，1982），该书详细研究了柏拉图关于个体和宇宙方面的灵魂论；关于此书的细致评论，参 J. B. Skemp，载于 *Classical Review*，40（1990），页 62 – 65。

思过程中，我做了如下限制：只讨论这些年有明显改变的观点，或只提初版没有细究的问题。这意味着，讨论将主要涉及本书最后七章而非前三章，且只讨论宇宙灵魂而非个人灵魂的问题。这些年，我也写了很多文章，讨论柏拉图关于"人的灵魂三分说"，但我认为这些讨论不会让我对初版的说法做多大改动。初版将原封不动地重印，我希望其论证的基本思路，以及我在对话中就核心文本积累的详细资料，能够让这本书仍然值得关注。

初版有个显著特征，它强调 [xiv]，如果我们希望了解柏拉图在写作生涯中对各种问题的思考是否发生了变化，那对柏拉图对话的分期有个总体了解就很重要。我依然坚持这一点，只不过我现在认为，与其说柏拉图就某某问题在其写作生涯的某某时期形成了一种"学说"，不如说是一种探究（exploration）。术语的转变可能无足轻重，但我认为也有意义，因为它承认了对话形式（dialogue-form）对柏拉图写作的影响，初版仅粗略提及这一点。也就是说，我还得做个重要补充，对话中确实还存在一些广泛的问题，对于它们，柏拉图虽说不上强烈的兴趣，但明显在持续关注，有时可以从这些地方（请所有一神论者原谅）看出柏拉图思想的变化——即便只是昙花一现。其中一个问题就是，灵魂在其宇宙观中的作用和地位。

给某些关键对话划分时期，此事非常重要，我现在会把《蒂迈欧》放在柏拉图晚期对话靠前的位置，而不是把它放在中期对话结尾，我认为《蒂迈欧》与同一时期的《治邦者》非常接近，《斐德若》则依次放到稍后一点的位置。这个决定与文体学研究（stylometric research，此研究发展迅速）有关，但更大程度上是我对如下概念进一步反思的结果："灵魂是自我激活的施动者（self-activating agent）"，或用柏拉图的术语更准确地说，"灵魂是自我使动（self-moving）的运动"。我在《蒂迈欧》中一直没有找到这个概念，但现在让我欣慰的是，《治邦者》中也没有这个概念，这一概念只在《斐德若》和《法义》（译按：旧译《法律篇》）中至关重要。

就《蒂迈欧》而言，读了布兰德伍德（Leonard Brandwood）的新作，①我才搞懂他在 1960 年那篇文章里说得不甚明了的地方。②他认为，《蒂迈欧》的创作不仅晚于《王制》，而且事实上应该放在晚期对话之首。这一点我刚好认同，不是因为布兰德伍德独特的文体学分析，而是因为《蒂迈欧》的内容。在我看来，文体学分析近年已被更精微复［xv］杂的分析形式超过了。③对于布兰德伍德的观点，我还要补充一点，他没有假定说，柏拉图在《帕默尼德》之后就立即放弃了理式论（Theory of Forms），他只是假定说，从那之后，柏拉图开始用一种更具批判性的眼光来看待理式论，而且尝试用另一

---

① 参 Leonard Brandwood，《柏拉图对话年表》（*The Chronology of Plato's Dialogues*，Cambridge，1990）。

② 参 D. R. Cox 和 L. Brandwood，《一个与柏拉图著作有关的鉴别问题》（"On a Discriminatory Problem Connected with the Works of Plato"），载于 *Journal of the Royal Statistical Society*，Series B，21.1，（1959），页 195 – 200。

③ 比如，参 D. Wishart 和 S. V. Leach，《柏拉图散文韵律的多样化分析》（"A Multivariate Analysis of Platonic Prose Rhythm"），载于 *Computer Studies in the Humanities and Verbal Behavior*，3（1970），页 90 – 99。就技术方面更复杂的研究，参 G. R. Ledger，《讲述柏拉图：柏拉图文体的计算机分析》（*Recounting Plato：A Computer Analysis of Plato's Style*，Oxford，1989），XIV，页 254。Ledger 的总体方法在很多方面都不能让人满意，这导致他得出很多人不认可的结论。对此书的详尽批评，参 Debra Nails，《重新思考柏拉图对话年表》（"Platonic Chronology Reconsidered"），*Bryn Mawr Classical Review*，3：4（1992），页 314 – 327；T. M. Robinson，《柏拉图和计算机》（"Plato and the Computer"），*Ancient Philosophy*，12（1992），页 375 – 382；及 Charles M. Young，《柏拉图和计算机年代测定》（"Plato and Computer Dating"），*Oxford Studies in Ancient Philosophy*，12（1994），页 227 – 250。

种或类似的哲学研究方法，比如集合法（Collection）和划分法（Division），或者尝试把理式的概念作为事物本身（in re）的普遍特征（我认为，这可以合理地解释《法义》965C，此处很可能是柏拉图对本体问题所做的最后讨论）。

《帕默尼德》应放在哪个时期，不太清楚。依我早期的理解，我遵循欧文（G. E. L. Owen）的观点：把《帕默尼德》放到《蒂迈欧》之后。但我现在觉得没这必要。我的看法来自《帕默尼德》本身，对话中说，有人批评柏拉图之前提出的理论，尤其所谓的"第三人"（third man）的意见，柏拉图可能受了干扰，但他也满足于认为，如果一个人不去"摧毁一切讨论的意义"，某种理式论就很必要（《帕默尼德》135C）。这样的说法《蒂迈欧》中也有，《蒂迈欧》并不认为善之理式是公认的有效原因（《王制》508BC），所有理式在事物体系中都只起示范作用。

《柏拉图的灵魂学》用了好几章来详细讨论灵魂的概念，我将从针对《蒂迈欧》的那两章开始讨论，因为《蒂迈欧》是柏拉图最受争议的作品。为清晰起见，我将讨论分为以下六个部分：（一）形而上学原则；（二）叙述的"近似性"；（三）灵魂即自我运动；（四）造物主即灵魂；（五）空间的作用即宇宙的"支撑者"（即语词 φέρεσθαι ［携带］和 ἀεί ［永远］的重要性）；（六）空间、时间、前时间与当代宇宙论。

一　形而上学原则

［xvi］惠特克（John Whittaker）的两篇重要文章发表时，[①]本

---

　①　《〈蒂迈欧〉27D5 以下》（"*Timaeus* 27D5 ff."），载于 *Phoenix*，23（1969），页 131－144；《〈蒂迈欧〉27C－D 的文本解释》（"Textual comments on *Timaeus* 27C－D"），载于 *Phoenix*，27（1973），页 387－391。

书初版已经付梓。形而上学原则是柏拉图对话的基础，也是其哲学灵魂学的基础，这两篇文章对我们理解这一点非常重要，一想到此，就倍觉遗憾。如果惠特克正确（我相信他正确），牛津文本《蒂迈欧》28A1 的副词*áεí*［永远］就绝不是柏拉图论证的一部分。也就是说，柏拉图并没有打算在理式世界（*world of Forms*）的永恒稳定性与时空世界（*world of space-time*）的永恒不稳定性之间做比较，他是想在任一理式（*any Form*）的永恒稳定性与任一感觉对象（*any sense-object*）的暂时不稳定性之间形成对照，前者的永恒性有个天然特征，即理式从不需要生成（*coming-into-being*），而后者的暂时性无论如何都受限于时间中开端的时刻，以及瓦解的时刻。

柏拉图以这个区分作为论证基础，概括出感觉对象的三种限定性特征——看得见、摸得着、有形体。他发现，这三种特征也恰好是世界的限定性特征，于是总结说，世界也是一个感觉对象，并因此与所有感觉对象一样，必须在时间中有一个开端。

这是个有力的论证，尽管容易受到批评，说它可能严重地以偏概全。这个论证完美且准确地运用了最初对（永恒的）理式与（暂时的）感觉对象的本体论区分。反过来说，两个永恒宇宙的本体论成分若形成对照，那唯一言之有理的结论就是，我们熟知的世界"处于永恒的生成状态"。但文中写得清清楚楚，"它已生成"（*γέγονε*），这个说法比对"生成"或"生成之相似性"的详细讨论还要早。因此，除非指责柏拉图思想完全混乱，否则很明显，柏拉图是想让我们从他的论证中推出，我们熟知的世界在时间中有一个开端。

二　叙述的"近似性"

[xvii] 对话叙述了世界在时间中的形成，就细节而言，"近似的叙述（λóγος）"和"近似的故事（μῦθος）"，这两个短语的含义持续引发了激烈的讨论。我在初版没有论及这个问题，但现在更深刻地感觉到，它对于全面理解柏拉图对话的哲学灵魂学至关重要，便借此机会表明立场。

在对话中，"近似的叙述"比"近似的故事"用得更频繁，[①]这一点意义并不深远，但也有一定意义。更重要的是，两个短语都含有的形容词"近似的"所暗含的意思，这个词常常得不到足够重视，但选择这个词，显然是因为它与我们熟知的世界和理式世界的"相似性"（εἰκών）之间密切相关。这种相似性不"仅仅"是一种相似性。我认为，康福德和其他人在翻译中插入"仅仅"这个副词，适得其反。我们可以假定，这种相似性，不多不少，其本身将享有所有（感觉）对象享有的本体论地位，并且有能力变成真实意见的对象，尽管变不成知识的对象（《蒂迈欧》38A1）。

柏拉图承认，真实意见由什么构成，这个问题在此特殊情况下确实存有争议，但他对此事的说法却很明确。他说自己的叙述，往少了说，"其近似度不少于任何事物"（《蒂迈欧》29C7‑8），实际上，是"尤其（μάλιστα）近似"（《蒂迈欧》44C7‑D1），且比任何事物都"更可能"（《蒂迈欧》48D3）。因此，如果柏拉图就像他在这三处的做法，把"叙述"用作"故事"（μῦθος），那我们就可以假

---

① μῦθος用了三次，λóγος用了十几次。准确的数据，参 Brisson，《柏拉图》（*Platon*），页70，注释85、86。从《蒂迈欧》29C4‑D3，对话明显使用了这两个词的同义词，它们出现在同一个句子中，且明显可以互换。

定，他是在使用 $\mu\tilde{v}\vartheta\sigma\varsigma$ 的普通含义，即"故事"或"传说"（正如"他活着是为了讲故事"这句）。当然，这个普通含义也完全符合 $\lambda\acute{o}\gamma\sigma\varsigma$［逻各斯］的一般含义。

如果对柏拉图的说法理解得当，我们就没有恰当理由认为，我们必须从比喻的层面去理解对话对世界的形成所做的总体叙述，尽管叙述的细节就像柏拉图任何"真实意见"的细节一样，将永远只是一种意见而非知［xviii］识，从这种意义上说，这些细节至少在逻辑上可以永远得到进一步修正。

三　灵魂的自我运动

不断有人提出，《蒂迈欧》中有证据表明，柏拉图支持如下观点：所有（理性）灵魂——这种情况也包括世界灵魂——都是永恒的自我施动者，或者做永恒的自我运动，《斐德若》245C 对此做了非常精细的描述。倘若果真如此，便可以形成证据说，不管以上观点如何，柏拉图确实希望我们从比喻的层面去解读他对世界之形成所做的叙述。我在初版中不太关注这个问题，现在庆幸可以利用这个机会来谈一谈。

我自然应该从《蒂迈欧》37B 开始讲起。此处写到，"无论说的是异还是同，说的都是真相，都在自我运动之物（thing that is self-moved）中无言或无声地进行"。康福德认为，这句话中的"物"，指的是"作为整全的宇宙"。然而，请康福德和许多学者原谅，宇宙的自我运动是不是就是假定的宇宙灵魂（$\psi v\chi\acute{\eta}$）自我运动的结果，这一点远非不证自明，因为需要对自我运动的四种类型做出明确区分：第一种，最普通的自我运动，它可以把任一活物与石头区分开，但没有特殊的灵魂论与之匹配，德谟克利特的信徒会支持它，柏拉图的信徒也会支持它，或就此而言，任何一个希腊人都会支持它，无论这个人多么没有哲学爱好；第二种，理性灵魂（不管是人的灵魂还是世界的灵魂）永久（*everlasting*），①即永久和依赖性（contingent）②的自我运动，这种自我运动依赖于一个永恒的有效原因，且永远处于这种状态；［xix］第三种，所有（理性或别的）灵魂无尽（*sempiternal*），③即无尽和依赖性的自我运动，这种自我运动依赖于一个永恒的有效原因，可能也依赖于一个或多个永恒的范式（paradigmatic）④ 原因，且永远处于这种状态；第四种，最佳灵魂（ἀρίστη ψυχή，《法义》897C7）永恒的（eternal）自我运动。如果柏拉图在这个写作时段已经放弃了超验理式（transendental Form）的概念，那就可以把这种自我运动准确地说成完全非依赖性的自我运动，但如果他没有放弃超验理式的概念，这种自我运动就还是依赖性的自我运动。

---

① 我指的是一种持存形式，表现为在时间中有开端而无结束。《蒂迈欧》关于这种形式和其他持续概念的讨论，参 T. M. Robinson，《〈蒂迈欧〉论持存的种类》（"The *Timaeus* on Types of Duration"），载于 *Illinois Classical Studies*，11 (1987)，页 143 – 151。

② 我不是从当代逻辑 - 语言学的意义来使用这个词，而是从形而上学（或宇宙论）的意义来使用这个词，此用法由来已久。我用的也是其毫无拖累之意，所论之物只是依赖于另一个实体，倘若不参考这个实体，就不能解释此物的存在，以及（或者）此物的本质特征或活动；我的用法中没有进一步暗示（我认为柏拉图的对话中也没有明显的证据）后来明确表达的概念，即单个的"必然"存在（necessary being）就是暗指依赖性的存在（contingent being）。（关于存在与本质特征或活动的区别，参后文，页［xxx］，注释1。译按：注释中对本书上下文的引用，页码置于方括号中，后文仿此，不再注明）

③ 我指的是另一种持存的形式，就像是永久性，其特征为物理性［不管是由有形的对象还是仅为那些对象的痕迹（ἴχνη）所构成］，没有开始或结束。

④ 这个词用来指超验理式发挥的因果关系，尽管在稍微丰富的含义上涉及"滋养"一义，柏拉图似乎有意用它来指这个含义；参后文，页 xxix。

柏拉图在对话中区分的这些持存类型，我在其他地方已经讨论过了（参前一页，注释1）。此处只需说，在《蒂迈欧》中，柏拉图心里想的似乎只有第一和第二种类型。事实上，他的论证只需要第一和第二种类型。《蒂迈欧》37B，世界的自我运动属于第二种类型——永久和依赖性的自我运动，如同世界灵魂的自我运动一样，此处要提出，不管细节多么没有把握，我们熟知的物质世界及其灵魂，在时间中都各有一个开端，它们的存在都依赖于一个原因而非自身。对话另外还有两处提到自我运动，都是第一种类型的直接例证。《蒂迈欧》77C4－5说，植物不能自我运动，无非是说植物不能四处移动；《蒂迈欧》89A1－3提到，"在自身中和源于自身"产生的自我运动，在上下文中明显是指体操运动。就我能力所及，还没有发现对话提到或暗示了无尽的自我运动，柏拉图在《斐德若》245C处用它来描述灵魂的本质特征。

四 造物主即灵魂

造物主的作用和本体论地位问题，与《蒂迈欧》所谓"创世神话"的"近似性"问题一样，[xx]不断引发激烈的讨论。[①]有些人

---

① 在大量文献中，尤其那些从比喻层面来理解整个问题的权威学者中，我比较关注 Cornford、Cherniss 和 Taran。拥护这一观点的新近文献有 E. N. Osten-feld 的著作（前揭，页 xiii，注释1）；G. R. Carone 的论文《造物主在〈蒂迈欧〉中的意义和地位》（"Sobre el significado y el status del demiurgo del *Timeo*"），载于 *Methexis*，3，1990，页 33－49；《柏拉图〈蒂迈欧〉中神的观念》（*La Noción de Dios en el* Timeo *de Platón*），Buenos Aires，1991，页 79－84。严肃对待造物主及其构造行为的权威学者有 Taylor、Hackforth 及 Guthrie；近年来对此问题阐述得最清楚的是 Richard D. Mohr 的《柏拉图的宇宙学》（*The Platonic Cosmology*），页 178－183。

试图把造物主化减为世界灵魂，或世界灵魂的一个特征，我认为这种看法忽略了两个基本点：首先，柏拉图如此细致地把世界灵魂描述为一个依赖性的实体（此实体的形成及其存在，都依赖于某物而非自身），却想要我们把它理解为非依赖性的，这几乎不太可能；其次，我已经说过，对话根本就没有提到世界灵魂做永恒的自我运动，甚至连自我运动都没提。尽管第二点确实只是一个沉默的论据（argumentum ex silentio），但我认为值得提出来，尤其它关系到化减者自身论证的困境。

　　也有些人认为，造物主是个实在（reality），而不只是他物的象征，但造物主仅仅是理智呢，还是有灵魂的理智？这些人对此又意见不一。莫尔（Richard D. Mohr）支持前者，他是个很好的例子。①莫尔因袭普罗克罗斯（Proclus），提出了一个特别有说服力的观点。他认为最好这样来理解《蒂迈欧》30B3：即此处说的是，当理性存于某物，某物就会有灵魂，而不是说，当一个事物是理性的，它就有灵魂。此外，大家通常认为，《智术师》249A 说的是，一个事物只要是理性的，就有灵魂，莫尔的观点对此也是一个有力的挑战。他据此得出结论说，对柏拉图而言，灵魂只在运动和变化的领域中运作，世界的最高原则没有这个特征，因此他与哈克福斯一样肯定，柏拉图设想的造物主只能是纯粹不变的理智。

　　但是，必须下这样的结论吗？在柏拉图的本体论纲要中，唯一确定不变的条款是理式，以至于他像变戏法一样，想出一句惊人的短语来描述［xxi］理式"不变"的独特本质，即"总是按照相似的

———————

① 参 Mohr，《柏拉图的宇宙学》，前揭，页 178–183。

方式"（*τὸ κατὰ ταὐτὰ ὡσαύτως ἔχειν ἀεί*），①以及一个惊人的形容词来描述理式"持续永恒"的独特品质，即"永久的"（*διαιώνιος*）。相反，诸神（大概也包括造物主）则展现了柏拉图最终给（理性）灵魂列出的部分或全部特征："希望、思考、预见、建议、判断、真或假、快乐、痛苦、欲望、恐惧、憎恨、热爱"（《法义》896E –897A），他把这些都明确归为"运动"（*κινήσεις*，同上）。②因此，柏拉图并不像乍看上去那样，认为他的有效原因是不变的，他认为范式原因才是不变的。

柏拉图在这件事上究竟有多无畏，我认为可以用《斐德若》中的一段话来证明，他在那里声称，正是因为可以无限接近理式，诸神才具有神性。这是他在对话中唯一一次如此清楚的表达。我们可以从这段话推出许多含义，其中一个便是，至少在其理智冒险（intellectual odyssey）的某些时刻，他已准备好面对如下可能：在他总的事物体系中，神性这种有效原因的本体论地位（包括"运动"表现出来的特征）低于范式原因。

由此，我认为造物主不仅是理智，而且是有灵魂的理智，这个看法不容反驳。我得出这个结论仅仅因为，这个看法会让我们推知，造物主将因此受制于"运动"。有学者进一步论证，既然柏拉图认为《蒂迈欧》中的灵魂是个复合的实体，他就不该提出，灵魂的有效原

---

① 在《法义》898A8 – 9，这个短语再次出现，但这一次指的是宇宙的理智。然而，我们基本上不能以此处为依据，因为：（1）几乎可以断定，《法义》这篇对话的创作要晚于《蒂迈欧》；（2）很有可能，在这个写作时段，柏拉图事实上早就放弃了作为超验事实的理式论（参上文，页［xv］）。

② 在这些特征中，《高尔吉亚》预示了"预见"和"热爱"，作为灵魂对身体的"照料"（《高尔吉亚》464B6），其余特征散见于《斐多》和《王制》各处。

因有一个相似的秩序，即是另一个复合的实体，①我没有受此论证的干扰。因为，一方面，《蒂迈欧》没有以任何方式提到造物主的灵魂；另一方面，如果柏拉图明确说过造物主本身是永恒的，那他就会认定，造物主的灵魂也是永恒的。考虑到这个稳妥的假设，柏拉图就极有可能认为，造物主的灵魂［xxii］实际上是非复合的，即不是个复合物，其原因《斐多》已尽数列出。如此一来，保留莫尔的基本观点就理所应当，事实上柏拉图还会从另一个角度来证明，作为世界之有效原因的灵魂，既是一个真正的灵魂，又是完全不同于其他物种的灵魂。

五　词语 φέρεσθαι［携带］和 ἀεί［永远］的重要性

这些年我进一步反思，得出如下结论：在柏拉图对宇宙及其灵魂的叙述中，φέρεσθαι［携带］和 ἀεί［永远］，这两个词实际上非常重要，它们因笺注者不断的误译和误解而与众不同。我在初版中没有提到第一个词，第二个词也只有寥寥数语。大多数笺注者，常常用其解释支撑如下观点：《蒂迈欧》中的世界其实是一个不停运动的永恒世界，而不是一个在时间上有开端的世界。但我认为，没有什么比这更远离真相。

我想说的情况已在别处详尽陈述。②目前只需重申，φέρειν 的本义，指"支撑"（比如一个底座支撑一尊塑像）或者"承载"（比如一艘船承载客人）。照此含义，这就是个完美的动词，可以用来指"支撑性"或"依赖性"。所以，《蒂迈欧》48A7 提到"漫游

---

① 参 Mohr，《柏拉图的宇宙学》前揭，页 183。
② 参拙文，《柏拉图宇宙论中的两个关键概念》（"Two Key Concepts in Plato's Cosmology"），载于 *Methexis* 7，（1994）（即将出版）。

的原因"（Wandering Cause），其本质就不是"发起运动"（set in motion，参 Harward，Cornford，Tarán），而是"支撑运动"（sustain in motion）；此处，柏拉图精确地将其作用描述为模板（matrix），而非触发机制（trigger-mechanism）。①《蒂迈欧》40B1－2 也能找到同样的观点，即在世界灵魂中，同的转动（περιφορά）不只是一种"旋转"（参 Cornford），而是同所做的"带运动（carrying-motion）的转圈"，它让每颗恒星向前运动。《蒂迈欧》38A5－6 也有类似观点，

> 蒂迈欧认为，永恒不同于实在，他断言："永恒绝不从属于生成所依赖的条件，即在感觉（世界?）中被带着运动（φερομένοις）的事物"。确实，对感觉对象的准确定义就包括：它不像［xxiii］理式那样是不变的和非依赖性的，它是"恒定运动（πεφορημένον ἀεί，永远被带着运动）的对象"。②

对柏拉图而言，这里讨论的世界及其内容显然也是运动中的对象，但在上下文中，他更强调它们恒定地受制于运动，即它们的依赖性地位。我为何会翻译成"恒定地"（invariably），需要解释一下，所以再次引用之前写过的文章：

> φορά和φέρεσθαι这两个词，笺注者们频频误译，可能有个原因：在另外两个明显讨论感觉对象的地方，副词"永远"（ἀεί）

---

① 这并不是否认，在《蒂迈欧》另一个场合和另一个不同的语境下，柏拉图更乐意说，它是无尽的运动，且依靠所含之物运动。只是说，这个观点并不能从动词φέρειν的使用中挖掘出来。

② 参拙文，《柏拉图宇宙论中的两个关键概念》，前揭。

统领了动词"携带"（φέϱεσϑαι）（52A6，52C3）。鉴于柏拉图清楚表明，这些对象充其量只是立足于不变的实在，而且柏拉图把它们明确描述为永远不会停止运动和改变，从上下文看，译为"不停的运动"可以理解，尽管有些轻率且容易给人误导。同样，这也可能是各路学者轻率翻译φέϱω的原因。在对话其他地方，他们用"简单运动"而非"支撑运动"来翻译φέϱω及其复合词。副词ἀεί［永远］，其本身就非常含混，究竟应该译为"恒定地"，还是"在任何情况下"，我们必须先把这两个译法放到语境中检验，然后再确定其他可能的译法，比如再考虑是否可以译为"永恒"或"永久"。

除了上面提到的πεφοϱημένον ἀεί［永远被带着运动］，似乎还需要一个贴切的例子来证明，即《蒂迈欧》49D4 - 5。请康福德原谅，柏拉图在这里说的不是"无论何时，我们看到永久在变的东西，如何如何"，而是说"在任何情况下，我们看到在生成的东西，如何如何"。这个译法对本段下一句也同样适用：《蒂迈欧》49E5，不是指"在（相似的）轨道上永久出现"（康福德语），而是指"在（相似的）轨道上恒定地（invariably）出现"；《蒂迈欧》49E7 - 8 也不是指"在其中总（always）在生成"的事物（康福德语），而是指"在其中恒定地（invariably）生成"的事物（同上）。

［xxiv］倘若我解释正确，上文论及的《蒂迈欧》就根本没有暗示，感性经验的宇宙永远受制于运动，或者这种永恒运动是因为一个永恒自我运动的灵魂在场而产生。所有描述，且非常有力的描述，都是关于空间的本质和作为支撑性实体的世界灵魂的本质，以及它们所支撑的事物的不变品质。

六　空间、时间、前时间及当代宇宙论

就像反思φέρεσθαι［携带］和ἀεί［永远］这两个词一样，这些年我也进一步反思《蒂迈欧》与当代宇宙论的关系，得出很多结论。这一关系鲜有人关注，但我认为非常重要。

我们可以从这一关系开始讨论。倘若这一关系如此明显，为何鲜有人关注？答案恰好让人怒气全消：因为直到最近，大部分阐释者还是从比喻的层面去解读《蒂迈欧》对世界形成所做的叙述，而非从字面含义去理解。结果，柏拉图好些最令人吃惊的宇宙论洞见，都被处理成纯粹的象征意义，因而没有引起重视，更别说将之与当代宇宙论联系起来。然而，在我看来，一旦有意识地将二者联系起来，柏拉图的宇宙论即可与伽利略和爱因斯坦的宇宙论媲美，其强大的宇宙想象力最终也会重见天日。

就空间而言，柏拉图在《蒂迈欧》中的革命性创见在于，他的空间概念并非纯粹的空白或纯粹的虚无，他的空间是个实在，做着无尽的运动，永远在运动中支撑所含之物，自己也因所含之物的运动而保持运动。至于所含之物，正如康福德所公正强调的，它们只是物质的痕迹，而非物质本身，因此更适合从质而非量的层面来构想。

至于时间，柏拉图毫不含糊地描述其有一个开端，此开端与我们熟知的宇宙的第一时刻重合；当然，这样的物理实在在持存方面反而是无穷［xxv］无尽的。柏拉图对前宇宙的持存方式只字未提，但前宇宙的确显示出某种持续性。一如他说，造物主干涉"之前"，宇宙内部依靠原始的离心力和向心力来运行。

就我们说的宇宙想象力而言，这些想法与当代许多理论的关系

让我非常吃惊。一段时间以来，绝大部分宇宙论学者认为，空间要么是个实在，要么就在扩张，空间的扩张直接受其所含之物扩张的影响。这种理论能否经得住新证据和进一步实验的检验，时间自会证明。我不是说当前流行的宇宙论正确，而是说假如柏拉图今天还活着，他会发现自己与许多思想家同属一个阵营，他们都认为，空间是个运动的实在，空间自身的运动与其所含之物的运动有因果关系。我认为这种理论才值得讨论，而非去解释什么造物主的差错。

同样，目前大多数人也认为，时间确实有一个开端，这个开端与我们熟知的世界的开端重合。开端"之前"是什么，至今还是个谜，而且对柏拉图及其首批读者来说，无疑也是个谜；但这个迷并没有阻止他们提出该理论，因为尽管困难重重，人们总是寻找时机去发现更好的理论。

当我们转向空间及其所含之物扩张理论的变体（宇宙大爆炸），即所谓的共振理论（Oscillation Theory）时，二者的亲密关系就更加明显。我们接下来就以《治邦者》中的神话为例，重新审视这个问题。

在初版中，我把《治邦者》放在《蒂迈欧》和《斐德若》稍后的位置（按照那个次序）。我当时确信，《治邦者》提到世界灵魂做自我运动，尽管是依赖性的自我运动（造物主这个灵魂，当然是非依赖性的自我运动者）；鉴于这样的理解，我就试图用《治邦者》中的神话把《蒂迈欧》和《斐德若》中的观点结合起来。然而，莫尔的论证说服了我，① [xxvi] 而且我对柏拉图对话中的持存概念有了进一步反思，这些都让我觉得，之前的理解不对。《治邦者》中关

---

① 参 Mohr，《柏拉图的宇宙学》，前揭，页141，注释3。

于世界灵魂做自我运动的假设，充其量是个推断，并非柏拉图亲口所说，与《蒂迈欧》描述的世界灵魂一样，最多可以算作我之前划分的第二种自我运动类型：世界灵魂是一个实体，做永久和依赖性（而非无尽而依赖）的自我运动，依赖于一个永恒有效的原因，且永远处于这种状态。① 与《蒂迈欧》所述一样，世界灵魂也是造物主在某个时刻（即时间的第一时刻）塑造的，所有"先于"这个时刻的物理存在都处于混乱和不可预测的运动中，这些物理存在也没有灵魂。既然如此，就不必用柏拉图在《斐德若》245C 的确切论证来解释《治邦者》中发生的事。柏拉图在那里也没有说，除了造物主这种假定的灵魂外，其他灵魂都是永恒的。因此，我乐于回到斯肯普的观点，即认为《治邦者》的写作时间很可能与《蒂迈欧》非常接近。

进一步反思后，我也更加确信，没有必要把所有非理性的行为都归给《治邦者》中的世界灵魂；*σύμφυτος ἐπιθυμία* 这个短语完全可以解释为朝向循环运动的（理性）冲动，循环的"后退性"和附带的混乱则可以用柏拉图称为"物理性的"约束来解释。

提到这一点，倒把我们带回前面所说的共振理论。在该理论中，

---

① 在《治邦者》269E5–6，我们读到，"如何在同样的方向永远旋转，不属于任何事物，只属于运动着的万物之主和首领"。我仍然遵循泰勒及他人的看法，即认为此处指的就是造物主。但如果真像 Brisson（《柏拉图》，页479，注释7）所说，这里指的是世界灵魂，那么我会说，此世界灵魂就是《蒂迈欧》中描述的世界灵魂，即一个永久的灵魂，一个永久依赖于有效因果关系的灵魂，此因果关系在本体论上高于世界灵魂本身；而且，此世界灵魂也不是永恒自我运动的灵魂，不是后来《斐德若》245C 定义的那种灵魂，那种灵魂虽然不依赖于本体上高于自身的灵魂，但很可能依赖于理式的范式因果关系（参下文，页xxix）。

我们可以设想，空间及其所含之物可能扩张到某个点，到达极致后掉头，开始收缩，一直退回到最初的原子聚合状态，然后又从这个点出发，开始新的扩张，周而复始。这样的观念与四维空间的概念密切相连，[xxvii] 但我认为，尽管柏拉图近乎确认了这一概念，考虑到某种局限——像爱因斯坦之前的人一样——他也只是从三维的角度来思考宇宙。虽受此限制，但我认为柏拉图还是先于我们这个世纪，提出了一种最有想象力的宇宙模型。此宇宙以熵和万有引力为特征，他最终认为，宇宙的整体运动更接近于悬浮的太阳系仪（orrery），而不是陀螺（这个模型似乎在他写作《蒂迈欧》时就已经想到了）。①

　　基于这个新的模型，柏拉图最终提供了一个强有力的解释，说明世界如何可以跨越亿万年，降低速度，再被带回到原始状态，而

———————

　　① Mohr（《柏拉图的宇宙学》，页153，注释23）认为，柏拉图在写《治邦者》时，心里想的宇宙模型还是陀螺（参《王制》436D），但这不能解释积蓄的动量（stored momentum）这一概念，这个概念与柏拉图写作《蒂迈欧》时不同，似乎可以用来描述柏拉图关于世界做旋转运动的说法，尽管必须承认，柏拉图的原文中并没有出现"积蓄的动量"（虽然斯肯普在此处如此翻译）这个短语。我们遵循 B 本和 T 本，把 270A5 处理解为 δι'ἑαυτόν［通过它自己］，而不是 Eusebius 理解的 δι'ἑαυτόν［通过它的］。Mohr（页141，注释3）似乎认为这段话指的不是积蓄的动量。不过，在我看来，Eusebius 的解读也很合理，这样解读可以让整段话更易于理解（我很难像 Mohr 那样，认为公认的短语"在自身内移动"就是预指 273A3 的 σεισμός［震动］）。倘若 Eusebius 正确，积蓄的动量这个概念即便文中没有直说，也可以合理推断出来。与它之前紧跟的动词 ἀνεθῆ（"被放开"）联系起来，我们会看到这样一幅画面，在某些未加说明的宇宙间隔期间，当世界像绕线一样做旋转运动时，在其绕得最紧的时候，造物主伸手将其"抓住"，让其停留一会，然后让它以同样的动力做反向旋转，这样一来，缠绕的线就松开了。在这过程中，造物主为何被描述为"干涉"，参下一个注释。

且周而复始。当然，按照他的理解，这一切都依赖于一个支撑性的原因。①然而，就像《蒂迈欧》中运动着的空间一样，这个观点也从未被严肃对待，何况这次的语境还是个神话。但恰恰是神话，才是我们应该不时寻找最能证明柏拉图哲学想象力的地方，这些地方不受对话形式的束缚，使他终能涉险，思考一些不可想象的问题。他这样做的时候，便进入宇宙论猜想史，加入了伟大思想家的行列。

　　[xxviii] 就《斐德若》而言，其著名的灵魂不朽论仍持续引发争论。②现如今，《斐德若》谈到的"运动"是否涵盖了《蒂迈欧》中前宇宙里 *ἴχνη*［印迹］的物质运动，我觉得二者关系不大。因为柏拉图在写作《斐德若》时，很可能受了诸如亚里士多德等思想家的言论影响，开始转而相信，宇宙具有永恒性，一如我们所知。倘若如此，就有助于我们理解，克瑟诺克拉底（Xenocrates）为何会轻松地认为，《蒂迈欧》的中心主题只是一种喻说，尽管这一点并不足以证明克瑟诺克拉底正确。我倾向于认为，柏拉图为了回应看起来更有力的言论，很可能改变了他在这方面的看法，一如他遇到其他有力的言论时，也会做的那样。③

　　在谈论前宇宙的语境下讨论运动，即现在确定为永恒宇宙中的

———————

　　①　因此，有人说造物主在原初的运动中就设置了宇宙的转向，造物主"帮助"宇宙转动，又"松开"它以便让它开始做反方向运动（270A）；柏拉图不可能接受对世界的运行做纯粹机械式的解释。

　　②　要特别关注 Mohr，《柏拉图的宇宙学》，页 161 – 165；Steiner，《灵魂》（*Psyche*），页 86 – 89；以及 R. Bett，《〈斐德若〉中的灵魂不朽和灵魂的本质》（"Immortality and the nature of soul in the *Phaedrus*"），见 *Phronesis* 31（1986），页 1 – 26。

　　③　用现代的话来说，好比是柏拉图第一个提出了（尤其在《蒂迈欧》和《治邦者》两篇对话中）宇宙大爆炸理论，考虑到似乎有一套更好的论证，他选择了稳态理论（Steady State theory）。

运动，当然不可能。柏拉图只能以对话从未出现过的方式接着说，同样永恒的有效原因是（理性）灵魂，此灵魂现在处于一种永远自我运动的状态。这种观点是否也暗示了造物主概念，尤其是有理性灵魂的造物主概念，这种猜测已受到质疑，很难判断。一方面，这个说法如此广泛，以至于初看上去像是在谈理性灵魂，其所有形式都是非依赖性的（我自己在初版中也接受这个说法），在这种情况下，理性灵魂就不会为了自身的存在而依赖于——甚至永远依赖于——一个假设的造物主的灵魂。另一方面，我现在认为有充分证据表明，柏拉图认为"自我运动"这个概念事实上可能未必带有"非依赖性"这个隐含之意（参上文，页 xix）。这样［xxix］一来，我们才可以合理地解释，柏拉图为什么会在同一篇对话中又写了一段著名的话，即"神因为接近［理式］才真正具有了神性"（《斐德若》249C）。如果文如其意，那么所有理性灵魂，包括据此理解的神的理性灵魂，虽然是永恒的、"做自我运动"，却是一个永恒和依赖性的实在，而且在总的事物框架中，其本体论地位低于理式。

理式在这个体系中的地位值得一谈。如果我们严肃地对待柏拉图说的话，那么他现在就在做如下设想：理式可能超越于神，二者存在一种因果关系，但说不清是有效的因果关系还是范式关系。动词γεννᾶν［生产］描述了善之理念与太阳的关系，我们可以用一个更温和的措辞来替换这样的动词，暗示有一点依赖（尽管是神性的特征）而非完全依赖的特征，也可以重新把理式的范式作用说成是"滋养"，这让我们想起《斐多》84AB。这种关系类似于风景画家与自然世界的关系，画家画出自然世界，又从他画的自然世界中得到滋养；这种关系不足以构成有效的因果关系，但又比简单的范式关系更丰富、更有持续性。如果为了进一步讨论，我把它说成"范式关系"，那么也要从如此丰富的含义上来理解它。

我们可以肯定，整个问题在学园内部得到了激烈讨论，柏拉图在《法义》卷十旧话重提也就不足为奇。然而，在这之前，他很可能在《智术师》中就已开始讨论这个问题。他在这篇对话中清楚表明，他仍然坚持以下观点：宇宙之存在，依赖于造物主的支撑。如果莫尔的观点正确，那么柏拉图在写作《智术师》时，就很可能已经开始做如下设想（或许又受了亚里士多德言论的影响）：这样的造物主事实上不是一个理性灵魂，而是一个没有灵魂的纯粹理性，宇宙中其他的理性动因都有灵魂。《斐德若》说，所有理性灵魂都作永恒的自我运动，倘若为了论证之需，这个说法继续有效，正如所有理性灵魂都是永恒的依赖性实体这个说法继续有效一样，我们就用不着讨论一个［xxx］可能的例外（造物主的灵魂），而且看起来是个很麻烦的例外。①

如果莫尔在这方面理解有误，那接下来我们就只有在《斐勒布》中才会发现，柏拉图面临如下情况：即可能存在一种没有灵魂的宇宙理性，它明显超越于宇宙中的其他理性，而每个理性事实上都有灵魂，并以此为特征。

----

① 我说"可能的例外"，是考虑到上文讨论了明显的依赖性。根据上文的讨论，在《斐德若》中，即便是诸神，其神圣性也依赖于与理式的（范式）因果关系。在我看来，这是依赖性的一个真正样式，尽管比通常注意到的样式"更加温和"。我早先理解柏拉图的论证时，没有严肃地注意这个样式。从最强的意义上说，"依赖性"这个术语涉及有效的因果关系，指的是一个实体依赖于另一个实体而存在，比如子女依赖于父母；从更温和的意义上说，"依赖性"这个术语涉及"范式"因果关系的丰富含义（参上文，页［xxix］），指的是一个实体独特的内在特征或活动依赖于另一个实体。关于后者，我认为柏拉图想说的是，诸神内在的神圣性依赖于理式，而风景画家的内在活动依赖于他要画的乡村的存在。

在《法义》卷十，柏拉图旧话重提，讨论灵魂在各种形式下做永恒的自我运动。这一次，他把这样的灵魂描述为（现在可以用物理学术语把它描述为某种灵魂质料）永恒的，不管它的运行"有理性相助"还是"与非理性为伴"（897B1，3），而没有（像《斐德若》语境中出现的论证表明的那样）说它只在理性状态中才是永恒的。当前更重要的是，不管是理性的还是非理性的运行模式，这样的灵魂都具有依赖性。①最终，不管是随意还是特意，柏拉图的灵魂观在内涵和外延上都达到了绝对的普遍性；与此同时，他还明确表示，要是忽略了《斐德若》249C 的重要性，那所有这样的灵魂就都处于普遍依赖的地位。

事实上，有没有透彻地说清楚这个问题，某种［xxxi］程度上取决于如何理解理式（各种理式）和神圣棋手的作用。有如下四种不同的理解方案：

方案一：如果《法义》965CD 指的是超验理式，神圣棋手指的是更早的对话中所说的造物主，那就可以合理地推断，这个造物主就是柏拉图所谓的宇宙中灵魂之"最佳类型"（某个场合下也指"最佳灵魂"）的最高例证。倘若如此，这个造物主也就等同于我理

---

① 我遵循 Vlastos 的观点，反对 Cherniss。我们认为，《法义》896AC 和 899C7 谈到的灵魂的起源（γένεσις），以及《法义》967D6－7 提到的"所有参与生成的事物中最古老的"，都是这种依赖性的证据；要是试图将其理解为（永恒的）"过程"，像 Cherniss 理解的那样，我认为会失败，因为《法义》896C1－2 说得很清楚：灵魂的生成（γεγονέναι）要早于身体，这也反映出《蒂迈欧》（34C4－5）中更早的一个说法。参 Gregory Vlastos，《〈蒂迈欧〉中的创造：是虚构吗?》（"Creation in the *Timaeus*：Is it a Fiction?"，1964），见 R. E. Allen 编，《柏拉图形而上学研究》（*Studies in Plato's Metaphysics*），London，1965，页 414，注释 1。

解的《蒂迈欧》中的造物主，也就是有灵魂的理智之最高形式，他以合适的理式为范式，塑造了其他一切好的（也即理性的）灵魂。鉴于这种理式所践行的范式因果关系，刚刚得以澄清的灵魂学说，即灵魂的各种形式都具有永恒的依赖性，也适用于这个造物主。

方案二：如果《法义》965CD 指的是各种理式，而非超验理式（例如，宇宙的特质本身），棋手指的不是造物主，而是《斐勒布》中纯粹理智的同义词，那就会呈现出另一幅不同的图像。按照这种理解，各种形式的灵魂，包括世界灵魂，在本质上也都会被描述为具有永恒的依赖性，但现在它将永恒地依赖于一个有效原因而非一个范式原因，它自己与这个有效原因属于不同的本体论次序。

方案三：如果《法义》965CD 指的是超验理式，神圣棋手指的是《斐勒布》中理智的同义词，也会出现另一幅不同的图像。各种形式的灵魂，包括世界灵魂，在本质上也都会被描述为具有永恒的依赖性，但这一次，它将永恒地依赖于一个有效原因，但这个有效原因本身又依赖于一系列范式原因。

方案四：如果《法义》965CD 指的是非超验理式，神圣棋手指的是我理解的造物主的同义词，即有灵魂的理智之最高例证，那造物主就会成为柏拉图事物框架中非依赖性灵魂之自我运动的独特例子，而这个例子也用来指实在的非依赖性的有效原因。[xxxii] 不过，这样理解的话又显然置刚才阐明的观点于不顾，即所有形式的灵魂都具有依赖性。

在柏拉图生命接近尾声的时候，他对这些问题究竟持有怎样的立场，很难确定。他直至最后都选择用对话形式来表达自己的观点，这就又加强了不确定性。我认为上述四种方案，第一种包含的困难最少。但即便如此，它也在假定，柏拉图直至最后都在坚持超验理式论，包括《法义》卷十二，这一假设受到了很多质疑。第二种方案也不能低估，用来描述灵魂的那些特征——希望、预见、欲望、爱等等——对我来说有很强的说服力，因为这些词也用到了神圣棋手身上，事实上表明他就是柏拉图所谓的这种灵魂的最高例证，而非只是纯粹的理智。第三种方案，与第一、第二种方案相比，我认为不太合理，因为它对理式（或各种理式）和神圣棋手的理解都不可信。至于第四种方案，我认为是四个方案中最不合理的，原因我在陈述这个方案时就说过了。

对那些喜欢刨根问底的人来说，这些结论可能不尽如人意，但在我看来，这些结论进一步证明了柏拉图在哲学上享有的声誉。直到生命最后，他都是一个探索者，一直在寻找新的领地，不停地重新审视旧的领地，他就是自己早些时候劝戒（《斐多》89C 以下）的一个显著例子，即不管逻各斯（λόγος）指向哪一条道路，不管将导致如何模糊不清、让人不舒服或者看起来自相矛盾的结论，他都会沿着这条道路走下去，坚定不移，毫不畏缩。

中文版导论

——进一步反思

　　《柏拉图的灵魂学》第三版（中文初版）因袭第二版的模式：原封不动保留初版的内容，而这版新的导论对诸多问题提出了很多新颖的论证。在第二版导论中，我强调宇宙灵魂学；而在这第三版导论中，我想着重讨论个体灵魂学，尤其因为过去几十年，大部分关于柏拉图灵魂论的学术著作都专注于柏拉图对此问题的思考。在此期间，一本丰富且尤为实用的论文集在英美学界问世，收录了关于此话题最重要的一些论文，即瓦格纳（Ellen Wagner）所编的《柏拉图的灵魂学论文集》（*Essays on Plato's Psychology*, Lanham, MD: Lexington Books, 2001）；其他比较小的论文集有法恩（Gail Fine）主编的《柏拉图2：伦理学、政治学、宗教和灵魂》（*Plato 2: Ethics, Politics, Religion, and the Soul*, Oxford: Oxford University Press, 1999）以及弗雷德（Dorothea Frede）和赖斯（Burkhard Reis）主编的《古典哲学中的身体和灵魂》（*Body and Soul in Ancient Philosophy*,

Berlin：Walter de Gruyter，2009）。罗宾逊的《灵魂的起源，从荷马至亚里士多德的希腊人的灵魂观》（*As Origens da Alma. Os Gregos e o Conceito de Alma de Homero a Aristoteles*，Sao Paulo：Annablume，2010）中也有四章谈论苏格拉底和柏拉图的灵魂观。

一 灵魂不朽的证明

柏拉图有关灵魂不朽的证明，尤其《斐多》中的相关论述（某种程度上也是《斐德若》中的论述），在后世不断得到广泛讨论（Wagner，页35－88，页241－362；Fine，页404－449；Frede-Reis，页145－161），因此尽管我在前两版序言中已讨论过此话题，现在还是想就某些部分做些补充。首先，从《斐多》70C以下来看，[①]苏格拉底很清楚，如果不补充后来的论证（anamnesis 回忆论），对立论证（《斐多》70C4－72E1）就不足以证明灵魂不朽。但事实上，"回忆论"本身问题更大，主要在于以前缀 ana－开头的古希腊动词词义含混。柏拉图用了这一特殊动词，它可能指"再次/向后"，也可能指"向上"（比如，在 anistasthasthai［站起来］、anapiptein［向后倒］和 anametrein［重新测量］中的用法）。苏格拉底在论证伊始便说，"醒着"与"睡着"相反，好比"活着"与"死去"相反。下面的主张强化了这一点，即两极之间有一个相互生成的过程（genesis）：比如，睡着与醒着的过程是"入睡"和"醒来"（anegeiresthai），而活着与死亡的过程是"死去"和"复活"（anabioskesthai）。但是，这两种过程表面的相似却是虚幻的，因为，人的"复活"至少牵涉三个连续过程："出生"—"死去"—"复活"，而"醒来"

---

① 我之前对此的论证，参 T. M. Robinson（1）。

只涉及两个过程,即"入睡"和"醒来"。Anegeiresthai［醒来］和 anabioskesthai［复活］,这两个关键动词在语法上确实很像,但其前缀 ana 的含义差别巨大,不管我们如何解释动词 anegeiresthai,以此为基础的论证必然会失败。如果要努力找到一个与 anabioskesthai 用法完全相应的动词,而苏格拉底期望我们将 anegeiresthai 理解为"重新醒来"(而不只是醒来),基于对动词 anegeiresthai 这样奇怪而独特的理解,我们自然就会回答,人们可以而且确实在睡着的时候死去,再也不会重新醒来;而人们在完全醒着的时候也可以而且确实会暴死,再也不会重新睡着。如果只是指"醒来",他使用的是 anabioskesthai［复活］一词,而不是 come to life［醒来］,马上就会陷入循环论证。无论有意无意,苏格拉底都没有意识到,anegeiresthai 和 anabioskesthai 这两个动词在他的论述中表现出的相似纯粹只在语法上。无论哪种情况,此论证都不成立。

在《斐多》106B7 – 107B7,苏格拉底讨论灵魂不朽的结尾段落,紧跟在著名的蕴涵论证(entailment argument)之后,这也是我在书中没有讨论的内容。这些段落令人百思不得其解,值得审查。之前还在论述蕴涵论证,苏格拉底马上就说,当两对立物逼近对方时,通常会发生两种情况,"消失"或"退却"。因此,如果蕴涵论证要有效,灵魂可能也得服从同样的规律。但显然,灵魂不受此规律约束,因为它不可能消失;假如某种即将死亡的实体逼近灵魂,它总会想尽办法退却。

苏格拉底这样说是在逃避,而且会削弱蕴涵论证,就像以 ana – 开头的词因意义含混而破坏对立论证一样。但是,西姆米阿斯(simmias)与喀柏斯并未反驳苏格拉底的说法。苏格拉底期望他们反驳吗?在接下来的论证中,苏格拉底很好地让他们说出了反对意见（《斐多》106BC），并做了回应，表明灵魂不仅不朽而且不灭。他的思路并不清晰，给笺注者带来极大困扰。但这个论证的本质似乎是：人们普遍同意，"神、生命的理式，以及一切不朽之物"从不消失（《斐多》106D5－6）。所以，如果灵魂也不朽，它也同样不灭。因此，当身体死亡时，灵魂就会"完好无损地"离去（《斐多》106E7）。

这里发生了什么？表面来看，引入了早先的相似论证，以做进一步论证：灵魂更像神和理式，而不是物质对象，因此灵魂更有可能享有神和理式的不朽，而非物质对象的可朽特征。但相似论证不幸得出一个极为无力的结论：显然，结果表明，灵魂要么不朽，要么"接近"不朽（《斐多》80B10）。但是，不朽这个词，与怀孕这个词一样，是个整体名词，而对整体名词来说，接近性并非一种选择。因此，相似论证并不能为蕴涵论证提供助益，"近乎不朽"最多暗示了"近乎不灭"，这当然不够。

苏格拉底可能意识到这一点，短语"假如灵魂不朽"有所暗示，尽管它可能只是一个假定的未曾解释的三段论的大前提（即"如果灵魂不朽，它就不会消失；如果它不朽，因此"云云）。无论如何，我们充其量是在提出观点，而不是在论证，所说内容并未让对此有所怀疑的读者相信，灵魂要么不朽，要么不灭。就此而言，"不朽"与"不灭"之间的差别究竟意味着什么，"不朽"是否意味着"不受制于任何种类的死"，而"不灭"则意味着"因此，也不受制于身体所受制的消失类型"？

之所以认为他会这么想，是因为他曾假设，就非物质性层面来说，灵魂近似于神和理式，因此它不能从外部被毁灭，而物质对象则能：只有能够分成部分的事物才能从外部毁坏，而非物质性事物，顾名思义，则不可分。

如果我分析得当，苏格拉底就让我们去填补论证中的欠缺之处。一旦我们补上了这些欠缺，理解了他的论证（或更应称为他的推测），就会清楚为什么灵魂不受退却或消失这种规则的约束：它总是退却，但绝不会消失，因为它是非物质性的、不可分的，因此任何物理死亡都不会影响它的本质（106E5）。

我不敢说我已经看穿了苏格拉底的确切意思，但这是我对这个奇怪论证做出的最好解释。然而，如果我的阐述可行，那么就灵魂不朽而言，与这篇对话前面的内容相比，他在这个论证中并没有说出什么更令人信服的东西。即便为了论证之需，我们同意苏格拉底所说，神和理式存在，且是永恒的、非物质性的和非复合的，他在《斐多》前面部分的论述表明，这些修饰语也适用于灵魂，但这些话在最后这段论证中依然与以前一样单薄。如果我们不同意苏格拉底所说，情况更会如此。因为他之前竟匪夷所思地承认，他对灵魂不可分解性的证明也许只证明了灵魂类似于不可分解，但现在他明显仓促地放弃了这个说法，反而主张灵魂绝对不朽，让一个本来就单薄的论证更遭灭顶之灾。以此结束对话对灵魂不朽的讨论，这有些让人失望。

二　关于《王制》《蒂迈欧》和《法义》中的男性灵魂和女性灵魂[①]

近年来，有很多关于男女大脑之别的讨论，更具普遍含义的是，有关男女灵魂之别的讨论，在柏拉图著作中就有突出的先例。《蒂迈

---

① 我在这部分的想法，主要来自 T. M. Robinson（3），页 129 – 138，和（5），页 190 – 198。

欧》尤为明显，当中提出了一些特殊论证，柏拉图其他对话中也有大胆的说法，尤其《王制》和《法义》。在《王制》中，天性好且受过良好教育的女性，完全能够治理一个好城邦，就像同样天性好且受过良好教育的男性一样；然而很明显，苏格拉底和柏拉图有一个共同看法，即认为其他女性（即大部分女性）比男性道德更低下，这一点尤其可以通过有关懦弱的论述来证明，我们读到，那些"妇人和小人"（《王制》469D7）等到战斗结束后，还要去剥夺战场上死者的躯体。而在《法义》中（781A‒B），雅典异乡人告诉我们，"女性，这半个人类，由于自身的弱点，一般更神秘，也更工于心计"；"未加约束的女性，并非如你想象的那样是问题的一半，不，她是问题的两倍，甚至超过两倍，因为女性的天性在德性（pros areten）上比男性低劣（cheiron）"。①

至于《蒂迈欧》，我们发现了两种不同寻常的说法（在41E‒42C，和90E以下各页），它们似乎解释了为什么苏格拉底和柏拉图会认为，这些偏见可以通过论证得到支持。在《蒂迈欧》41E处，我们读到，造物主如何在造完宇宙之后又造出人的灵魂，并给他们指出宇宙的本质和命运的法则。

> 所有灵魂的第一次出生都做了同样的规定，以便没有灵魂
> 会受他轻视，他把它们每个都播种到合适的时间工具（校案：

---

① 这段文本（可以理解）困扰了很多译者，闹出了很多笑话。Taylor 的翻译有所缓和，他将"德性"（arete）译为"性情"，将"更低劣"译为"较低"（cheiron），整句话译成"按她本来的性情，是低于男性的"。Saunders 的翻译同样不尖锐，他译为"女性天生的德性潜能较低"。Pangle 准确把握到 pros areten 中的介词 pros，是标准的"指示"用法，因此不拘于 cheiron 在道德上的言外之意，直接译出柏拉图写作所用的直白措辞。

指行星）里，生成最惧怕神的生物。人的本性有两面，好的那一面便被称为"男人"。（康福德译文）

在《蒂迈欧》42B－C，蒂迈欧又补充道：

> 他（即任何人，罗宾逊语）在寿限内好好生活，就会回到原先分配给他的星辰上去住，过上幸福惬意的生活。要是没做到这一点，就得在第二次投生时变为女人。如果在做女人时仍旧恶习不改，就会根据其堕落的品性不断地变成与其品性相似的野兽。（康福德译文）

眼前这幅图像既熟悉又不熟悉。作为一种灵魂转世论，它是熟悉的，我们在其他对话中也可以找到，从提到它的次数以及它在事物框架中发挥的作用来看，这可能是苏格拉底和柏拉图十分坚持的理论。说它不熟悉且令人震惊，是因为当中一些明显的观点：其一，造物主创造的第一代灵魂显然只有男性；其二，女性灵魂只在第二代才产生；其三，至少有些女性的身体，是对第一次转世为男性却活得不那么好的灵魂的惩罚；其四，如果转世为女性的灵魂未改其恶，则根据其性情投生为相应的动物。要注意，有一点至关重要，在蒂迈欧眼里，灵魂因多次转世而下降，但最初的是男性灵魂（注意《蒂迈欧》42C1 分词 pauomenos 的性）。我会在一定时候回到这些鲜明的主张，回到它们的隐含之意。

在 90E 以下，蒂迈欧回到灵魂的性别差异上来，此处的叙述与第一次叙述在很多方面相似，但某些方面还是不同，这种不同非常重要。他说：

> 生而为男人中，懦弱和过着不义生活者，按照近似的叙述，

第二次出生时就会变成女人；由于这个原因，神就在这个时候创造了交媾的欲望，在我们（即男人，罗宾逊语）身上安放了一种有生命力的东西，在女人身上安放了另一种。

详细描述了男女生殖器的本质和目的之后，蒂迈欧继续描述动物王国，以及人因受惩罚而变成各类动物的生活方式。

鸟长出羽毛而非头发，它们是由那些不坏但智力低下的男人（andres）转化而来。这些人研究过天体，却天真地认为最确实的证据是眼见为实。地上走兽则来自那些不运用哲学、无视天体的人……只依从胸中的灵魂诸部分。

蒂迈欧说（92B），最低等的动物生活在水中，

它们来自最蠢、最笨的人。诸神在重塑它们的外形时，认为它们不值得呼吸纯净的空气，因为它们的灵魂完全受到污染……这是对蠢人最后的极端惩罚（amathia eschate），他们要生活在最末端、最底层。

接着，他总结说："这便是能有动物在现在和某时相互转化的原则：因着它们的理性（nous）或愚昧（anoia）之得失而变换位置。"我认为，这个结论非常重要。

假如为了论证之需，我们一开始就从字面意思来理解这个叙述（logos，90E）（他确实把它称为"可能的"叙述——即在各种可能的叙述中，罗宾逊语），那么蒂迈欧现在就在告诉我们，造物主创造的第一批人在灵魂上是男性，但在身体上没有配备男性的生殖器官。那些好好生活的人返回到男性的生活，这一次尽管仍是男性，他们的

配偶之前都是男性，因在第一代不好好生活，受到惩罚被送回女性。蒂迈欧似乎还向我们澄清了一个至关重要的问题，即性别区分与不同惩罚类型的关系。之前的段落（42BC）笼统地概括了这一点，原本会让读者以为，生命形式的转换是直线下降的，从男性到女性再到动物（很可能沿原路返回），而91–92更细致的描述则表明，这个转换途中有一个分支，据我所知，这是柏拉图思想的独特之处。倘若这一段如我所说，蒂迈欧就是在告诉我们，女性的身体就是对男性灵魂的惩罚，这灵魂前世过着"胆小和不义"的生活（90E7）。分支就从那里结束。这个分支不同寻常，一直延伸到动物王国的最低点，是为男性灵魂保留的，这些男性灵魂展现了各种愚昧（amathia）！蒂迈欧遵循《王制》细致阐释的灵魂三分论说到，那些在理智上愚蠢的人将再次转世为鸟类，在血气（thymos）上愚蠢的人将最终成为地上走兽，在欲望（epithymetikon）上愚蠢的人将最终成为鱼类和贝类。

蒂迈欧似乎在女性身体中，为犯有道德过错（例如怯懦和非正义）的男性找到了恰当的惩罚场所，一如他在各种动物身体中，为展示了各种愚蠢的男性找到了恰当的惩罚场所一样。我们可以从鸟儿是由智力低下之人（andres，91D7）转化而来这个清晰陈述中自然推出这样的结论。

根据蒂迈欧的叙说，在此阶段，我们想说，这里只告诉了我们一开始发生的事，我们无法假设，它会描述灵魂就此转世的过程。然而，如我们所见，蒂迈欧继续做了如下概括：他清楚地说，这些原则"现在像以前一样"运作（92C1）。鉴于此，我认为我们可用以下附录来完成我们的"分支"理论。虽然一开始清楚地分为两路，但从第二代开始，两条下降的路线无疑可以连接起来，尽管只是基于听起来怪异的特殊理由。根据蒂迈欧的说法，一个男性灵魂，会因前世不义而囚于一个女性身体里，以此经受惩罚，如果他再展示某种愚蠢，那在转世级别中就只会再降一级；倘若他在道德上进一步犯罪，便会把自己禁锢在这个级别的最底层，即成为女性。或者用更挑衅的话来说，男性灵魂在道德生活方面，自身所遭受的最严重的惩罚就是投生为女性。

按照蒂迈欧一直以来勾画的图像，所有灵魂，其最初和持续状态都是男性，女性和各种动物不过是惩罚在道德和理智上有过错行为的人的恰当场所。牢房的性质会如何影响囚徒的未来，蒂迈欧并未论及，但这影响令人不安。可以说，身体牢房的四堵墙，本身对囚禁其中的囚徒的释放影响甚微。但如果牢房自身的结构会对正派的行为积极地产生反作用，而这些正派行为到时候又是囚徒得以释放的资格，倘若牢房有这样的性质会如何？考虑到《王制》和《法义》所说，女性的自然倾向是道德过错，男性灵魂囚禁在这种特殊牢房中，似乎说的就是这种情况。

到了这个阶段，有人自然会反对说，《蒂迈欧》"只是个神话"，因此不会认真对待这些问题。然而，即使我们承认，对话是个神话（我只为论证之需做此假设；事实上我坚决反对这种观点），柏拉图的主张却一以贯之，正如从没有人声称《法义》中的那段话是神话一样明显。在《法义》卷十二，雅典异乡人讨论了如何适当地惩罚逃离战场、扔下盾牌的懦夫。他说，如若可能，最适当的惩罚就是让这个男人转化为女人（944D）！这里，与《蒂迈欧》一样，女性依然是惩罚展示出懦弱这种道德过错的男性的恰当场所，究其原因也不难：正如他在《王制》（469D7）、《蒂迈欧》（90E6－8）和《法义》前部分（782AB）所说，女性天生就特别倾向于懦弱，且一般会倾向于不义之举（adkia），因此之故，就德性而言，女性的天性要比男性差。

表面上看，这个描述女性灵魂构成的观点给人很大冲击，且令人深感沮丧。尽管柏拉图坚持这一观点，但他最终还是用了更加积极的说法来令我们吃惊。例如，当他谈到过一种完满、有平衡道德和理智的生活，以及公民完全有效地参与城邦生活的问题时，他在《法义》和《蒂迈欧》其他部分所述的内容表明，尽管他接受了当时对女性灵魂的偏见，但其程度比我们以为的要少。例如，在《法义》中，在面对如何建立一个有血肉之躯的真正城邦时，他提到，"男人和女人不联合起来以全部的精力追求相同的事业，是极其愚蠢的"（805A），他的新城邦将教育所有公民——男人和女人，如果不这么做，将严重浪费城邦的总体资源（804D–805B）。

除了这个政治实用性要点，他还增加一个著名的道德观点（《蒂迈欧》86E，87B）：

> 没有人自愿为恶；坏人①之所以变坏，是因为身体的某个恶劣习性，以及缺乏良好的教养。那些恶事对于每个人来说都是违背意愿，不受欢迎的……因此，应当责备的乃是父母，不是子女；乃是教养者，而不是受教者。然而，一个人还是得尽最大努力，通过教育或通过诸职业和学问来避恶趋善。

这里的道德命令明显普遍适用，即便考虑到他认为男女灵魂有别，他可能还是会继续认为，女性恪守这一命令的困难比男性大。不过，就目前看来，这事当然没在他考虑范围；虽然他在讨论性冲动造成的"愚蠢"时，确实挑选的是男性（《蒂迈欧》86C–D），但在讨论身体能够使灵魂生病的问题时，其大体主旨还是说，这既

---

① 我从一般的语法意义上来理解短语 ho kakos，它包括了男性和女性。

适用于男性灵魂，也适用于女性灵魂。这个说法也同样适用于他另一个著名的讨论，即他在同一篇对话中对灵魂和身体教育的详细讨论（87C－90D），虽然用的是阳性，但也只是语法上的，明显包括了两个性别。然而，最有说服力的是他对天文观察价值的讨论，以及他对诗乐（mousike）及理性言辞之音（phone）的讨论，这些都是为了把我们灵魂内的无序化减为某种有序（《蒂迈欧》47A－D），此处说的就是整个"人类"（47B2）。①很明显，尽管柏拉图从未放弃女性灵魂在道德上比男性灵魂更低的特殊偏见，但当他需要构建一个有关道德行为和公民责任的公平可行的理论时，他有能力忽视男女之别，这倒略微缓和了这一偏见。

---

① 参47a2 和47d7（hemin）［给我们］。

第一章　"苏格拉底的"对话

[3] 在一次著名演讲中，伯内特（John Burnet）曾提出，苏格拉底学说的核心得在《申辩》29D4 以下和 30A7 以下去寻找，因为这两处强调灵魂的照料，强调如何让灵魂臻于至善。①这正确地描述了苏格拉底哲学活动的一个重要因素，很少有人会对此持有异议。但严格来说，《申辩》对灵魂的本质并未阐释清楚。想要清楚地解释灵魂的本质，得仔细审查对话对灵魂一词的用法，这些对话通常被视为苏格拉底的对话。即便在这些对话中，我们的发现也不能特别让人信服，我们不能确定，设想出的灵魂观就是"历史上"苏格拉底的观点，但就我们当前的目的而言，这并不十分重要。一开始，重要的是搞清楚，灵魂在柏拉图早期对话中呈现出怎样的图像。考察灵魂在早期对话中的情况，可能有助于解释后来更复杂的灵魂学的结构和存在理由。

---

① 参 J. Burnet（1），页 235 以下。另参 W. Jaeger（3），页 38－44。

或许首先要注意，苏格拉底有些言论表现出相当的不确定性。例如，在《克力同》47E–48A，他说：

> 我们那个被错误行为毁坏，而正确行为使之受益的部分如何？如果这部分被毁，人还值得活吗？或者我们相信，我们这个被正确和错误行为影响的部分，无论它是什么，都不如身体重要？

伯内特认为，苏格拉底的灵魂观为希腊思想带来了新内容，为了与此保持一致，他也认为这段话中不太确定的说法（严格说来，并未提到灵魂这个词）多少意味着，苏格拉底意识到了其学说的新颖性。①我们可以对比《克力同》47D3–4的说法，苏格拉底感叹说："我们不就会糟蹋和冒犯我们里面那个原则，该原则假定可以靠正义来改善，但会毁于非正义？"

[4] 这话似乎又清楚地指向了灵魂。②上述两处都没有明确提到灵魂这个词，这确实需要一个解释，伯内特的说法可能非常正确。然而，对我们而言，更重要的是，这里把灵魂视为一个原则，人的好坏依此原则来判断。此外，灵魂自身显然也具有某种道德品质，既有受欢迎的也有不受欢迎的。这有几分重要，就不义之人而言，灵魂变坏显然意味着灵魂的堕落甚或败坏（ἀπώλλυτο）。最后，至少从字面上看，"正义"之人与其"更好的"灵魂之间，似乎有所区别。不管这最终意味着什么，我们至少能隐约观察到，此处把灵魂视为人道德活动的一个原则，用来描述灵魂的方式则表明，它是实

---

① 参 J. Burnet（3）注释及《克力同》47D4。
② 参 J. Adam（1）注释，此处（ad loc.），在这里称"原则"为νοῦς［理智］。

体，而非性质。

但还不止于此。在《欧蒂德谟》295E4 – 5，我们读到下文：

> "那么再请回答，"他说，"你是否用某种东西认识你所知
> 道的？"
> "是的，"我说，"我用我的灵魂认识。"

这里显然把灵魂视为某种认知原则，不定代词复数ᾇ［这些］指代不
明，它可以指有关什么的知识，也可以指有关认知方法的知识，以
及通过认知获得的知识。尽管如此，灵魂与知识密切相关，在此语
境中，把灵魂译为"心智"似乎更贴切、自然。

《卡尔米德》156D 以下讨论了健康，苏格拉底声称，他的观点
是从一个医生那里学来的，这个医生是忒腊克王扎尔摩克西斯（Zal-
moxis）的御用医生。这段话值得全部引用：

> 这位忒腊克人告诉我，在他们的观念中，就是我刚才提到的
> 那些观念，希腊的医生相当正确。但他接着说，我们的国王扎尔
> 摩克西斯也是一位神，进而又说，"正如你不应该试图医治眼睛
> 时不考虑头，或者试图医治头时不考虑身体一样，你也不应该试
> 图医治身体时不考虑灵魂"。他说："这就是希腊的医生不知道如
> 何治疗许多疾病的原因，因为他们不顾整体，而整体也应该被研
> 究，因为除非整体健康，否则部分永远不会健康。"如他断言，
> 所有善恶，不管是在身体中还是在整个人体中，都源于灵魂，从
> 灵魂流溢出来，好像从头流入眼睛。[5] 因此，如果想让头和身
> 体健康，你就得首先医治灵魂——那是首要的、根本的事。

我们如何理解这段话产生的灵魂观？如果忒腊克医生的话有什

么确切含义，那就是，灵魂与身体之间的关系，显然不是简单的数字相加，二者的结合就等于"自我"或者"整个人。"理解这种关系（和灵魂观念本身）的关键似乎在"因为他们不顾整体"这句中。这个"整体"可能指两种东西：（1）整个身体；（2）整个人，即身体与灵魂的结合。

如果"整体"指的是整个身体，那么希腊的医生们受到严厉批评，是因为他们轻视普通生理学做法，他们没有意识到，只有更一般地考虑整个身体的运作，才能充分地诊断具体器官的疾病。然而，这几乎不能与前后句子相符，前后句子清楚地提到"灵魂"。所以"整体"很可能指整个人，即医生们受到指责，是因为他们没有觉察到，事实上许多疾病（用现代术语来说）身心相关；即使再多的药剂和膏药也不会治好因强烈的内疚感或焦虑感产生的胃部痉挛，理疗师应知道何时妥善地将病人转交给心理医疗师。倘若果真如此，那这就算是一则医学洞见，比心理学领域的很多现代发现还早，但这则洞见牵涉的灵魂观念，在敏锐性上似乎更引人注目。因为，在此语境下，"灵魂"和"整个人"，这两个词似乎可以互换。如果忒腊克医生的话有什么含义，那就是，灵魂之于身体好比头部之于眼睛，或身体之于头部。如果这是个严肃的类比，那就非常惊人，会迫使我们把灵魂视为"整个"存在，身体是其一"部分"（"部分"这个词的某种含义）。这个结论的推理如下：眼睛和头部无疑可以视为两种实体，但前者只有从后者的角度来看才有意义；也可以这样来解释头部和身体这两种实体。无论哪种情况，前者只有被视为依赖于后者才能存在并得到理解。身体和灵魂的关系也同样如此：身体是灵魂的部分，否认身体有灵魂这个"更广阔的背景"，就像把头部视为一个存活的整体，而不提及不可分离的活的身体一样荒谬。[6] 照此分析，说"个人"是身体加灵魂的总和，就跟说头部等于眼睛加头颅，或者身体等于头部加身体一样荒谬。试图"相加"头部和身体或眼睛和头颅，是犯了范畴谬误，就像试图把存在主义者和他的存在主义"相加"一样。同样，把身体和灵魂"相加"也是如此。从"实体"这个词的某种意义来说，身体和灵魂都是实体，但身体依赖于灵魂，而其他实体则并没有这种关系。倘若果真如此，我们就不能把灵魂视为某种魂魄，或身体之外具有实体形式的复制品；我们也不能砍掉身体，发现自己只剩一个完整的灵魂实体，而配得上个人或"真实自我"的称号。身体与灵魂的关系如此紧密，以至于一损俱损，就好像行刑者行完刑后，活的头部和身体就变成死的头部和躯干了。头部与身体互相需要，如同凹凸之间的严丝密合，身体与灵魂亦如此。简而言之，这里似乎把灵魂理解为完整的个人或"整个人"，活的σῶμα［身体］是其不可或缺的一部分（我用"活的身体"，将其区别于νεκρός［尸体］）。在这点上，苏格拉底所列举的类比虽不完美，但还充分。毋庸置疑，失去眼睛的头部依然有资格称为"头部"，但需要强调的是，没有头部作依托的眼睛不再发挥眼睛的功用。即便眼睛一直保存在实验室条件下，它仍然只是一件珍藏品——一个小型官能照相机，是目的论者赞赏的对象，但它不再像过去一样，不再作为一个不可分割的整体的部分来发挥作用，它曾是一个活物的一部分。此说法也同样适用于一只手、一只脚或其他器官。然而，即使苏格拉底的第一个例子几乎没有产生直接印象，第二个关于头部和身体的例子却更加令人信服。没有头部的身体只是一具躯干，只提头部发挥正常作用而不提身体，这样的观点不可理解，尽管恩培多克勒对此做了奇怪的假想。[1]

---

① 参 DK[12] B 57（恩培多克勒）。

这里把"灵魂"视为完整的自我，似乎可以被如下句子证实，苏格拉底说："他断言，所有善恶，不管在身体中还是整个人中，都源于灵魂，从那里流溢出来，好像从头部流入眼睛。"乍一看，像是在说，"整个人"是身体和灵魂的算术之和，[7] 但来自后文的类比又明确表示，苏格拉底最初的论点依然成立。灵魂对身体的影响就像头部对眼睛的影响，在寻找问题的根源时，我们必须既考虑头部，又考虑灵魂。既然如此，从我们看到的意义上讲，"整个人"（πᾶς ὁ ἄνθρωπος）只能指"个人"或"完整的人"，即"灵魂"。

我们被告知，治好灵魂是治好身体的必要前提（《卡尔米德》157A1 以下），通过某种"魔法"或"咒语"（《卡尔米德》157A7 以下）可以治疗灵魂。我们还得知，这些"魔法"或"咒语"是 καλοὶ λόγοι［高贵的话语］，①苏格拉底接着说："……通过它们，节制被植入灵魂，节制进入那里并留下来，健康便更容易从那里输出，不仅传到头部，而且传到整个身体。"（《卡尔米德》157 A5 – B1）

"高贵的话语"是什么？众所周知，λόγος［话语］这个词，以含混著称，克瓦塞（Croiset）将其理解为"哲学话语"，或许是最好的解释。②然而，我们可以提出，在这一语境下，名词"话语"特别用了形容词"高贵"来修饰，就既有说教意味又有增长知识的意思了。因此，有人把这个短语译为"好的忠告"、"合理的建议"或诸如此类，或许是最好的翻译。也就是说，当好的忠告必须用口头或书面的 λόγοι［话语］表达时，可能强调的是忠告的价值而非表达方式。也可能两种意思都有：灵魂受高贵方式表达出来的合理建议所吸引。尽管

① 参《卡尔米德》157A4 – 5；参《斐德若》270B7，《王制》689B5 – 6。
② 参 Budé 的翻译（Paris, 1949）。

如此，魔术师施予这些λόγοι［话语］，灵魂受其吸引接受这些话语，这显然是个学习过程，也因此称得上是一种"理性"活动，尽管这种活动无疑还会涉及其他过程。这种活动也能称为"道德"活动，因为灵魂或个人与一只猫或一棵白菜不同，灵魂不仅能理解"高贵话语"的意义和内涵，也能因它们得到改善。这与我们已经在《克力同》和《欧蒂德谟》中注意到的说法一致，这两篇对话也同样清楚地表明，灵魂以某种方式被归为一个理性和道德的原则。但《卡尔米德》进一步肯定，整个人才是灵魂，理性和道德活动只有归给人才有意义。如果这种分析正确，忒腊克医生就说出了某种希腊人没有说出的东西。

[8] 迄今为止，大部分关于身体和灵魂的说法坦率说还是二元论的。灵魂被视为空气、①气、②被拘禁的天使③或像蝙蝠一样吱吱尖叫着飞入冥府的有形亡灵；④身体则被视为坟墓、⑤监狱；⑥也有些人视其为真正的自我；⑦认知则被视为围绕心脏的血液。⑧但从未有人肯定，灵魂既是认知原则又是"完整的"自我，也没有人肯定，灵魂的存在依赖于一个活的身体，好比头部发挥作用需要一个活的身体，或眼睛发挥作用需要一个头部那样。因为很明显，没有人说过，身体是自我不可或缺的一部分。因为，对荷马史诗里的英雄来说，身体是自我；而对俄耳甫

---

① 参荷马史诗各处。关于所论，参 E. Bickel，《荷马史诗中的精神信仰》(*Homerischer Seelenglaube*)，Berlin，1925，页 258 – 259。

② 参 DK¹²B 2，17 – 19（阿纳克西美尼，Anaximenes）。

③ 参 DK¹²B112，4 – 5；B115（恩培多克勒）。

④ 参《奥德赛》24.9 等处。

⑤ 参《高尔吉亚》493A1 – 5，和 E. R. Dodds（3）对此处的注解。

⑥ 参《斐多》82E3。

⑦ R. Hirzel 的书中有证实这一点的证据。

⑧ 参 DK¹²B105，15（恩培多克勒）。

斯教义者来说，自我是被拘禁的灵魂。与此相反，对《卡尔米德》中的苏格拉底来说，自我显然是完整的人（《卡尔米德》156E7－8），身体是这个完整之人不可或缺和不可分割的一部分。苏格拉底从两方面来论证此观点：首先，他认为，无论是谈自我还是个人，都必须言及身体和灵魂两者；其次，身体和灵魂不是简单的数字加减关系，更得体地说是一种哲学上的蕴涵关系。

如果说，《卡尔米德》提出了一种有效而精巧的方法来处理灵魂与身体的问题，苏格拉底（或柏拉图）却好像没有看到这种方法的内涵，或即便看到了，也拒绝承认这些内涵是另一种或另几种灵魂观。其中最著名的一个观点认为，只有灵魂（不提身体）是自我或个人，这在《阿尔喀比亚德前篇》（可能是伪作）中得到阐述。然而，我们将会看到，《阿尔喀比亚德前篇》中的自我与《卡尔米德》中的自我不太相同。在《阿尔喀比亚德前篇》130A1－3，我们读到，灵魂"使用"身体，"统治"身体，而130C5－6又明确告诉我们，灵魂就是人。这个结论看起来与《卡尔米德》相同，但其得出结论的过程却表明，两者预设的灵魂形象大不相同。在《阿尔喀比亚德前篇》130A9，苏格拉底设想了"人"的三种可能性："灵魂、身体或两者的结合体。"[9] 接着，他立即放弃了自我即身体的观点，理由是身体不"统治"自身（《阿尔喀比亚德前篇》130B2－7）。更值得注意的是，他也马上否认了两者的结合体即自我的观点，理由是"如果一个成员被统治，二者结合后不可能实现统治"（《阿尔喀比亚德前篇》130B11－12）。所以通过排除法，苏格拉底得出结论说，人就是灵魂，因为他声称，我们只能说灵魂才会"使用"和"统治"身体。也就是说，身体没有被视为真实自我的一部分，身体只是灵魂的工具。"认识你自己"这道神谕原来是让我们认识人的灵魂（《阿尔喀比亚德前篇》130E8－9）。至于认识身体，指的是认识人的所有物，而不是自身（《阿尔喀比亚德前篇》131A2－3）。然而，所有物明显分为两类。《阿尔喀比亚德前篇》131B13－C1 区分了人的身体与他的所有物：该处说，如果身体能被描述为τὰ αὐτοῦ［人的所属物］，那么一个人的χρήματα［所有物］将"与自身更不相干"。可惜这个观点没有进一步发展，但修饰语的改变似乎表明，当苏格拉底称身体是人的"所属物"之一时，他是想让我们设想某种东西，这种东西不像我们能放进衣橱或塞进手提箱的粗陋之物。苏格拉底暗示的东西，可以在前面讨论灵魂的段落中找到一点痕迹，他在那里谈到，竖琴师和鞋匠既"使用"身体的器官（如眼和手），又使用工具或器具（《阿尔喀比亚德前篇》129C7 以下）。或许，拥有身体与拥有χρήματα［所有物］涉及不同的紧密程度，与竖琴师或鞋匠使用手和使用工具或竖琴涉及的不同紧密程度一样。倘若果真如此，这个关于"使用"的例子就比"所有物和所属物"的例子更有说服力，因为后者说的只是一种状态，前者说的却是活动。把身体和χρήματα［所有物］说成是"所属物"和"所有物"，这本身很难表明二者在种类上的主要差异，而我们"使用"琴拨子的方式与"使用"手的方式则明显不同。因为琴拨子纯粹只发挥被动作用，但从灵魂的角度来看，尽管手在某种意义上也是一种被动的工具，却在进行一种有目的的活动，与琴拨子的作用方式不同。不过，我们离如下观点还有很长一段距离，即认为身体是个人不可或缺的一部分，就像活的头部是活的身体不可或缺的一部分一样，但至少，身体似乎不是一个可以报废的无用包袱，而灵魂终生都得背负它。[①]虽然手不是［10］竖琴师，但如果竖琴师要演奏，

---

① 此观点参亚里士多德的《劝导》（*Protrepticus*）10B，（《亚里士多德残篇选》[*Aristotelis Fragmenta Selecta*]，W. D. Ross 编，Oxford，1955）以及 Epictetus，此观点在 Marcus Aurelius Antoninus Augustus 4. 41 中有引用。

手也不可或缺，这或许暗示，身体与灵魂的关系也同样如此。在
《卡尔米德》中，身体的不可或缺性使其从属于灵魂，就像头部从属
于身体；而在《阿尔喀比亚德前篇》中，这样的从属关系似乎完全
不予考虑，但是，如果上述解读正确，竖琴师和鞋匠的活动就让人
相信，身体确实是灵魂不可或缺的一部分，而其他所属物则并不
如此。

　　然而，尽管大部分学者会承认，《阿尔喀比亚德前篇》多半有柏
拉图的风格，但很少有人确信，它出自柏拉图之手。有许多原因证
明其为伪作，其中两个原因触及有关灵魂的概念。比德兹（Bidez）
就认为，"灵魂＝人"这个公式"当然像是柏拉图的，但它的表达
方式很怪，应该是属于柏拉图学园而非柏拉图本人的"。[1]他也觉得，
只有在《斐多》中，我们才能看到"身体与灵魂的区别，而且二者
拥有的道德价值也有高低"（同上）。就后一点来说，我们只需参看
《申辩》29D4 以下、《克力同》47D3 - 4、《普罗塔戈拉》313AC
（参下文，页 32 - 33）就会发现，他的说法有点以偏概全。至于前
一点，我们已经看到，在《卡尔米德》中灵魂如何意味着自我，尽
管通常不把这种灵魂观归给柏拉图。我们还将看到，《普罗塔戈拉》
也暗示，灵魂与自我同为一物，此观点在《斐多》（115C）和《王
制》（469D6 - 9）中皆有明确论述。所以，我同意艾伦（Allan）和
其他一些人的看法，认为"灵魂即真实自我，这一概念无疑是苏格
拉底的"，[2]或不那么坚定地说，这个看法也没有违背其他证据的证
明，这些证据告诉了我们苏格拉底和（或）年轻的柏拉图有着怎样

―――――――――

[1]　参 J. Bidez，页 118（我自己的翻译）。
[2]　乔伊特对《阿尔喀比亚德前篇》做了注释。

的灵魂观。然而，乔伊特（Jowett）的编辑们会继续提出："理性（Reason）才是人的灵魂中最深处的自我，这是柏拉图后期思想的特征。"（《斐勒布》和《蒂迈欧》）他们指的是《阿尔喀比亚德前篇》133AE 的一个著名段落，该处说灵魂能在另一个人的灵魂中瞥见自身，它拥有一个隔间（compartment），"里面住着她的德性，即智慧"。《阿尔喀比亚德前篇》133C1 –6 也有类似的段落：

> 苏格拉底　我们知道我们的灵魂有哪部分比与智慧和知识相关的部分更神圣吗？
>
> 阿尔喀比亚德　没有。
>
> [11] 苏格拉底　那么这是类似神的那部分灵魂；谁看到了这部分灵魂，看到了整类神圣事物、神和智慧，谁就最有可能认识自己。

如上表明，这是《蒂迈欧》中灵魂观的一个简要概括，几乎没有人会对此表示质疑。然而，我们可以提出，《蒂迈欧》中的个体灵魂学并没有推进《王制》卷十勾勒的灵魂学，至少就理性来说，《王制》中的灵魂学与《斐多》中的一致。《斐多》很可能是第一篇或第一批用新对话体写就的作品，出现在那些"伪作"或苏格拉底的对话之后，因此，我们或许会认为，柏拉图在《阿尔喀比亚德前篇》里心不在焉地处理的观点在不远的将来才会得到证明。无论如何，至少"灵魂＝人"这个说法与我们从其他早期对话中得知的灵魂观一致，这些早期对话公认是真迹，所以这个说法或许对此具有佐证价值。

我们发现，《普罗塔戈拉》中有个段落，苏格拉底向一个想去当智术师学生的人提出忠告，强调灵魂比身体更为重要：

经过这番［谈话］以后，我就说："怎么样啊？你知道押上自己的灵魂是在冒怎样一种危险吗？如果你必须得把自己的 *σῶμα*［身体］交托给什么人，而冒这个险会使得身体要么有益要么糟糕，难道你不会翻来覆去想想，究竟该不该交托［给他］，你会把乡亲们和亲戚们叫到一起商议，考虑好多天。你所想的东西，也就是你的 *ψυχήν*［灵魂］，要比你的身体更值，对灵魂要么有益要么糟糕，端赖于你自己的所作所为是好还是坏。可是，在这件事情上，你却既没有与父亲也没有与兄弟商量，甚至没有找你的我们这些友伴们中的任何谁商量，是否该把你的 *ψυχήν*［灵魂］交托给这个来到此地的外邦人。相反，［昨儿］晚上才听说他［到了］——如你所说，［今儿］天刚亮就早早跑来，对是否应当把 *σαυτόν*［你自己］交托给普罗塔戈拉，你自己没个说法，又不同任何人商量，却已经打算用上你自己的钱，还有你朋友们的钱，就好像你已经清楚认识到，方方面面都应该做普罗塔戈拉的学生。可你并不认识他，如你自己所说，也从不曾和他交谈过。你称他智术师，可你显得并不知道智术师究竟是什么，就这样一个人，你竟然打算把自己的灵魂交托给他。"（《普罗塔戈拉》313A1 – C3）①

[12] 或许这段话最值得注意的是，苏格拉底（显然）不知不觉地从谈论"灵魂"转向谈论"自我"。例如，在《普罗塔戈拉》

---

① ［校按］《普罗塔戈拉》中的引文采用刘小枫译本，参《柏拉图四书》，北京：生活·读书·新知三联书店，2015。以下涉及《柏拉图四书》中四篇对话的引文均出自这一译本，随文只附行码，不再标注具体页码。极少地方遵从本书作者的英译有轻微调整。下文不再一一说明。

313A2，说希珀克拉底会让他的灵魂（ψυχήν）陷入危险。在《普罗塔戈拉》313B2，说希珀克拉底没有询问是否要把他的灵魂（ψυχήν）托付给陌生人。紧接下来（事实上，就在同一句话），说他显然没有讨论是否要把自己（σαυτόν）托付给普罗塔戈拉！既然柏拉图没有给出相反的暗示，那"灵魂"与"自我"很可能就是同指一物。若非如此，自己（σαυτόν）指的就是灵魂与身体的结合体，这便误导性地模糊了柏拉图在同一段中对灵魂与身体所做的细致区分。正如医生或体操教练医治身体，四处周游的智术师医治的是灵魂；所以，做了这样精细的区分，柏拉图还要谈论把自己交给智术师，我们只能假定，他是把自我与灵魂当成同一物。简而言之，我不是拥有灵魂；我就是灵魂。

苏格拉底从提供营养那里借了一个比喻，他提出，就像商人和小贩为身体提供食物一样，智术师为灵魂提供食物，这种食物是［知识］（μαθήματα，《普罗塔戈拉》313C7）。然而，正如食物对身体要么有益要么有害一样，知识对灵魂也如此，所以无论购买哪一种知识都需谨慎。购买身体所需食物的危险最小，因为我们可以把它拿走放在篮子里，吃之前询问有经验的朋友。至于知识，"你不能购买了知识，把它们拿走放入另一个容器；你一旦付了钱，就得把知识装进灵魂，离开时灵魂必然不是受害就是获益……"（《普罗塔戈拉》314B1－4）。只有"灵魂的医生"能预知哪种知识有害，哪种知识有益（《普罗塔戈拉》313E2）。

灵魂的此番图像可以说与身体类似。就像身体，灵魂也需要营养才享有健康；把灵魂比作一个类似篮子的容器，学习过程就像在储存各种知识。与《卡尔米德》和《阿尔喀比亚德前篇》一样，这里显然把灵魂视为整个自我或个人；它是一个理性原则，因为它能学习；同时，它也是一个道德原则，因为它能被归入"公正"（χρηστόν，《普罗塔戈拉》313A3）或"堕落"（πονηρόν，《普罗塔戈拉》313A4）；而且显然，灵魂的道德状况直接取决于它学了什么。尽管柏拉图没有清楚说明，不同的"知识"会给灵魂带来怎样的"伤害"或"帮助"，但我们似乎可以从《普罗塔戈拉》313A3－4合理推出，[13] 可以把灵魂"受伤"的程度说成（或进一步说成）是灵魂"堕落"的程度。同样，我们也可以从"医生"这个词推出，讨论灵魂的"健康"问题很有必要，这样的健康很可能包含在"公正"中。讲了这么多，我们却没有触及真正重要的问题。比如，如果灵魂是整个自我，它与身体是什么关系？灵魂"公正"和"堕落"的两种状态包括什么？我们究竟该如何严肃看待灵魂与身体的类似关系（至少是潜在的类似）？

要想进一步阐明灵魂的本质，我们可能要转向《高尔吉亚》。在464A以下，柏拉图区分了身体和灵魂。我们被告知，二者都有合适的健康状态，而且都有一种特殊的技艺维持这种状态，或在必要时恢复这种状态。就身体来说，没有给出这一技艺的名称，却给出了这一技艺的两个相关技艺：体操训练和医疗。就灵魂来说，合适的技艺是政治术，它的两个相关技艺是立法和司法。至于身体与灵魂的关系，我们被告知，灵魂引导身体，"主管身体"。正如我们所见，这种观点已出现在（至少有所暗示）可能是伪作的《阿尔喀比亚德前篇》中。多兹（Dodds）认为，这里或许首次清晰地出现了"柏拉图学说中明显的二元对立，心智是人的主导部分，身体是人的从属部分"，这种对立自《美诺》和《斐多》已降，将越来越明显。①但是，这样的灵魂是否囊括整个自我，而身体又是否像在《卡尔米德》中那样，是自我的一部分？对话并没有给出明确的提示，只用了"人格化的"动词"主管"（ἐπιστατεῖν，465D1）来描述灵魂的活动。这无疑证明不了什么，但要注意，多兹

① 参 E. R. Dodds（3）此处的注解。

提到了《斐多》（同上），《斐多》再次把灵魂视为主导者,①灵魂也显然是指真正的自我，但对话并未提及身体。②

就《高尔吉亚》来说，身体与灵魂的区别似乎只是数字上的不同。例如，在 464B3，我们读到如下醒目的句子："身体和灵魂这一对与两种技艺相对应。与灵魂有关的技艺我称之为政治的技艺，与身体有关的那门技艺，我一下子还说不出一个现成的名字。"柏拉图用［一对］ (δυοῖν πραγμάτοιν) 来描述身体和灵魂，这表明，他想 [14] 把这二者处理成具有同样本体论地位——即实体性地位，且处理它俩的技艺非常相似，这就证实了这一点。倘若果真如此，这里的灵魂观就像《普罗塔戈拉》中的灵魂观，与《卡尔米德》中表达的灵魂观在侧重点上有所不同。《卡尔米德》中的一元论不太明显，但此处，我们却要直接面对数字上的二元区分，以及二元区分带来的各种问题。例如，虽然灵魂说是"主管"身体，却没有解释主管的细节，因此这个新信息非常含糊，对我们已有的灵魂概念几乎无所增益。确实，通篇对话告诉了我们很多有关灵魂的道德品质及灵魂承受的恶，但灵魂究竟意味着什么，没有一个清晰的概念：灵魂的存在和（实体性的）本体论地位也只是假想出来的。

尽管这样说有些令人沮丧，但对话说的很多内容还是让人印象深刻。例如，所有物、身体和灵魂，这三种不同的恶（三者的区别，参上文，页［9］）分别为贫穷、疾病和不义（《高尔吉亚》477B8 - C2）。这三者中，最糟糕的就是"不义，或一般的灵魂之恶"最可耻（《高尔吉亚》477C3 -4）。从上下文看，这明显对应于身体上的

---

① 例如，《斐多》79 E 以下及各处。
② 例如，《斐多》115C。

疾病，暗示了《王制》（444D3 – E3）和《智术师》（227D – 228E）中流行的灵魂观。同样的观点在《高尔吉亚》506E4 – 5 处得到发展，在这里，善的灵魂被描述为"有和谐和秩序"的灵魂。身体中的和谐和秩序被描述为"健康"，其观点归纳如下：

> 我认为，"健康的"一词用来指身体的有序，健康和身体其他的良好状态都来自身体有序……"有规律的"和"规律"用来指灵魂的有序和活动，灵魂的有序和活动让人的生活有规律和有秩序，我们因此而有节制和正义。（《高尔吉亚》504C7 – D3）

这是个新观点。灵魂似乎不是一个同质的实体，而是一个由多种元素组成的复合体，这些元素的平衡与否会决定灵魂的善恶。这些元素的数量和性质柏拉图未做说明，但从《高尔吉亚》493A4 – 5 来看，他似乎遵循了流行的灵魂二分法，将灵魂分为理性和冲动。他提到，当身体有病时，为了身体着想，将禁止身体沉溺于各种欲求；他还说，这也同样适用于有病的（即堕落的）灵魂：

> 当她［15］状态不好，没有理智、节制、正义和虔诚时，就应该控制她的欲望，阻止有碍于她改善自身的事。（《高尔吉亚》505B2 – 4）

我们如何理解这些欲望？考察一下柏拉图刚刚在之前说的身体的欲望可能会有帮助：

> 当人健康时，医生一般都会允许他，饿了就吃，渴了就喝，让他随心所欲，但当他生病时，医生绝不会满足他们的欲望。（《高尔吉亚》505A6 – 9）

倘若果真如此，柏拉图后来似乎又把身体的欲望归为"必要的"欲望，它们在平衡的人体中通常没有好坏之分。①但倘若这些欲望在灵魂中有所对应，对应的又是什么？这些欲望既不会欲求各种德性，也不会欲求摆脱无知，因为很可能没有一个灵魂医生会希望控制那些会直接治好疾病的欲望。在此阶段，柏拉图本人没有对这个问题给出解决办法，但在后来的对话中，解决办法会在他对灵魂及其活动的描述中突显出来。

在我们离开这篇对话前，至少该提一下所谓的水罐神话（Myth of the Watercarriers，《高尔吉亚》493A 以下）。我们该如何严肃地看待这段话？这是个棘手的问题。神话是苏格拉底在谈？还是柏拉图本人在谈？或者它只是个故事，而柏拉图希望撇清故事与苏格拉底和他本人的关系？倘若像多兹所说，②文中的证据支持第三种观点，但这也不意味着这段话就没有价值。相反，这倒暗示了苏格拉底和（或）年轻的柏拉图起码愿意倾听毕达戈拉斯派（Pythagorean）讲述人类堕落的故事，而《美诺》《斐多》和《斐德若》中的证据似乎表明，曾有那么一段时间，苏格拉底和（或）年轻的柏拉图不只是听说了这些故事。③对我们的目的而言，《高尔吉亚》493A1 以下有个段落很重要，此处引用完欧里庇得斯的著名台词后写道："……谁知道呢？可能我们所谓的生/事实上是死，死事实上是生……"④他接着又说："……可能事实上我们已死；我听一位哲人说过，此刻我们其实已死，身体是我们的坟墓，欲望居住的灵魂那个部分，容易受

---

① 参《王制》558E1 以下，571B5，586E4 – 587A1。

② 参 E. R. Dodds（3），页 296 以下。

③ 参《美诺》81A，《斐多》70C，《斐德若》248C 以下。

④ 参 E. R. Dodds（3）此处的注解。

语言影响，上下摇晃。"（《高尔吉亚》493A1 – 5）

[16] 按照这种观点，灵魂无疑意味着真实的自我，而身体只是一具躯壳。这种观点作为一种学说，相当连贯，因为"欲望"只被归给灵魂，身体被则视为（字面上）"无生命的重物"（τέθναμεν），身体显然在个人的活动中不起作用。至于灵魂，即"欲望居住的那个部分"，容易被说服和干扰，苏格拉底说，某个不知名的"聪明人"，把πιθανόν［能说会道的］与πειστικόν［令人信服的］这两个形容词拼在一起，称其为"水罐"（πίθον，《高尔吉亚》493A3 – 7）。引文接着说：

> ……他称无知者没有知识且健忘，无知者灵魂中的这个地方就是欲望的居所，它毫无节制又无法自控，他将其比作一个有裂缝的水罐，因为它永远无法装满。（《高尔吉亚》493A7 – B3）

这是个充分的限定。因为很明显，现在讨论的只是"没有知识的"人或无知者，论证的范围已经大大缩小。从无知的角度来解释"没有知识的"，这当然与苏格拉底的理性主义一致，如果引文确实源于某个"聪明人"而非柏拉图本人，我们就可以明白为什么苏格拉底愿意倾听。然而，不管这个"聪明人"是谁，需注意，只有对于没有知识的人或无知者，安置欲望的那部分灵魂才被称为筛子或者有缝隙的水罐。之前引用了毕达戈拉斯派的"哲人"说的话，在这个简短引文中，没有区分有知者的灵魂与无知者的灵魂，我们仅仅被告知，在（所有）灵魂中，安置欲望的部分"容易受语言左右而上下摇晃"。然而，第二种学说似乎超出了目前这种更流行的说法，认为有知者（《高尔吉亚》493B1）灵魂的"欲望部分"与无知者灵魂的"欲望部分"在种类上有些不同。对无知者来说，这部分是什么，对话有所解释（《高尔吉亚》493A7 – B3），但对有智慧者来说，这部分是什么，我们却一无所知。唯一的蛛丝马迹似乎在于短语"容易被说服"（*οἷον ἀναπείθεσθαι*，《高尔吉亚》493A4），他可能是想说，事实上是无知者被说服和干扰，而有智慧者未必如此。这种智力是否意味着既要耗力又必须拥有知识，即这种智力是否像［理智］（*φρόνησις*）或［智慧］（*σοφία*）那样具有道德意味，文中并未探究。①至于欲望的本质，[17]"哲人"和"聪明人"（《高尔吉亚》493A2 – B3）使用了激烈言辞，这表明，这些欲望就是后来所说的"不必要"的欲望，抑或这些言辞至少表明，"必要"的欲望和"不必要"的欲望不加区分地混在了一起。

"聪明人"的最终结论让灵魂的形象更模糊了。如今，我们知道，对冥府中没有知识的人来说，"由于其健忘且缺乏信仰，所以不能自制"，整个灵魂，不单是灵魂的某部分，都要被穿孔（《高尔吉亚》493C2 – 3），连苏格拉底也不得不承认这些想法"有些荒谬"（《高尔吉亚》493C3 – 4）。然而，这则神话的道德寓意不容忽视。它告诉我们，"在不节制和不知足的生活中选择一种有序的生活，拥有这种有序生活可以使人在日常生活中感到满足"（《高尔吉亚》493C5 – 7）。这同样是说，对苏格拉底而言，此刻所说的欲望，即后来"不必要"的欲望，相较于那些"必要"的欲望，后者的满足是简单自足生活的正当部分。

我们得注意，不要过分强调这个神话，但我们可以稍微地说一两句。如果这个神话没有表达苏格拉底或柏拉图的观点，但它似乎

---

① 参 E. R. Dodds（3）此处的注解。

确实大体上包含后来明确归给他俩的观点。多兹谈到，柏拉图不断努力，

> 将他的宗教信仰从神话水平上升到哲学水平，因而将宗教信仰转变为理性真理。这产生出奇怪的结果，即他的结论经常比建立这些结论的哲学论证出现得更早：因而，他的灵魂学说先在《高尔吉亚》中以神话的形式出现，之后才在《斐多》中呈现为理性真理。①

毫无疑问，这也适用于身体即坟墓之说（《高尔吉亚》493A1以下），但他认为，身体和灵魂都有欲望的观点首先应该接受多次修改。就目前来说，苏格拉底满足于把这两种灵魂观相提并论，比如《斐多》就表明，他显然坚信的是其中之一，且可能也在忙着权衡另一种。《王制》和《斐勒布》将表明柏拉图将如何把这两种观点整合进他更成熟的灵魂学中。

《高尔吉亚》中的神话已暗含身体即坟墓的概念，即暗示有前世存在之说。《美诺》提供了支持这种信念的论证。在《美诺》中，苏格拉底试图表明，一个奴隶拥有关于几何公理的"知识"只能意味着，他在出生之前就知道了这些公理（《美诺》82B－86C）。这就足够惊人了，但苏格拉底还以此作为充足的证据，推出灵魂不朽：

> [18]　苏格拉底　……我们可以说他的灵魂永远处于有知识的状态，是吗？很明显，他要么总是人，要么总是不是人。
>
> 美诺　这一点很清楚。

---

① 参 E. R. Dodds (1)，页24。

苏格拉底 如果关于实在的真理一直存于我们的灵魂中，那么灵魂一定是不朽的。(《美诺》86A8 - B2)

对话没有给出正式的论证，仅给出结论。我们几乎不用怀疑，柏拉图对这种看似奇怪的主张提出了善意的批评，这让他在《斐多》中试图提出更严肃的论证。还有一点值得关注，《高尔吉亚》中概述的宗教信仰被形容为"有些奇怪"（493C4），这种宗教信仰在这里似乎占有更重要的地位：

苏格拉底 我从那些懂得宗教真理的男人和女人中听说……
美诺 他们说了什么？
苏格拉底 我想是些真实和高贵的说法。(《美诺》81A5 -8)

事实上，这种真理主张灵魂不朽和灵魂转世，命令人们"尽可能公正地"生活（《美诺》81B3 - 6）。接下来，对话引用了一长段品达或某个与他类似的人的话，苏格拉底觉得这段话究竟有多大说服力，我们可以从他的评价中推断，"灵魂，因为（ἅτε）不朽，且出生了多次……已经学会了各种事"（《美诺》81C5 -7）。此论证似乎不需要证据，假如一位受神启示的诗人说灵魂不朽，灵魂就是不朽的，因此我们可以说，灵魂已看到和学会了各种事。就目前来说，重要的与其说是这个结论，不如说是苏格拉底明显愿意将这位俄耳甫斯教诗人说的话视为出发点（point de départ）。苏格拉底说这些话时的热情和坚定（他确实将这些话视为准权威性的和不言自明的真理），让我们不会怀疑这种宗教信仰之于他的重要性。

这种可以转世和不朽的灵魂，其本质是什么？我们根据前文所述，必然会推出，灵魂即真实的自我或个人，它不同于身体，《美诺》88A6 以下已经讨论了它的一些品质。这些品质包括"节制、正义、勇气、思维敏捷、记忆力好、性格高贵，诸如此类"（《美诺》88A6－8）。据论证，没有一种品质有资格称为"知识"，因为知识总是有益的，而这些品质则有时有益，有时有害，端赖于是否有理智相伴（《美诺》88B1－7）。苏格拉底接着说：

> [19] 简而言之，如果智慧引导灵魂，[灵魂] 所祈求或忍受的一切将有幸福的结局，但如果是在愚昧引导之下，其结局只能相反。
>
> 美诺　这个结论很合理。
>
> 苏格拉底　那么如果德性是 [灵魂] 的一种属性，且一定是有益的，也必定是智慧……（《美诺》88C1－5）

接着，苏格拉底继续说，灵魂品质的好坏与财富之类的好坏可以类比。他说，在任何情况下，我们处理的对象本身并没有好坏之分，只有当 φρόνησις [智慧] 或 ἀφροσύνη [愚昧] 控制人的灵魂时，这些对象才具有伦理色彩。下面这段话很重要，因为它在 φρόνησις [智慧] 与 [灵魂的其余部分]（τῇ ἄλλῃ ψυχῇ, 88C6）之间做了清楚的区分，相应的，这些部分也具有某种特征或属性（τὰ τῆς ψυχῆς 88D7）：

> 正如智慧，当它统治我们灵魂中的其他冲动时，就会让它们变得有益 [或者：正如智慧，当它控制灵魂的其余部分时，会让灵魂的那部分冲动（或者属性）变得有益（罗宾逊译文）]，而在愚昧的支配下，它们就会变得有害，所以如果 [灵

魂] 正确地发挥作用，控制了这些物质财富，就会让它们变得有益，如果错误地发挥作用，就会让它们有害。

美诺 当然。

苏格拉底 智慧者的［灵魂］会正确地发挥作用，愚昧者的［灵魂］会错误地发挥作用。

美诺 确实如此。（《美诺》88D4–E4）

这里与《高尔吉亚》493A3–5 一样，似乎用了流行的灵魂划分法，将其分为理性和非理性的部分（或方面），没有提到后来更详尽的三分学说。然而，这种二分法的特殊之处在于，假如是理智或者智慧（φρόνησις）主导，非理性的部分（或方面）在灵魂的运作中也被认为发挥着有益而重要的作用。这似乎确实预示了《王制》中的灵魂说。也可以这样来说《美诺》88C6–D1 中规中矩的说法，苏格拉底认为，"灵魂所有（πάντα τὰ κατὰ τὴν ψυχήν）的品质，就其自身而言，既不有益，又不有害，而是由于有智慧（φρόνησις）或愚昧相伴才变得有益或有害"。[20] 当我们在《斐多》中读到一些关于欲望和快乐更为极端的说法时，应该牢记以下谨慎的说法：

苏格拉底 ……一般来说，［物质］财富的善依赖于［我们灵魂的性格］，我们灵魂本身的善依赖于智慧。这个论证表明，智慧必定是有益的因素，而我们一致认为，德性是有益的；因此我们说，德性整个是智慧，或部分是智慧。

美诺 这个论证在我看来似乎很有道理。（《美诺》88E4–89A5）

前一个句子（《美诺》88C4–D3）已经假定了这样的结论。既然如此，讨论伊始提到的灵魂最初的品质，其地位如何？它们是真正的德性（或罪恶），还是说它们在道德上并无好坏之分，只是受智慧或愚昧的引导变得有益或有害时，才成为德性（或罪恶，《美诺》88B7）？按照这种论证，只能说它们在道德上没有好坏之分；德性的称号要留给智慧，且专门只留给智慧，只有智慧才总是对灵魂有益（《美诺》88C4 – D1）。倘若果真如此，通常所谓的正义、审慎、勇敢等就只是潜在的德性，这些潜在的德性只有与智慧结合，才能成为真正意义上的德性，也才可能像智慧本身一样，有资格被称为真正的德性。在此，我们算是在区分"普通德性"与"哲学德性"的方向上迈出了第一步，这种区分在《斐多》和《王制》中将非常重要。①

因此，早期对话呈现出两组问题：（1）灵魂一词，似乎在好几个不同的意义上使用；（2）结果，身体与灵魂的关系也用了很多不同的方式来表达。尤其柏拉图将灵魂视为真正的"自我"或个人，有时强调它的认知特征，有时又强调它的道德特征。而这个"自我"的本质又含混不清。在《卡尔米德》中，自我似乎将身体视为自身不可或缺的一部分；而在《普罗塔戈拉》中，自我又完全排除了身体；到了《高尔吉亚》和《阿尔喀比亚德前篇》，自我排除了身体，但至少认为，身体与灵魂有一种"特殊关系"，而其他所有物与灵魂则没有这种关系。

与柏拉图总体的灵魂观相反，俄耳甫斯教义者把灵魂视为"另一个人"（counter-person），灵魂禁锢在身体中，就像被埋进了坟墓。这种灵魂与柏拉图的灵魂一样，具有理性和物质性，有前世，且不朽，这种灵魂由许多元素组成，尤其包含了理性和冲动。

---

① 所讨论的段落，参 R. D. Archer-Hind（2）附录 A。

第二章 《斐多》

[21]《斐多》从一开始就是柏拉图最广受阅读的对话之一，原因不难发现。因为，对话在一个文辞优美、洞见与悲悯氛围相得益彰的背景下，对所谓的"柏拉图主义的两大支柱"——"理念论"和"灵魂不朽说"——做了很长的解释和辩护。①在讲述《斐多》中的灵魂时，我们不要太直接关注所谓灵魂不朽的证明，而要关注灵魂自身的本质，要通过阅读文本，关注其呈现的灵魂形象究竟一致还是不一致。就我们当前的目的而言，灵魂不朽的证明，与其说是因为其内在价值，即恰好可以用作证据而有用，不如说是因为它们假定了一个或多个灵魂概念而更有用。

乍一看，《斐多》中的苏格拉底还是《申辩》《普罗塔戈拉》与《克力同》中的那个苏格拉底，专注于宣扬灵魂的重要性和灵魂关心的事。但有关灵魂自身的几个概念，并不清楚。对话伊始，苏格拉

---

① 参 F. M. Cornford（4），页 xxv。

底讨论了自杀问题，把死定义为灵魂与身体的分离。①这个话，不管
有什么其他暗示，都表明，可以把身体和灵魂视为独立的实体，当
彼此分离时，能够"自己独自"（αὐτὰ καθ᾽αὑτά）存在。②这个阶段没
有告诉我们灵魂的本质，但我们可以合理地推断，死亡的这种定义
是基于《高尔吉亚》（464B3）已经出现的假设，即身体和灵魂是两
个部分。但灵魂究竟意味着什么？苏格拉底最初的说法有些含混。
《斐多》64E4-6告诉我们，真正的哲人，其活动是尽量［22］"远
离"（ἀφεστάναι）身体，"专注于灵魂"。《斐多》64E8-65A2又这
样描述哲人，"尽力让他的灵魂脱离与身体的结合，其努力程度超过
了任何人"。不知情的人以为，我们在这里说的是三种实体：身体、
灵魂和哲人，而哲人拥有身体和灵魂，并为了各种目的操控身体和
灵魂，他这样想可以理解。灵魂本身可能是什么，我们得到的第一
次暗示来自《斐多》65B9-C2。此处告诉我们，当问及灵魂如何
"获得真理"时，答曰"当它思考时"。③那么，灵魂除了是一种独立
的实体外，似乎还具有某种认知性，这起码可以算作它的一种功能。
然而，为了最好地发挥这个功能，它不得受"听觉、视觉、痛苦或
快乐"的干扰（《斐多》65C5-7）。把视觉、快乐和痛苦放入同一
个逻辑类别，（明显）犯了类别错误，我们姑且忽略这个错误，把它

---

① 参《斐多》64C4-9；参《高尔吉亚》524B2-4。
② 参《斐多》64E6、65C7、65A1-2。这一点后来在《斐多》93A11-
94B3得到确证，此处否认灵魂是身体的一个"协调"（ἁρμονία）部分。晚近对
后面一段话的讨论，参W. F. Hicken，页16-22和W. J. Verdenius（2），页227-
228。
③ 把灵魂视为一种理性原则，关于这个问题在古代和当代的思考，参
T. B. L. Webster，页149-154。另参《普罗塔戈拉》313C7、314B，《欧蒂德谟》
295E4-5，《高尔吉亚》505B2。

们粗略地归为"身体感觉"。不管身体感觉有什么具体含义，都会"干扰"灵魂。鉴于此，灵魂必须尽量"告别身体"，"变得自己独立"（《斐多》65C6 – 8）。它要"触及实在"，就要"尽量不与身体接触和交融"（《斐多》65C8 – 9）。这里提到"实在"，是在暗示，接下来苏格拉底将解释他对"存在"（being）和"理智性"（intelligibility）的看法。此时值得注意的是，苏格拉底描述灵魂的活动时，用了非常"人格化"的语言。即使为了论证之需，我们承认他是在比喻层面上使用它们，但至少在此刻，苏格拉底发现，把灵魂描述为某种"内在的人"无论如何是个方便之举，所以这些语言还是有一丝真实性。后文印证了这一点，那里说到，哲人的灵魂"蔑视"身体，"逃离"身体，试图"自己独立"（《斐多》65D1 – 2）。

苏格拉底介绍性的说法表明，对他来说，灵魂是一种独立的实体，有认知能力，在运用这些能力时容易受"身体感觉"的阻碍。为了尽量避免这些阻碍，苏格拉底初步采取了一些措施，他把灵魂描述得与常人即便有区别也没有多大区别。因为至今也没有有力证据表明，应该把苏格拉底的话视为比喻。所以我们暂时可以说，目前为止，灵魂被视为"另一个人"、[23]"复制的人"或"内在的人"，拥有认知功能。当然，灵魂不能只意味着认知原则，新的证据马上会证明这一点。例如，《斐多》65A7 写到"来自身体的快乐"，即在暗示，存在身体之外的快乐。《斐多》64D3 – 4 的说法也似乎印证了这一点，苏格拉底在那里谈到"所谓吃喝的快乐"。此外，他又用了《斐多》65C9 出现的"触及"一词，只是为了说明灵魂也没有被剥夺欲望。毋庸置疑，这篇对话的前面部分，强调灵魂的认知功能，但如果语言另有所指，灵魂就不只意味着认知原则。对话后面部分会证明，经常用来描述灵魂的语言华丽而深情，但它们仅仅被视为修饰性的比喻；相反，这些语言表面上看是柏拉图在试图证明灵魂不朽，但其实常常暗示了柏拉图心中不同的灵魂概念。本章余下部分就是想勾勒这些概念，描述它们的冲突，思考它们是否相容。

我们已经看到，柏拉图对灵魂的最初说法强调了灵魂的认知活动。后来讨论灵魂的"普通"德性和"哲学"德性时，又进一步强调了这一点：柏拉图认为，灵魂的严肃德性或"哲学"德性（对一个人继续活着的那一要素具有深刻后果的德性）需要理智发挥作用。①类似的，苏格拉底年轻的对话者刻贝斯表明，灵魂继续活着的证据不充分，我们也必须弄清楚，［为何人死后］灵魂"还在，而且具有某种能力和理智"（《斐多》70B2-4）。无法想象，一个人没有了基本的认知能力还能存活下来。苏格拉底认识到这一点，他用回忆说来总结：

> 那么，西姆米阿斯，我们的灵魂先前就存在，在住进人的身形之前就存在，灵魂独立于身体而存在，且拥有理智。（《斐多》76C11-13）

灵魂最应该避免的身体之恶是"愚蠢"和"愚昧"（《斐多》81A6，67A7），在这一点上，苏格拉底希望把"有所准备"等同于"净化"，他甚至在一个明显需要使用"灵魂"一词的地方，使用了"理智"（*διάνοια*）。②

---

① 参《王制》619C，此处谈到对重新转世的人而言，选择何种生活方式有赖于他们前世的"德性"（*ἀρετή*）如何；另参《斐多》82A10-E1。类似文本的一个有用的文集，参 R. D. Archer-Hind（2）附录 A。

② 参《斐多》67C2-3。类似的替换，参《普罗塔戈拉》326B2、326B7、《智术师》227C4。

[24] 如果说，这段引文中的"理智"一词总结了灵魂的一个突出方面，那么"净化"一词就给我们介绍了灵魂的另一方面。苏格拉底讨论灵魂时，表现得深受俄耳甫斯教的影响。身体充其量是个麻烦（《斐多》66A5－6，66B7以下），最坏是个彻底的恶（《斐多》66B6），正是身体及身体之需阻碍了灵魂拥有"真理和理智"（《斐多》66A6）。所以，哲人必须尽其一生，让灵魂尽量远离身体和身体之需，得到净化。只有这样，他才有望今生获得最高的真知，来世获得永恒的幸福。①整篇对话充满了诸如"净化""入教""灵魂的洁净""身体的玷污"等字眼。这些都是宗教信徒的语言，苏格拉底自己为我们总结了信条：

> ……那些不曾践行过哲学，离开身体时没有完全净化的灵魂，就得不到神的本质，除非是智慧的爱好者。（《斐多》82B10－C1）

但是，如果他已经将净化的宗教观念融入了他的思想，那这种净化就不是仪式的清洗和迷信安慰的力量，也没有繁复的典礼。真正的净化是哲学生活（即"爱智慧"，φιλοσοφία），或爱学习，抑或"哲学德性"——都是一回事。②无论秘教的教条是什么，苏格拉底的理智主义也把它转换成了新东西。没有理智就没有真正的德性（《斐多》69B2），伪装在德性名义下，用一种痛苦换另一种痛苦，用一种快乐换另一种快乐，这样的交换不配称为德性（《斐多》

---

① 参《斐多》66A1－6、66A6－B1、66E2－4、67B8－C3。
② 参《斐多》60E1、61A8、80E2。另参《斐多》66E5、67A5、67A7、67B2、67C3、67C5、68B4、82C1。

69A6 以下）；相反，真正的德性确实是个净化过程，理智起着净化剂的作用（《斐多》69C1 - 3）。换言之，理智才是唯一有效的货币，所有东西都得经过它才能交易（《斐多》69A9 - 10）。

尽管苏格拉底成功地转变了俄耳甫斯教的伦理，但俄耳甫斯教的灵魂观仍然尾随于他。他明显接受了前世、①转世、②以及在此世之后可能还另有一世或另几世的观点（《斐多》81E 以下），也一并接受了这些观点［25］必然涉及的灵魂观，此灵魂观可以在对话大多数地方看到。从本质上说，此灵魂观就是我之前说的，灵魂即"另一个人"或"复制的人"。③这个观点在对话末尾的死后神话中体现得最清楚，我们暂时把它放一放，以后再讨论，不过仍然可以在对话中看到它的痕迹，尤其在很多人之真实状态的描述中看到。某些描述我们已经见识过了；此外，苏格拉底说灵魂"被捆绑和粘在"（《斐多》82E2，92A1）身体中，而身体"就是牢房，不妨这么说"。④灵魂"使用"（《斐多》79C3）身体，而且是"通过感觉"（《斐多》79C5）来使用身体，结果"灵魂就被身体拽向那些从来不保持一致的东西。灵魂自己晕头转向，像个醉汉，就是因为它被糊

---

① 参《斐多》76C11 - 13 及《美诺》81B3 - C4。同源的观点，在现代作家卡夫卡的小说《审判》（*The Trial*）中有着雄辩而恐怖的表述。在书中，生命被视为一场审判，一个看不见的陪审团审判一个不知名的罪犯，有着不可避免的裁决——有罪，以及不可避免的惩罚——死亡。

② 参《斐多》62B。另参《薄伽梵歌》（*Bhagavad Gita*）Ⅱ，页 12。

③ 当代与此类似的观点，参 T. B. L. Webster，页 150 - 152。

④ 参《斐多》82E3。短语"置于某种囚室中"（ἔν τινι φϱουϱᾷ）（62B3 - 4）涉及的双关语，参 J. Burnet（4）对此处的解释。还得加上 P. Frutiger 在页 58 注释 1 的有趣阐释。另参《阿克西俄科斯》（*Axiochus*）366A1（译注：作者说，有人认为这篇短对话是柏拉图所作，也有人说是伪作，尚无定论）以及 P. Courcelle（1），页 101 - 122。

里糊涂的东西给拴住了"（《斐多》79C6 - 8）。我认为，这样一种"人格化"的灵魂观在很多别的段落中也阐释得很好：

> 灵魂脱离身体时带有污秽、不洁，因为，灵魂总与身体同在，侍奉着身体，爱欲着身体，受身体及种种欲望和快乐蛊惑，以至于除了身体形相的东西没有什么显得是真实的，人们能用它摸、看、喝、吃以及用于性欲（《斐多》81B1 以下）。
>
> 毕竟，由于灵魂与身体有了相同的意见，为相同的东西欣喜，在我看来，灵魂必然变得与身体有相同的生活方式和相同的吃喝（《斐多》83D6 - 7）……这个灵魂要不受其欲望影响，就得跟随理性，并总是在理性中生存，观看真实的东西、神样的东西、非意见性的东西，用这些东西来养育自己……（《斐多》84A8 - B1）①

《斐多》94B7 以下使用的语言很突出，柏拉图引用了一段荷马史诗（《斐多》94D8 - E1），以便帮助他说明灵魂如何反对身体的感觉和意愿：

> ……以种种方式主宰它们，对有些更严厉地施予惩罚——甚至带有痛苦，比如以健身术和医术来惩罚，对有些则较为平和地惩罚，与欲望、冲动、畏惧交谈有时用威胁有时用告诫……

[26] 毋庸置疑，柏拉图本人也会把大多数这样的语言归为比喻；他经常使用"似乎"、"好像"（ὥσπερ，《斐多》67D1 - 2, 83D4）

---

① ［校按］《斐多》中的长段引文均选自刘小枫译文，参《柏拉图四书》，北京：生活·读书·新知三联书店，2015 年。

这种谨慎的词来缓和类似的言论。倘若所有语言都是比喻，那我们就得注意，所有语言多么连贯、多么井井有条地试图引导读者去想象，灵魂在一个掩饰，且只在这一个掩饰之下——人。

但是，对话远不止给我们呈现了这两种灵魂观，即认知性和个人性。证明灵魂不朽的第一个证据，是赫拉克利特的风格，即基于对立原则（《斐多》69E – 72D），[①]最后一个证据则基于蕴涵原则（entailment，《斐多》102A 以下），两者都涉及流行的灵魂观，即把灵魂视为"生命原则"或"生命的携带者"诸如此类的观点。[②]柏拉图并没有讨论灵魂的认知性，他明显假设，"生命灵魂"（life-soul）与认知性的灵魂同为一物，用不着再在别处仔细审查了。这对现代人来说有点奇怪，最起码，说一种看不见的抽象实体直接且充分地促成了一个人的物理存在，至少得做个论证的样子。不过，苏格拉底是先给我们介绍了灵魂的认知原则，然后再以生命原则为基础，作为灵魂不朽的首要证据！[③]我们似乎可以从他的结论清楚地看到，他确实假定认知原则等同于生命原则，"那么，我们的灵魂，存在于哈得斯"（《斐多》71E2）。这只可能意味着，灵魂个体的存活也需要哪怕一种认知能力，即记忆。此说法在《斐多》72A6 – A8 以一种更冗长的方式得到重申，这一次没有太强调灵魂个体的存活，但下一步似乎表明，与苏格拉底最初的表现相比，他不那么确定自己的论证了。他引入了另一个论证——这一次是从回忆说入手。他认为，

---

① 对此可参一个短小精悍的评论，参 J. Wolfe，页 237 –238。

② 这个观点在荷马史诗和悲剧中的说法，参 T. B. L. Webster，页 150。

③ 把生命灵魂醒地等同于认知性的灵魂，见于安提丰（5，93；4A7），安提丰请求陪审团"剥夺罪犯的灵魂，因为它谋划了犯罪活动"（T. B. L. Webster，页 151）。

回忆说可以证明他想证明的一半，即"我们的灵魂在我们出生之前就存在"（《斐多》77C2–3），而之前的对立论证则表面上证明了另一半（《斐多》77C6 以下）。如果能证明生命原则（对立原则论证的"灵魂"）与认知原则（回忆说论证的"灵魂"）同为一物，他就能令人信服；但回忆说恰恰是苏格拉底的假设而非确立的观点。当然，也有可能，[27] 苏格拉底在说"我们的灵魂……存在于哈得斯"时，就已经假定了接下来要论证的结果，即回忆说。他的两难在于，要么他假设回忆说就是论证的结果，那他所假设的就是他要证明的，即生命原则和认知原则同为一物；要么他就认为，对立论证确实证明了灵魂个体之前就存在且继续活着，这样一来，他又得从逻辑上被迫接受很多奇怪的结论。因为，要是对立论证足以证明，我们自己的灵魂个体之前就存在且继续活着，那么，它就能证明所有生物的灵魂都如此，不管是否为人类。我们与其他生物的唯一区别在于，我们因为统一的记忆之线，能够意识到自身的连续性存在三个阶段（过去、现在和未来），而其他生物因为缺乏理性，可能意识不到这一点。事实上，确实有证据表明，苏格拉底本来想接受后一种说法，因为在《斐多》70D9，他就把对立论证运用于"一切有生成的东西"（ὅσαπερ ἔχει γένεσιν），在《斐多》72C6 又运用于"一切有生命的东西"（πάντα ὅσα τοῦ ζῆν μεταλάβοι）。然而，事实上马上引入的"回忆说"论证，只是"证明了我们想要证明的一半——灵魂在我们出生之前就存在"（《斐多》77C1–3），而对立论证则用来证明另一半，因为在出生的循环中，一物在出生"之前"的状态与"死后"的状态可视为同一个含义（《斐多》77C6–D5）。这似乎意味着，苏格拉底可能对他之前的假设有些顾虑，他之前认为，只需要通过对立论证就可以证明灵魂个体之前就存在。

灵魂不朽的最后论证为这一切提供了一个有趣的补充，尽管有点模糊。对立论证是基于灵魂赐予生命的能力，但没有给我们提供这些能力运作的细节，我们现在有了乍看上去很清晰的说明。我们被告知，灵魂"总是把生命带给那个它占据的东西"。然而，下文马上指出，"带给"（ἐπιφορά）这个概念，实际上是个逻辑概念，与我们现在说的"蕴涵"含义一样。引入这个概念的例子清楚地说明了这一点（《斐多》105C1－6）：热是火带来的更一般的概念，疾病是发烧带来的，奇数是一带来的。要注意，在所有例子中，被带来之物不一定具有实体地位，它只是后者的一个属，是一个具体的示例而已。疾病与发烧，奇数与一的例子体现得很清楚，在这两个例子中，我们似乎都在 ［28］处理属性而非实体，这样的类比让我们不禁猜想，柏拉图把生命和灵魂都视为活人的属性了，灵魂不过是生命这个更一般概念的具体示例罢了。①这一点值得注意，苏格拉底用它来回答西姆米阿斯之前的争论，西姆米阿斯认为，灵魂只是身体各部分组成的"谐音"，这显然意味着，他认为人的灵魂是个实体，而不只是身体的属性（91E5 以下）。苏格拉底要是接受这个观点，他的回忆说和前世说就会面临危险，我们可以从他的概述中看出，他把自己的反驳看得多重要（同上）。倘若如此，认为柏拉图公然将灵魂弄成了亚里士多德意义上的"质"，这样的看法就很草率。"质"（ποιότης）的概念，柏拉图在《泰阿泰德》（182A）中才首次引入，因此我们有理由认为，在《斐多》中，他仍然把属性视为半实体的（quasi-substantial）。然而，就当前的目的而言，更重要的是，属性作为理念与感觉对象的"中介"这一本体论地位，经常被

① 参 R. Hackforth（6），页 162 以下。

柏拉图提及。（超验）理念，比如冷本身（αὐτὸ τὸ ψυχρόν），显然处于本体谱系的一端，而个体的"冷的物体"（ψυχρόν τι）则处于另一端。居于其间的，似乎就是他所说的"冷"（τὸ ψυχρόν, ἡ ψυχρότης，《斐多》103D7 - E1）、"热"（τὸ θερμόν, ἡ θερμότης，《斐多》103D8，105C2）等等。正是它们，在这段论证中有时候（而不是所有时候）被用作灵魂的类比物。倘若果真如此，这就意味着，柏拉图近乎提出如下灵魂学说：灵魂处于"类似存在"与"真实存在"的"中间地段"，"真实存在"在《蒂迈欧》这样的后期对话中非常醒目。然而，我们还不能肯定说，柏拉图在这里明确采用了这一说法。因为，一方面，他谈到"高"在"矮"（τὸ σμικρόν, ἡ σμικρότης，《斐多》102D8 - E2）逼近时退却——这一段显然把这些属性视为"内在的"理念；另一方面，他后来谈到明显是特殊事物的"雪"和"火"，在"热"（τὸ θερμόν）和"冷"（τὸ ψυχρόν, ἡ ψυχρότης《斐多》103D7 - E1）逼近时退却。这当然看起来很反常，他提出了一个解决方案，即把"雪"和"火"与"高"这样的"内在"理念等同起来。结论就清楚了，灵魂直接类似于"雪"和"火"，也是个"内在"理念。然而，又不全然如此，看看《斐多》105E10 - 106A10 就会明白。在这段话中，"三"或者"[任一] 三个物体"（τὰ τρία）被替换为 [29]"非偶数"（τὸ ἀνάρτιον）；"雪"被替换为"不热"（τὸ ἄθερμον）；"火"被替换为"不冷"（τὸ ἄψυκτον）。就在"不死"（τὸ ἀθάνατον）——明显类似于"非偶数"、"不热"和"不冷"——被《斐多》106B2 的"灵魂"替换时，这一点的重要性很快就凸显出来。正如最近有观点指出，在后一种情况中，我们毫无疑问处理的是不死的东西（即灵魂），而非灵魂中的"不死性"。这似乎意味着，我们与其把"火"和"雪"等同于"内在"理念，不如把"内在"理念与特殊事物等同起来！事情的真相是，似乎每一步都表明，他想解决多少问题，就引出多少反常的现象，因此，更谨慎的策略应该是，论证中的灵魂有着不同的类似物，对这些类似物确切的本体论地位应该持保留态度。只需说，它们有时候是特殊事物（火、雪等等），有时候是"内在"理念。如果要特别强调，"内在"理念（像"高"）是（超验）理念和感觉对象的"中介"，或许我们可以说，柏拉图这里的灵魂观接近于后期对话倡导的灵魂观，即把灵魂视为一种"中介"。但不能走得更远，否则很危险。

在最后的论证中，灵魂的地位很模糊，这与对话之前的一个段落很相似，当时强调灵魂与永恒理念的相似性。用苏格拉底的话说，

> 灵魂最像神，最像不死的东西，最像有智性的东西、形相单一的东西、不会分解的东西、总保持自己这个样子的东西；身体则最像世人，最像会死的东西，最像形相多样的东西、无智性的东西、会分解的东西、从不保持自己这个样子的东西。（《斐多》80B1-5）

这也让灵魂看起来发挥了中介作用，就像"冷"（$\tau\grave{o}\ \psi\upsilon\chi\varrho\acute{o}\nu$, $\acute{\eta}\ \psi\upsilon\chi\varrho\acute{o}\tau\eta\varsigma$, 《斐多》103D7-E1）在冷本身（$a\grave{\upsilon}\tau\grave{o}\ \tau\grave{o}\ \psi\upsilon\chi\varrho\acute{o}\nu$）与冷的事物（$\chi\upsilon\chi\varrho\acute{o}\nu\ \tau\iota$ 《斐多》106A9）之间发挥的作用一样。灵魂本身不是一个理念，却明显比感官对象更接近于理念。这并不是在暗示说，灵魂不是一个实体，尽管在本质上可能低于理念。但灵魂是怎样一种实体？如果它仅仅是像不朽的东西，那它本身很可能（尽管微乎其微）是会死的；如果它仅仅是像不会分解的东西，那它本身很可能是可分解的。只有确切地说灵魂就是不朽且不会分解，即灵魂本身是一个理念，苏格拉底的独特论述才有说服力，但这恰好是他[30]拒绝说清楚

的，尽管有些学者对此提出了相反的看法。①无论灵魂多么完美，它都不如典范性的理念完美。所有这些，仍然让我们对灵魂本身是什么所知甚少，但是要注意，苏格拉底认为，灵魂高于身体的地方恰恰在于，它可以无限地接近于静止不变的实在。把灵魂视为生命和活动原则，即把灵魂视为变化，这样的解读非常奇怪，与对话后面要说的内容形成鲜明对比。事实似乎是，苏格拉底再次强调了灵魂的认知原则。如果认知的对象静止且永恒，按照恩培多克勒同类相知的原则，认知的主体也会有相同的特征。②但是，如果要把认知性的灵魂与生命灵魂等同起来，就会呈现出一个严峻的困难。因为理念绝不是活物，其静止的永恒性恰好说明了这一点。既然在最重要的方面，灵魂与理念完全不同，那么恩培多克勒的原则会变成什么样子？在这里，与回忆说和对立论证一样，苏格拉底默默假定，认知性的灵魂与生命灵魂同为一物，但在特殊语境下，为了符合他的目的，他会强调认知的一面。他这么做，除了极大地削弱灵魂不朽的论证外，也几乎没有说清楚灵魂的本质特征。

目前为止，我们已经看到，在这篇对话中，苏格拉底有时将人的灵魂视为"另一个人"，有时视为一种理智原则，有时视为生命赋予者或生命原则，可能在一个段落中甚至将灵魂视为一种限定生命的外在属性（"中介"地位？）。但我们依然可以区分出第五种观点。

---

① W. Theiler（2）页 64 和 A. -J. Festugière（1）II 页 103 谈到，《斐多》最后的论证中，灵魂不是像一个理念，而是确实变成了一个理念。Theiler 认为，灵魂是一个理念，与生命的理念紧密相关；Festugière 则认为，灵魂本身就是生命的理念（《斐多》，106C）。对这种观点的批评，参 H. Cherniss（3），页 208。最近，支持在最后的论证中，灵魂就是一个理念的还有 G. Vlastos（3），页 93，注释 14，以及 D. O'Brien，页 228（相当不确定）的说法。

② 参 DK^{12}B 109（恩培多克勒）。参 W. Theiler（2），页 63。

这种观点与把灵魂视为另一个人的观点有很多共同之处，但使用了更唯物论的表达。这种观点认为，灵魂就是唯心论者所说的"外质"（ectoplasm）和普通人所说的魂魄，①它与身体和身体之需相互影响，是身体非物质方面的准确对应物。以下三段文本特别值得审视：

[31] 净化就在于让灵魂尽可能与身体分离，养成自体自根习惯，从身体各处聚集起来、凝结起来，尽其所能单独自体自根地既寓居于当下，也寓居于未来，有如从捆绑中解脱那样从身体中解脱。（《斐多》67C7 - 8）

依我看，[不纯净和受污染的] 灵魂脱离身体时已经被身体渗透，因总是与身体在一起而与身体结交和同在，因对 [身体的] 诸多专注而使得自己与身体长在一起啦。（《斐多》81C4 以下）

灵魂纯洁地得到解脱，不再被身体拽在一起。毕竟，灵魂在此生中老大不情愿与身体共同在一起，而是想逃离身体，聚精会神。毕竟，灵魂总是专注于这个——没别的叫法，只能叫做——以正确的方式热爱着智慧，实实在在地专注于轻松地去死。这不就是一种对死的专注吗？（《斐多》80E2 以下）

有人指出，可以把这种"空间性"的语言再次视为比喻，忽略不计。②或许可以。但这样做就又会像把灵魂视为"另一个人"那样，所有比喻都因其内在的一致和连贯而引人注目，所以我认为，

_____

① 参 M. P. Nilsson，页 3。
② 参 R. Hackforth（6），页 52，注释 3。

这样的语言下掩藏着一种特殊的灵魂观，一种无意识的做法。如果要给它命名，我们可以称它为"外质理论"（Ectoplasm theory）。这种观点认为，灵魂是某种生命液体，遍布周身，离开身体后，保留了身体的形状，不管怎样，灵魂在与身体结合期间受到了身体的"污染"（ἀναπίμπλεσθαι, 67A5）。这种观点当然是以一种很"生理的"方式来审视灵魂，身体明显可以"渗透"灵魂，灵魂是肉体的元素，它能"摆脱"身体，成为一种魂魄而可见。它能被身体以某种方式"感染"，就像一颗烂苹果能感染一篮苹果一样。①

[32] 如多兹所言，"古典时代继承了一整个系列前后不一的关于'灵魂'或'自我'的观点，②这一点在《斐多》中最明显，柏拉图对各种灵魂观全盘吸收，却不可避免地弱化了灵魂不朽的论证。要注意，在所谓的"苏格拉底"对话中，苏格拉底谈到伦理问题时，总是非常坚持定义的准确性，但在《斐多》中，这同一个苏格拉底却基本没有试着给灵魂下一个连贯且内在一致的定义。结果，呈现给我们的是相互矛盾的自我概念，关于身体及其欲望的观点则更为奇怪。一般来说（如《阿尔喀比亚德前篇》，130E5），自我和灵魂是一对同义词。正如苏格拉底说：

---

① 同上。这种灵魂观的唯物主义倾向，参 R. K. Gaye，页 92 以下、页 101。另参 A. E. Taylor（3）对《斐多》86E3–87A7 的解释。此观点并不局限于柏拉图，年轻的亚里士多德好像在其《劝导》（*Protrepticus*）一书中也说了类似的话。他告诉我们，伊特鲁里亚的海盗们习惯把他们的罪犯绑在死尸上，脸对脸，四肢对四肢。亚里士多德此处强调，身体与灵魂的关系就如同死物与活物的关系，似乎也涉及如下观念：腐烂的尸体会感染接触它的活人的身体。但他没有再次提到，灵魂是身体的摹本（《劝导》10B，收于《亚里士多德残篇选》[*Aristotelis Fragmenta Selecta*]，W. D. Ross 编，Oxford，1955]。

② 参 E. R. Dodds（2），页 179。

我死后绝不留下，而是离去，让克力同更容易承受，不至
于因看见我的身体被火化或掩埋为我难过，仿佛我会经受可怕
的事情——下葬时也不至于说，是他摆放的苏格拉底，或者是
他抬的苏格拉底，或者是他给苏格拉底填的土。（《斐多》
115D8 – E4）

同一观点的相反证据在于苏格拉底频繁地使用第一人称，他原
本也可以使用"灵魂"一词。例如在《斐多》67A5 – 6，他谈到
"保持我们自己的纯洁，免受身体感染"，事实上，受感染和需要净
化的是灵魂。但是，此处与别处一样，他的观点并不稳定。例如在
《斐多》66B5 – 7，柏拉图写道："只要我们的灵魂被这种邪恶的混
合物玷污，我们就绝对无法充分获得我们热望的东西……"此处，
"灵魂"被视为所有物，"自我"被视为拥有者。类似的观点在《斐
多》67E6 – 8 也出现过，柏拉图在那里写到，"如果它们与身体持续
争吵，渴望灵魂自己存在，当它们的愿望实现时却感到惊慌和不满，
这岂不太荒谬？"这次似乎再次区分了灵魂与其拥有者，一如《斐
多》64E8 – 65A2 的明显做法一样。应该如何严肃地看待这一点，很
难说。要是从表面上来判断，真正的自我就是某种超越灵魂和身体
的超我（super-Ego），而这又直接与自我即灵魂的观点相左。[①]尽管
如此，可以肯定的是，苏格拉底想忽略绝大部分传统，提出如下观
点：[33] 自我或个人绝对不是身体。[②]身体只是暂时关押灵魂的牢

① 另参《王制》572A5 – 6。可以简单地回答这个问题，即苏格拉底用语
不严。这样说可能有点道理，但会造成极大的混乱。
② 身体和自我是一对同义词，这是个传统看法，对这个传统的审查，参
R. Hirzel，页 1 – 27。

房（《斐多》82E3）；它只是一个障碍、一种恶，它的欲望完全是个
麻烦（《斐多》66B6以下）。这里最有趣的一点是，这个观点假定，
欲望全都应该遭到反对，但欲望又把身体作为它们的发源地（《斐
多》66BD）。换言之，灵魂与身体之间存在冲突，但灵魂本身并没
有表现出冲突的观念。但是，这个问题有更新、更审慎的解决办法，
我们随处都可以看到这样的暗示，就像我在其他地方指出，《王制》
和《斐勒布》中就可以找到这种解决办法。然而，就目前的情况来
看，存在两种对立的灵魂观。一种把灵魂视为被囚禁的理智，对其
而言，欲望来自身体的麻烦，并非真正自我的一部分；一种则是神
话中的灵魂观，在《斐多》和其他对话中可以找到。在那些神话中，
灵魂完全是我们熟知的凡人的对应物，欲望是凡人的重要组成部分，
一如理智之于凡人。我会在其他章节对神话进行整体讨论。①目前，
只需注意，《斐多》的结论并没有使灵魂的本质得以明晰，对话其余
部分对这个问题的讨论也不清不楚。可能"灵魂"不朽的问题得到
了"证明"，但我们还是要问，"哪样的灵魂"？

　　总之，《斐多》给我们呈现了灵魂的多种含义，有些我们在更早
的对话中已经见过。新的一种是，灵魂即"生命的携带者"或者
"生命原则"，认为这种灵魂与认知性灵魂同为一物的看法，极大地
削弱了灵魂不朽的论证。同样要注意，用来描述灵魂的语言有时候
非常的唯物论。毫无疑问，有些快乐和欲望被暗中划给了灵魂，但
总的来说，快乐和欲望受人厌恶，不被信任，被认为源于身体和身
体之需。真正的人在于灵魂：身体是此世（ici bas）必要的恶。尤
其在对话开始的部分，灵魂或多或少被视为纯粹的理智，不寻求知

――――――――――

　　① 参后文，页［128］以下。

识的欲望不被认为是这种真正自我的一部分。但是尚不清楚，这种观点如何与超机械（paramechanical）的灵魂观相协调，即认为灵魂存在于另一个世界，完全具备我们拿来和此世的活人联系在一起的所有属性、欲望和情感。然而，苏格拉底此刻似乎愿意同时接受这两种观点。希望以后会有更好的看法。

第三章 《王制》

一 灵魂、功能和德性

[34] 作为一篇独特的对话，《斐多》可以算作一篇宣言，而《王制》就是一次讨论，发生在相对平静的氛围中。《王制》表面的主题是正义、正义的本质，以及正义在公共和私人生活中的含义（《王制》331C2 以下）。卷一是非常典型的苏格拉底式对话，以众所周知的方式，将讨论限于寻求德性的充分定义，结尾与往常一样，没有结论。然而，在此过程中，对灵魂有一个简短的讨论，给我们引入了一些专业术语，对后世哲学的发展影响不小。我指的是功能和德性（或者"效能"，ἀρετή）这一对概念。事物的"目的"或者"功能"被定义为（《王制》353A10 – 11）"能独自发挥作用或者能最好地发挥作用"，拥有功能的事物都被认为具有一种特殊德性（ἀρετή）——优秀品质，或者发挥了效能——没有它，就不可能发挥它的特殊功能。拿眼睛来说，眼睛的功能是看，如果眼睛有缺陷

或者看不见，就没有此功能了（《王制》353B2－4）。需要强调一点，苏格拉底说的只是事物自己特有的有效状态（οἰκεία ἀρετή），在这种情况下，它会很好地、有效地完成任务，同时也说的是事物自己特有的缺陷状态（κακία），这种情况下，任务就完成得很差，等等（《王制》353C6－7）。因此，这一术语也适用于灵魂。在"较强的"意义上，灵魂据说具有一种功能——也就是说，这种功能仅限于它自身（《王制》353A10）。这种功能被定义为"照料、统治、商议，诸如此类"，尽管我们很快就被告知，"生活"也是灵魂的一种功能（《王制》353D4－10）。灵魂也有自己特有的"德性"或"有效"状态（ἀρετή），即正义；相应的"缺陷"状态即是不正义（《王制》353E7－8）。也就是说，发挥了最高效能的灵魂是"正义的"灵魂，[35]也似乎是"好的"灵魂。正如苏格拉底所说，"坏的灵魂就会统治和管理得很坏，而好的灵魂就会把这一切做得很好"（《王制》353E4－5）。然而，要注意，对"有效的"灵魂与"好的"灵魂的描述也有一丝差异。《王制》353E1以下，苏格拉底问道："忒拉绪马霍斯，当灵魂被剥夺了她特有的有效状态，还能实现她的目的（τὰ αὑτῆς ἔργα——复数）吗？"忒拉绪马霍斯回答说："不能。"换言之，存在一种独一无二的德性，确保了两组功能正常运作，一组可以简洁地归纳为"生活"，一组可以更宽泛地概括为"照料、统治、商议，诸如此类"（《王制》353D4－10）。然而，在下一个句子中，苏格拉底谈到"好的"灵魂，却没有谈"生活"，而在紧接着的句子中，正是这种"好的"灵魂的有效运作被他定义为"正义"（《王制》353E4－8）。

至此，这个论证过程还比较容易理解。苏格拉底直接把"好"等同于有效性，就跟他坚持在道德活动与技艺活动之间寻找相似性一样，没有什么可以阻止他进一步将灵魂特殊的"好"定义为正义。但是，他能得出这样的结论，必须弱化灵魂两组功能中的一种。灵魂要"正义"，就好像说灵魂是"好的"那样，只能是因为它计划得好、统治得好（《王制》353E4 – 5 和 353D4 – 6）。如此定义正义，对希腊人来说倒是耳目一新，但有点前后矛盾。不过，柏拉图之前已经说清楚了，灵魂独一无二的德性也包括"生活"的功能（《王制》353D9 – 10），而且他在结尾的句子中表明，这个概念在他的推理中非常重要："正义的灵魂和正义的人……会生活得好（εὖ βιώσεται），而不正义的人会生活得坏。"（《王制》353E10 – 11）他断言，"生活得好"的人一定"快乐、幸福"（《王制》354A1），正义的人也会幸福。然后，得出结论说，"不正义绝不会比正义更有利"（《王制》354A8 – 9）。

"快乐""幸福"和"有利"，这些词非常含混，除此之外，整个论证似乎都因为"生活"和"生活得好"这些概念的含混性而受到削弱。当"生活"这个概念首次出现在《王制》353D 时，没有什么会让我们认为，它指的不是"生活"的普通生物含义。在希腊人看来，灵魂与 [36] 生物存在这一概念紧密相关，但是我们又发现，对于灵魂与生命存在之间的关系，他们的认识又非常模糊。①苏格拉底自己在《斐多》的两个重要论证中，就把这两者的关系视为理所当然。②因此，如果没有相反的证据，我们就假定，这个语境下的"生活"就是这个含义。如此一来，从"生活"的功能来谈论一个人的"正义"，只能是指他以某种方式"擅长"或"有效地"生活

---

① 参 J. L. Stocks，页 217 – 218。

② 即基于对立原则的论证和最后基于蕴涵原则的论证；参《斐多》69E – 72D、102A 以下。

（生物含义）。说一个人"擅长活着"，这样说很奇怪，但从"生活"即灵魂的功能这个概念出发，又必然会得出这样的结论，以至于我们会认为，苏格拉底要么就应该完全放弃"生活"的概念，要么就应该开始质疑道德活动与技艺活动之间的类比。事实上，他保留了"生活"的习惯用法，又默默舍弃了其生物含义。他靠引入复合动词"活得好"（εὖ ζῆν）来做到这一点。然而，即便在此处，要是不（有意无意地）进一步利用"活得好"在"及物"与"不及物"之间的含混性（例如，"做道德上好的行为"和"生活得富裕或成功"），他也说不清楚这个状况。对于动词"做得好"（εὖ πράττειν）来说，这些含义都有，很普通。①据我所知，这段话的新颖之处在于，苏格拉底明显假设，动词"活得好"内部也有"及物"与"不及物"之分。

　　或许要注意，古希腊人也想在如下句子中做一个类似的区分，我们非常熟悉这个句子，"我真的活着；你只是存在"。索福克勒斯（《安提戈涅》，行 1165 – 1167）区分了"活着"（ζῆν）的人与"会呼吸的尸体"之人（ἔμψυχος νεκρός）。同样的对比在《王制》329A8也有，克法洛斯将其归给他的伙伴，尽管这一次是在"活着"（ζῆν）与"活得好"（εὖ ζῆν）之间进行对照。可能柏拉图是想把这一对照提高到一个更高层面，他在后面的对话中声称，只有能够与理念交流的哲人才"真正地活着"（ἀληθῶς ζώη, 490B6）。②尽管如此，《王制》329A8 用的是"活着"和"活得好"的普通含义，此含义明显超出了生物存在的含义，却充当了某种桥梁，通过它，苏格拉底毫

----

① 参 James Adam（2）注释和 354A2，参考《卡尔米德》对这个概念的解释。另参 P. Shorey（2），页 482，他参考的是《高尔吉亚》507C 和亚里士多德的《政治学》132B31。

② 参 D. J. Allan 对《王制》329A8 的解释。

无意识地从"生活"（τὸ ζῆν）一词的纯生物含义转向了伦理含义。

[37] 整个论证可以用三段论的方式来做个总结：

> "活得好"的人都幸福；
>
> 正义的人才"活得好"；
>
> 因此，正义的人幸福。

用图表来表示就是：

> M－a－π
>
> S－a－μ
>
> 因此，S－a－π

这看起来像是亚里士多德完美的三段论——第一图示。要说有误，只可能是中间含混的那项。这一点，我已经暗示过。大前提"活得好"，显然指"干得好"，但小前提指的是"富裕（即待遇好）"，因此同时用了"活得好"的及物与不及物用法，得出空洞的结论。苏格拉底似乎（有意无意地）陷入了模棱两可的错误。

在《斐多》中，我们已经看到，苏格拉底如何把灵魂视为认知原则和生命原则；而在这里，灵魂似乎既是认知原则（βουλεύεσθαι）、生命原则（τὸ ζῆν，纯粹生物含义），又是道德上的好行为或坏行为（τὸ εὖ或κακῶς ζῆν）；与此同时，像"照料"和"统治"这样的词，又似乎把灵魂视为"真正的人"，我们在《斐多》和其他地方都见到过证据（《王制》353D5、353D9－10、353E10）。把"正义"概念运用到灵魂上述各个方面，将其统一为优点或效能（ἀρετή），就像技艺和手工艺那样，这样做就导致了前后矛盾。事实上，我们看到了苏格拉底如何摇摆不定。苏格拉底面临着两难：如果正义确实就像技艺和手工艺的"德性",那么"生活"的纯生物含义就不可能是灵魂的功能;如果"生活"的生物含义是灵魂的功能,那么"正义"的美德就不能算是灵魂独一无二的"德性"。面对这个困难,苏格拉底就闪烁其词,这样做等于含蓄地承认,"生活"(纯生物的)的概念要么被淡化,要么被弃之不用了。结果,存留下来的正义定义说明不了灵魂的各个层面,甚至与其中一个层面矛盾(即"生活"的纯生物含义)。苏格拉底自己不可能没意识到这一点,因为这一卷结束时,[38] 他又宣称,自己不知道正义的本质是什么,拥有正义的人是不是幸福——事实上,这就是真正的苏格拉底风格,即宣称自己一无所知!(《王制》354C1 - 3)对我们而言,有两点很有趣:

其一,灵魂从纯生物原则转向了伦理原则,这个过程很像我们在《斐多》中注意到的,灵魂从生物原则转向了认知原则。

其二,讨论过程中,出现了一系列灵魂的含义。这些含义很难调和,我们可以从苏格拉底的闪烁其词看出来。苏格拉底被迫纵情地解释他对正义的定义,但他又没讲清楚,他之所以讲不清楚似乎很大程度上是因为他没能理解灵魂概念本身尚未解决的冲突。

注意:我不同意霍尔(R. W. Hall)的观点,他认为,

> 考虑到之前的说法,短语"照料、统治和计划"(τὸ ἐπιμελεῖσθαι καὶ ἄρχειν καὶ βουλεύεσθαι),赋予了统治以理性和自我控制的含义,因而具备并充满了道德含义。换言之,本段的语境允许"生命"这个词具有道德含义。①

---

① 参 R. W. Hall,页70,注释1。

无可争辩，"生命"这个词肯定是指"动物的生命"［利德尔（Liddell）和斯科特（Scott）认为主要指这个］。然而，霍尔先生却认为，这个词的"扩展含义"为"活力充沛、鲜活、强壮、有效"（同上）。最后一个含义不太合适，我们知道，"德性"往往就是指"效能"，①若使用"效能"一词，会让我们面临柏拉图引入"德性"概念时遇到的困难。像"照料""计划"之类的词也不会总是或必然指人的灵魂，"生活"一词也是如此，因而可以认为它具有"道德"含义。在《蒂迈欧》中，世界灵魂被认为恰好具有这些"人格化"的特征（参下文，页69，80），而在《斐德若》中，"照料"没有灵魂的事物似乎是（理性）灵魂的特征，但没有指哪一种特殊的（理性）灵魂。②

在《斐多》中，柏拉图似乎也犯了和这里同样的错误，他试图把基于两种不同灵魂观的论证结合起来：（1）灵魂即生命原则（这个概念明显适用于所有种类的灵魂）；［39］（2）灵魂即理性认知原则（只适用于人类或超人类的灵魂）。③属于(1)中的灵魂也属于(2)，但反过来就不行，《斐多》中已有论述。

《王制》卷一也是如此，我们看到：（1）灵魂即生命原则（这个概念明显适用于所有灵魂，理性的或非理性的）（《王制》353 D9 - 10）；（2）灵魂即认知、照料和指导原则（在这个语境下几乎理所应当地指人类的灵魂）（《王制》353D4 - 6）。同样，属于(1)中的灵

---

① 参 Aristotle《物理学》（*Physics*），247A2。

② 参《斐德若》246B6。参 J. B. Skemp（1），页3，注释1；A. -J. Festugière（5），页496 - 497；O. Regenbogen，页198 - 219。

③ 参《斐多》65B9 以下，基于回忆说的论证和哲学德性的讨论都暗示了同样的观点。

魂也属于(2)，但反过来就不行。在我看来，柏拉图意识到，至少无意识地意识到，要用(2)去解释(1)，这样做很荒谬，要解决这个情况，就只好强调"生活"（即含混的"生活得体"中的"生活"）的"道德"含义。

二 灵魂中的"各部分"

《王制》对灵魂观的突出贡献在于，主张灵魂以某种方式三分（《王制》435B9 以下）。这成为长期争论的主题。有人在三世说（Three Lives）①中找到了根源和灵感，因而又说三世说源自毕达戈拉斯派。②伯内特③和泰勒④继而进一步提出，三世说是当时流行的一种伦理学，但柏拉图从未严肃地视其为自己的观点；对他而言，灵魂本质上就是"运动的本源"。又有人认为，灵魂三分说是柏拉图真心持有的观点，不管来源何处，他们认为此观点就是灵魂分析的一部分，很有意义，他们还为此辩护。⑤还有人认为，灵魂三分说让人感觉不适，因为它似乎直接源自《王制》卷四中城邦的三分；说一个城邦有"卫士阶层"好理解，但说灵魂中也有同样的"血气成分"就匪夷所思了（参下文，页 44 – 46）。这些观点各说各异，除此之外，灵魂三分说本身也有问题。《王制》之前，是否有对话证明灵魂三分说的产生和发展？之后［40］是否又有对话重申过此观点？柏

---

① 参 J. L. Stocks，页 209 – 210；A. E. Taylor (2)，页 281。
② 参 J. L. Stocks，同上；J. Burnet (5)，页 177；A. E. Taylor (2)，页 120，注释 1。
③ 参 J. Burnet (2)，页 296 和注释 2。
④ 参 A. E. Taylor (3)，页 516。
⑤ 参 J. L. Stocks，页 214 – 221；H. W. B. Joseph，页 67 – 80。

拉图对灵魂三分说的陈述在任何情况下都一致吗，还是显示出思想的发展？或者显现出自相矛盾？或者揭示出一个人与其说武断不如说困惑的想法？

就假设的"前例"来说，证据非常薄弱。《高尔吉亚》写到"安置欲望的那部分灵魂"。但是，正如多兹指出，

> 这里并不涉及三分。所假定的只是当时流行的二分，即灵魂分为理性部分与冲动部分。例如，在忒奥格尼斯（Theognis）631、埃斯库罗斯《波斯人》767、亚里士多德《尼各马可伦理学》1102a26 和《论动物》432a26 中都提到过。[1]

同样，在《斐多》68C2，我们看到"爱财之人"与"爱名望之人"的区分，伯内特认为，这暗指灵魂的三分，即"毕达戈拉斯学派的"三世说。[2]虽然这可能确实指的是不同的"生活方式"以及哪一种才称得上"最好"的问题，但毫无疑问，这个问题困扰着学园，一如它困扰着其他人，[3]但这也不能证明灵魂被假定为三个部分或三种类型。《斐多》的整个要旨与此刚好相反。《斐多》中，灵魂就只是一个统一体，灵魂要面对的麻烦都来自外部；对话并没有提及灵魂内部不和谐的证据，但所有激情和欲望，除纯粹理性之外，都被坚决贬入身体领域（尤其《斐多》66BD）。一方面，灵魂与身体和身体之需存有摩擦；另一方面，灵魂又是自我，而自我又是被囚禁

---

① 参 E. R. Dodds（3）对此处的注解；参《斐德若》237D 以下和 R. Hackforth（7），页 42。

② 参 J. Burnet（2），页 108、页 109 注释 1、页 319 注释 3。

③ 参 E. Zeller，页 846，注释 1；A.-J. Festugière（4），页 131 以下；E. R. Dodds（2），页 228，注释 30。

的理智。所有欲望（除了对理智的特殊欲望）据说都源自身体及其急需（《斐多》66E2－3），这一点如何能与灵魂内部具有欲望部分（《王制》435B）的看法调和，我们很难知晓。同样，在《斐多》83B，我们读到，真正的哲人如何试图摆脱"快乐、欲望、痛苦和畏惧"（"畏惧"是否真的在本文上，伯内特表示怀疑）。①泰勒认为，这又是一次暗示，就像《高尔吉亚》493A，我们处理的是灵魂三分的问题，他说，这个学说"受过教育的人非常熟悉……［因为］'畏惧'（φόβος）与它的反义词'勇敢'（θάρρος）一样，都是一种具体的'血气'（θυμός）状态"。②不过，这个观点与《斐多》68C2 概括出的观点一样，受到同样的反对：它与《斐多》本身背负的重任完全背道而驰。[41] 至于列出的一长串痛苦、快乐、欲望等，柏拉图漫不经心地把它们串在一起，表明在这个阶段，他还不太热衷于把它们正确而合乎逻辑地归类；对他而言，重要的是，它们全都来自身体。我们可以拿《斐多》65C6－9 来对比，那里写到，灵魂不得受任何"听觉""视觉""痛苦"或者"快乐"打扰，灵魂必须忽略身体，尽量变得独立。"身体"一词很重要：涉及它的那些词都有着不同的逻辑位置，如"听觉"或"痛苦"，这些词被认为有某些重要的共性。

在《高尔吉亚》503E 以下，古特里（W. K. C. Gutherie）发现了灵魂的"各元素"，此处把"正义和节制"视为灵魂的"有序和

---

① 参 J. Burnet 编，《柏拉图的著作》（*Platonis Opera*，Oxford，1900－1907）对此处的解释。

② 参 A. E. Taylor（3），页 497；参 A. E. Taylor（2），页 120，注释 1；J. Burnet（2），页 296，注释 2。

规范"，就像把身体的秩序和规范称为"健康和力量"一样。①这萌发了一种理论，即"内在的冲突"是灵魂的一种疾病，灵魂的健康是一种平衡或和谐（参《智术师》227D - 228E），这一点毫无疑问。多兹引用《高尔吉亚》482BC 和 483A 来说明同一个问题。②但也同样没有必要假定，灵魂有三个组成部分；《高尔吉亚》493A1 - 5 提到灵魂分为理性和冲动这一流行的二分法，就足以说明问题。

首次清楚直接地提到三分法，是《王制》本身，这当然是为了一个特殊的场合而提出的学说。因为在前几卷，性格被二分为所谓的"温和的性格"和"勇猛的性格"，这符合柏拉图的目的（《王制》375C6 - 7）。《王制》400C 以下，他讨论初等教育时，就把身体与灵魂的二分这种流行的观点视为理所当然。语言是变动的、非专业的；两种性情被称为"对立的天性"（《王制》375C7 - 8），后来又被分别称为"哲学部分"和"血气部分"，前者独特的品质被称为"节制"，后者的则被称为"勇敢"（《王制》411E6，410E10 - 411A1）。或许我们可以在《王制》404DE 看到一些迹象，那里把灵魂的节制等同于身体的健康（参《高尔吉亚》503E 以下）；在《王制》410A - 412B 也可以看到，此处认为健全的教育能促进灵魂"哲学部分"与"血气部分"的"协调"（ἡρμόσθαι）。但是，对于不明白接下来要发生什么的读者而言，用流行的二分法来解释这两段也很有道理。确实，柏拉图强调了"冲动"的一面，这符合他的目的，他还给它命名为"血气部分"，但他也接受了二分法，从如下评价就可以清楚地看出：[42]"一个人的灵魂中，一部分较好，一部

---

① 参 W. K. C. Guthrie（1），页 5；参《高尔吉亚》525A5。
② 参 E. R. Dodds（1），页 228，注释 30。

分较差。"（《王制》431A4 – 5）正如已经指出的那样，这样说有点不合适，因为如果这个说法成立，就很难与《王制》卷九发展了的灵魂观协调，因为那里认为灵魂的三个"部分"都各有价值。①尽管如此，我们在这里看到的明显是二分，两个部分不仅在评价上有差异，而且明显在大小上也有区别。因为在《王制》431A7 – B1，我们读到一种情形，即"较好的部分更小，受数量上更多的较差的部分控制"，同样的观点在许多场合重复出现。② 这样"物质化"的语言并非偶现。我们在《斐多》中看到过，而且它会在《蒂迈欧》中以更详尽的方式再现，在《蒂迈欧》中，灵魂的每部分似乎都位于身体的一个特殊部位。③

如果说此前灵魂二分说还能满足柏拉图的需要，那他现在就要彻底地修正它。我们被告知，当城邦的每个部分"各司其职"时，城邦就是"正义的"城邦，这对灵魂来说，也是如此（《王制》435BC）。接下来就以此为基础，用三分法来分析灵魂，不过许多人

---

① 参 N. R. Murphy，页 26、28；《王制》586E4 – 587A1。

② 相关文献参 J. Adam（2）对《王制》379C 的注解。

③ 参《蒂迈欧》69D 以下和 L. Robin（3），页 284。Robin 特别强调，对柏拉图而言，灵魂是一种"力量"（$μέγεϑος$）。他的证据有：《蒂迈欧》34B、36E（对参 33B1 以下），亚里士多德《论动物》13、406B27 以下、407A2 以下，以及 Speusippus 的观点，即认为灵魂是朝每个方向扩展的理念（$ἰδέα\ τοῦ\ πάντη\ διαστάτου$）。也有观点认为灵魂根本不是一种力量，认为亚里士多德误解了《蒂迈欧》中的灵魂观，因为他把灵魂的运动（$κινήσεις$）认为是在空间中（$ἐν\ τόπῳ$），对此，参 H. Chetniss（5），页 395、405，以及 J. B. Skemp（1），页 86。而 A. -Ed. Chaignet 页 87 认为，《蒂迈欧》中谈到的灵魂的运动（$κινήσεις$）只是"思想"（"沉思"）。另一种关于灵魂非物质性的说法，参 F. Solmsen（3），页 458。

怀疑，如此判断过早。①康福德就认为："仅靠分析一种复杂的思想状态即动机的冲突就得出结论，这与城邦中两个党派的冲突形成了对照。"②换言之，把灵魂分为理性、血气和欲望三个部分，是基于灵魂活动的一个狭隘方面，而这方面最容易用来与政治活动类比。柏拉图自己已经意识到他的论证得不出结论，《王制》443D3 – 7 表现得足够清楚，他谈到"三个原则……以及它们之间可能的其他原则"。之前他已说过：

> 格劳孔，让我告诉你，在我看来，用我们 [43] 目前讨论中所用的方法，我们永远不能精确地理解这件事。因为通向那里的将是另一条更长、更坎坷的道路。（《王制》435D1 – 3）

"这件事"，从语法上说，指的就是灵魂是否有三个部分的问题，亚当（Adam）也承认这一点。③然而，《王制》504B 以下明显提到了这一段，却并没有提出灵魂是否有三部分的问题。所以亚当总结说，"这件事"指的必定是"伦理问题，灵魂学上的询问只是为了导向这个问题"。他以此保留了对话的"艺术统一"（同上）。倘若果真如此，我们只能说，柏拉图为了保留艺术上的统一而牺牲了语法上的一致。或许，我们应该考虑卷十中的一段话，它从整体上讨论了灵魂的真正本质问题。在那里，柏拉图似乎表明，当灵魂处于真正

---

① 参 M. Pohlenz，页 229、231 以下；F. M. Cornford（3），页 259 以下；L. Robin（4），页 cxviii；E. Pfeiderer（1），页 24；E. Pfeiderer（2），页 233；E. Hoffmann（1），页 165 以下；E. Topitsch（3），页 125；F. A. Wilford，页 54；N. R. Murphy，页 29 以下；E. R. Dodds（3）对《王制》493A3 – 4 的注解。

② 参 F. M. Cornford（3），页 262。

③ 参 J. Adam（2）对此处的注解。

纯洁的状态时，灵魂事实上是单一的而非多样的（《王制》612A4），
（隐义为）谁看到了这一真相，谁就经历了卷五到卷七概括的理性和
道德原则。因此，"更长、更坎坷的道路"至少已间接地就灵魂真正
的本质问题得出了某种结论。但是，灵魂能不能在尘世生活中完全
实现它的真正本质，我们对此多少存有疑惑（参下文，页 52–54），
既然如此，灵魂是单一还是三分的问题在此时此地很难说得到了
解决。

不管柏拉图对他的新学说有多少保留，与《斐多》中的灵魂学
相比，灵魂分为几部分无疑是一种进步。我们现在完全明白了，什
么是动机的冲突，即灵魂自身内部的冲突，勾勒一种灵魂学很大程
度上就是为了解释这个冲突。这不再是《斐多》中身体与灵魂的冲
突，[1]而更像是《高尔吉亚》中灵魂自身内部的冲突（《王制》
493A1–5）。尽管《王制》早些时候谈论灵魂二分时，也把二者视
为内部的冲突，但二者的"本质"是"对立的"，需要"协调"
（《王制》375C7–8，410E8）。当"哲学部分"被视为真正的"理
性部分"，而"血气部分"远非欲望的东西，被视为完全不同于真
正的欲望时，二者的冲突也是如此。[2]正义，对个人和城邦来说都一
样，体现为 [44] 各个组成部分"各尽其职"，而不正义恰好相反
（《王制》443CE）。同样，对"清醒"或"和谐"的定义，与对井

----

① 参 R. Hackforth（7），页 12。与此相反的观点，参 J. Moreau（1），页
249–257。

② 参《王制》441E4、439E6 以下、440E3–4。"欲望的部分"
（ἐπιθυμητικόν，440E3–4）这个词有些含糊，因为在卷九，柏拉图正准备承认，
灵魂的三个部分都有自己适当的"欲望"（ἐπιθυμίαι），若得到合理疏导，三个
部分就会发挥大用处。

然有序的城邦的定义非常类似:一个人"清醒",是"因为灵魂的这三个部分友好和睦,统治的部分与两个被统治的部分都一致认为,该由理性的部分来统治,且不要搞内讧"(《王制》442C11－D1)。

照此说法,邪恶就被视为城邦的冲突,被称之为缺乏和谐、不健康、有病或丑陋。①这些修饰语没有超出我们在《高尔吉亚》中已经知道的语汇,所有这些修饰语,包括城邦的冲突,都可以同样用来修饰"两个或多个"部分的灵魂。三分法也适用,但也不能说必须适用。

即使不谈政治类比,理性部分和欲望部分的位置也足以理解。对于流行的理性与冲动的区分来说,这是更专业的表达,和谐的人一定是让理性占有绝对统治地位。然而,"血气部分"更为含混。但对于政治类比来说,我们的第一反应是把它放入"欲望"或者"鲁莽的冲动",因而构成"欲望部分"。然而,柏拉图从动机的冲突提出论证,推出"血气部分"处于中间位置:它在灵魂中的功能与卫士在城邦中的功能类似(《王制》440D4－E5)。但卫士们自己经常受动机冲突的折磨,虽然他们的职责是保卫法律和秩序(即确保当局制定的法律法规有效),他们有时能够,而且确实与被统治者和反叛者结成盟友。"血气部分"也同样如此吗?某些学者认为,《王制》440AB的一段话表明情况刚好相反,这段话确实容易给人带来如下印象:"血气部分"经常站在理性一边。②在《王制》441E6,它被称为理性"服从的盟友",在《王制》441A2－3又被称为理性"天生的盟友"。但柏拉图在这里插入了重要的附带条件,"只要它

---

① 参《王制》442D1、444B1、440E5、443D5、443E2、444D3－E3。

② 参《王制》440A8－B8。参 J. Adam(2)附录Ⅳ;F. M. Cornford(3),页263;E. Topitsch(3),页127。

没有被低劣的教养败坏"（《王制》441A3）。这样一个条件，加之卷八对"血气部分"的颠覆性说法，①都暗示柏拉图确实认为，[45] 血气部分容易反抗理性，如果我们把它与政治类比连起来考虑，就不会让人惊讶。亚当基于《王制》440AB 的证据，准备淡化冲突的证明，②但这可能低估了政治类比的力度，政治类比无论如何解释了"血气部分"这个观念的诞生。康福德也从表面上来理解《王制》440AB，认为柏拉图言在此而意在彼；就如把"血气部分"描述为"非理智的意气用事"那段话（《王制》441C）一样。③表面上看，柏拉图在这里有点自相矛盾，他可能会受到这样的指控，但就让这段话保持原貌可能是对他最公正的做法。然而，如果我们决心（像亚当那样）让他的论述前后一致，我们最好就接受对话中的多处暗示，它们表明柏拉图确实同意，"血气部分"与"欲望部分"偶尔结盟，他反对说它们相互独立、互不往来。这样一来，政治类比也得救了。但是，"血气部分"含混两栖的位置仍然不清楚。有人在其中见到了深刻的灵魂分析片段，④但康福德可能更接近这个迹象，他指责柏拉图没有"将愤怒作为一个极为不同的灵魂元素区分出来，

----

① 参《王制》553C 以下。《王制》572A 中，很多段落都很重要，此处表明，"血气部分"（θυμοειδές）容易冲动（εἰς ὀργάς，A4），需要"理智"（λογιστικόν）协助（πραΰνας，A4）。586CD 也很重要，因为它在方寸之间呈现了"血气部分"的所有意义。参 T. B. L. Webster，页 150，讨论了欧里庇得斯的《乞援人》行 1102，那里把灵魂视为勇敢和忍耐的器官。

② 参 J. Adam（2）附录 IV，页 271。他认为《斐德若》253D–256E 隐晦的说法可以支持他的观点。不过，《斐德若》中假定的"灵魂三分"是否恰好是《王制》卷四中的灵魂三分，这一点都不清楚。参下文，页 [116] 以下。

③ 参 F. M. Cornford（3），页 264。

④ 参上文，页 [52]，注释 9。

最好应该把愤怒描述为一种情感－荣誉感或自尊感"。①"血气部分"
这个词当然涵盖了情感状态的整个范围，既包括纯粹的愤怒，又包
括高贵的勇气、自尊感和自卫感。②"血气部分"含义众多，柏拉图
正是运用了这些含义，使得他对这个词的讨论有无数解释的可能。
例如，他在讲述列昂提奥斯（Leontius）时，强调"血气"等同于
"愤怒"（《王制》439E6 以下），但在其他情况，他却强调"血气"
就是合理的坚持和自我辩护，以便与政治类比保持一致。③就这一点
来说，柏拉图没有提出新的含义。我已经说过，《斐多》中对灵魂不
朽的证明确实不能令人信服，原因就在于灵魂本身的概念很含混，
柏拉图却运用这样的概念来论证；可以说，《王制》卷一中，"活
着"和［46］"活得好"的概念也是如此不清不楚（参上文，页35
－39）。同样，"血气部分"的模糊位置，倒让它貌似符合条件，可
以进入灵魂三分的框架，灵魂三分的构想是城邦三分最醒目的类比。
灵魂三分符合语境的要求，不应再苛求。在同样的语境下，柏拉图
在灵魂三分和城邦三分的基础上，又概括总结出第四种"德性"
（《王制》435B1 以下），④然后（《王制》445D1 以下）又概括出五种

① 参 F. M. Cornford（3），页264。
② 参 H. W. B. Joseph，页65 以下，F. M. Cornford（4）对此处的翻译和注
解。
③ 认为"血气"（θυμός）有两种基本含义：一种与"欲望"（ἐπιθυμητικόν）
区分不开，另一种与"理智"（λογιστικόν）区分不开，参 W. F. R. Hardie，页
141－143。
④ 当然，这并不是说，四种德性的学说是柏拉图自己的发明。此学说在
早期希腊思想中就存在，参 H. North，页304－308。但不知道柏拉图是不是打
算解释四种德性在人身上的本质和运作（以及每种德性与其他三种德性的关
系）。他受了灵魂三分说的影响，可能不会解释了，更不用说，他还受了城邦三
分说的影响，灵魂三分还是以城邦三分为参照的。

灵魂"类型"和城邦"类型"（卷八卷九做了详细的审查）。我们可以合理地问，如果没有最初的政治类比，他是否会得出同样的结论？

三 灵魂的意义

灵魂指"生命"，这是流行的观点，对话也提到了一次这个含义（《王制》590A2），灵魂与"生命"有个共同的含义，即真正的自我，《阿尔喀比亚德前篇》（130A1 以下）和《斐多》（115D8 以下）就是这种情况。①按照这种观点，人就是他的灵魂，身体仅发挥工具的作用。最醒目的例子就是《王制》469D6 - 9，此处写道："抢夺死尸难道不是吝啬和贪婪吗，当真正的敌人已经逃离，只留下他战斗的武器，与一具死尸为敌不也有些卑鄙和女人气？"

此观点似乎构成了《王制》526AB 和 535BD 几段的基础。这几段中，本来应该说"人"或"人们"的地方，柏拉图却用了复数名词"灵魂们"。灵魂的这一形象与另一种灵魂观紧密相连，即认为灵魂是一种内在的个人，一个复制的自我，具有我们通常归给常人的所有特点，这种观点也能在《斐多》中发现。最突出的例子就是柏拉图讨论灵魂与感觉对象的关系那段。通过作为中介的"感觉"或"感知"的良好运作，感知的对象与灵魂得以接触，灵魂被视为后者报告的接收者。② 这些感知对象让灵魂产生压力和 [47] 困惑，得祈求推理和理智帮忙才能解决（λογισμός τε καὶ νόησις，《王制》524 B4 - 5）。毫无疑问，应该把"困惑"（ἀπορεῖν），"祈求"（παρακαλεῖν）和

---

① 类似的观点，参《薄珈梵歌》（*Bhagavad Gita*）Ⅱ，页 19，说一个灵魂既不能杀害别人，也不能被杀害。苏格拉底在《王制》469D6 - 9 的说法惊人地相似。

② 参《王制》524A1 以下。类似的观点，参《泰阿泰德》184 - 186。

"传递"（παραγγέλλειν）这些动词当作比喻，就像《斐多》中类似的段落，不过要注意，它们将如何构成一种特殊的模式，此模式源于如下观点：灵魂即内在的个人，或者用现在时髦的话说，灵魂即"机器中的魂魄"。①

与此观点明显矛盾的地方，在《王制》462CD。在此处，自我或个人，不只是灵魂自身，而是灵魂与身体的复合体。亚当对此处的一个重要注解认为，这段话的意思是，"整个人"被视为一个复合物，但他又说，在这个伙伴关系中，"正是'人'（ὁ ἄνθρωπος）在统治……这个人自身是一个伙伴，仅在整体是部分的伙伴这个意义上而言"。这段话很晦涩，但亚当的猜测可能很有道理。当然，从《卡尔米德》的论证来看，柏拉图至少知道，有"生物部分"这个概念，这一点似乎很明显，因为在那里，自我指的是生物含义，而非灵魂与身体相加（参上文，页5-8）。如果《王制》462CD也说的是类似的事，那这段话将是对话关于灵魂最复杂的哲学阐释了。因为此刻，身体远非只是一种工具或手段，它在人之为人的概念中起着至关重要的作用，身体之于人的必要性，好比生物部分之于整体的必要性。

这种灵魂观与《王制》572A的观点有些共同之处，在那里，自我或者个人似乎被视为超我，超越身体与灵魂这个混合物。《王制》572A5-6有个关键之处：

　　但是如果他就这样使灵魂的两个部分安静下来，使理智所在的第三部分活跃起来，他就这样睡着了，你知道在这种状态下，他最可能获得真理，他的梦境最不可能非法。

---

① 参 G. Ryle 第一章各处。

问题在于，是什么平息和移动（move）灵魂的三个部分？不可能是身体。可能是整个灵魂，即上文所说的，整体可能是部分的伙伴，在这个意义上的整个灵魂。倘若果真如此，现在这个灵魂观就有所不同。在上文，"整体"指的是整个的人，是身体与灵魂的结合，而此处的"整体"，指的是灵魂本身。不过，即便是在这篇对话中，我们也能找到证据证明，柏拉图有时将灵魂视为自我的全部（参上文，页［46］），如果他想让这里的灵魂［48］也指同样的意思，那这两段话可能就比初看上去的具有更多的共同之处。尽管如此，前一段显然在个人这个概念中为身体找到了一个有意义的位置，而后一段没有这样做，单就这一点，这两种理论就有所不同了。

第三种观点认为，这段话证明，灵魂有第四"部分"，能够激发（arouse）或平息其他部分。①鉴于柏拉图对灵魂三分说明显表示犹豫，我们不能想当然地排除这一观点，但奇怪的是，灵魂的第四部分这样有趣的事竟然以如此唐突的方式引入，没有解释，后来也没有再提。

第四种观点认为，这段话含蓄地承认，自我是一种分离的实体，超越且不同于身体与灵魂这个混合物。②可以说，这不是什么新观点。在《斐多》中，我们就看到，哲人被描述为"尽力让他的灵魂脱离与身体的结合，其努力程度超过了任何人"（《斐多》64E8－65A2）。在不知情的人看来，这里区分了三种实体：身体、灵魂以及拥有并使用它们的哲人。如果这种观点正确，那柏拉图就是在说，身体和灵魂都与真正的自我没有关系！毫无疑问，如果督促他，他就会说，自我和灵魂就是一回事，因此凡是说到某人灵魂的控制，就可以解

---

① 参 J. Adam（2）对此处的注解，引用了施莱尔马赫（Schleiermacher）的观点。

② 同上，引用 Krohn。

释为某人的自我控制。这样的解释当然是必要的。

还有一种灵魂观，与《斐多》概括的观点类似，认为灵魂是一种实体，某种程度上"相似"于理念。在《斐多》中（《斐多》70A），刻贝斯担心，人死后，灵魂离开身体就消散了——因而被永远毁灭了——尤其是一个人倒霉透顶，死在一场风暴中。苏格拉底回答说，只有复合物才能解体，因此身体会解体。但是，永恒不变的事物不是复合的，受制于变化的事物则易于复合。然后，他继续暗示，灵魂怎样与（非复合的、不变的）理念更相似（《斐多》80B以下）。这实际上是在说服而非论证，让我们对灵魂的地位不知所云。灵魂不能归为运动世界的物体，因为这些物体恰好与身体一样，受制于变化和解体。但灵魂明显不是理念，它只是"很像"理念。但论证要成功，它就必须是理念。因为只有理念的真实性才是绝对的，要是有任何［49］偏离，它所有的修饰语都会相应地减少力度。从某种程度上说，纯粹真实之外的事物都会有一定程度的非真实性，或者就是非真实的，非复合物之外的事物则相应地存在被解体的危险。①就像《斐多》（105C9 以下）最后的论证，把灵魂与生命的理念关联起来也不能解决困难；要证明灵魂不朽，它就必须是生命的理念，而不只是与生命的理念有关就行。②

柏拉图自己似乎也意识到论证的弱点。他在《斐多》79D9 -

---

① 参 J. B. Skemp（1），页9；A. -J. Festugière（3），页 111 - 112。

② A. -J. Festugière 和其他人始终坚持认为，灵魂就是一个理念（参上文，页46，注释1）。《法义》959B3 称"每个人真实存在的自我"（ὄντως ὄντα ἕκαστον）为"不朽的灵魂"（ἀθάνατον ψυχήν）。显然，正是这个术语招来 Müller 对这种观点的批评，原因毫无疑问是，没有任何地方把灵魂描述为理念（G. Müller，页106）。不过，众所周知，柏拉图的"术语"变化多端，在这里他似乎强调的是"真实的"（ὄντως ὄν）自我（即灵魂），不同于表面上的自我（即身体）。

80C1 总结道:

> "那么再说,在你看来,按先前以及现在所说的,灵魂更像、更亲近哪种形相?"
>
> "我觉得,苏格拉底,"刻贝斯说,"每个人——即便迟钝得不行,也得从这样一种探究路径中承认,灵魂完全且决然地更像保持自己这个样子的东西,而非不像［这个东西］。"
>
> "那么,身体是怎样的呢?"
>
> "更像另一种形相。"
>
> "再从这一方面来看一下:一旦灵魂与身体同处,自然命令身体做奴仆、被统治,灵魂统治、做主子。按照这个再看看,你觉得哪个像神,哪个像必死的东西?或者,难道你不认为,神样的东西天生就是要统治和领导,而必死的东西天生就是被统治和做奴仆的?"
>
> "我也认为如此。"
>
> "灵魂像哪一个呢?"
>
> "很明显嘛,苏格拉底,灵魂像神样的东西,身体像必死的东西。"
>
> "那么你看看,刻贝斯,"苏格拉底说,"对我们来说,是否可以从所有已经说过的东西得出结论:灵魂最像神,最像不死的东西,最像有智性的东西,形象单一的东西,不会分解的东西,总保持自己这个样子的东西;身体则最像世人,最像会死的东西,最像形相多样的东西,无智性的东西,会分解的东西,从不保持自己这个样子的东西。对于这些,亲爱的刻贝斯,我们还能说出点别的什么来表明情形不是如此呢?"
>
> "我们不能。"

[50] "是吗？那么，既然情形就是如此，身体岂不就很快分解，灵魂则是整个儿不分解的存在，或近乎于此的某种东西？"

"怎么会不是呢？"

"近乎于"这个词明显承认，我们看到的是一个劝说而非证明。但是，这一劝说却很顽固，《王制》中有很多提示。最明显之处是在490AB：

> "因此，我们不是能很合理地如此为他辩护，这位热爱知识的人的本性就是力争认识事物的本质，他不会停留在种种存在于臆想中的东西面前，而是勇往直前，不会让自己的锋芒受挫，也不会放松自己的爱，直到他抓住了每一事物的本质，用自己的灵魂中适合接触它的那一部分去接触它——只有同类之物才可以这样做——他用这一部分去亲近它，就这样和事物的本质交媾，生育出智慧和真理，他将拥有真知，过起真正的生活，自给自足，如此终止痛苦，在这以前他办不到这一点？"
>
> "这么辩护，"他说，"非常适当。"①

在《斐多》中，整个灵魂都被视为理智的，但在此处，理智只是灵魂的一部分或一个方面。不过，两者的论证相似。灵魂类似于理念，直到接触到理念，灵魂才会停息。灵魂与理念的关系就是一种爱（《王制》490B2），对其强烈性欲形象的描写可与许多神秘作

---

① ［校按］《王制》中的长段引文均选自王扬译文，参《理想国》，北京：华夏出版社，2012。

家的描写相提并论。①灵魂与身体仅在精神上接触还不够；还要感觉
到被爱者的存在并与之完全结合，这是此种体验不可分割的一部分
（《斐多》，65B9，66A6）。

四 灵魂不朽

卷十中有个灵魂不朽的证明，非常著名，触及灵魂本质的几个重要
要点，必须详尽地讨论。[51] 灵魂与身体的二分，这是通常简单的分
法（《王制》609C5 – D4），然后他根据"实际上一切事物都有其与生俱
来的恶与病"声称，灵魂本身也遵守同样的法则（《王制》609A3 – 4，
609B9 – 10）。但是，也有区别。据说，是事物"与生俱来的恶"而不是
灵魂，会杀死或毁灭这一事物；而灵魂"与生俱来的恶"，概括起来就
是"不义、放纵、怯懦和无知"，这些不会杀死和毁灭灵魂本身。② 此处

---

① 在 John of Cross 和 Teresa of Avila 的著作中，灵魂或者自我，总是被视
为女性，与上帝神秘结合，他们使用的大部分语言，其灵感都来自《雅歌》，
确实有点色情。例子不胜枚举，其中一个很著名，即 John of Cross 的一首诗，
开头就是，"哦，活着的爱之火"（Oh llama de amor viva），以及 Teresa of Avila
对上帝之吻的注解，参《内部的城堡》（Interior Castle，VII 5）。

② 参《王制》609A8 – B1、609B11 – C1、609D4 以下。要注意，柏拉图此处说
的"不义"（ἀδικία）和其他恶，没有"毁灭"（即杀死）灵魂，"毁灭"这个词相
当于"走进死亡"（εἰς θάνατον，609D6）。这要与445AB 之前的说法严格区分开。在
那里，柏拉图极力强调，"不义"（ἀδικία）和"恶"（κακία）确实会"扰乱"或
"败坏"灵魂（διαφθειρομένης，445B1）。若把 445B1 中的διαφθειρομένης翻译为"毁
坏"，当然就会使柏拉图陷入自相矛盾；"不义"（ἀδικία）要么杀死灵魂，要么不杀
死灵魂，两者只能居其一。然而，考虑到上下文，这么翻译肯定不对，因为此处
考虑的是身体的本质，不是被毁灭了，只是被"败坏了"（διαφθειρομένης
445A7）。既然灵魂的本质（ἡ τούτου ᾧ ζῶμεν φύσις）与身体的本质极其类似，我
们就可以肯定地说，用来描述灵魂本质的短语ταραττομένης καὶ διαφθειρομένης
（445A9 – B1）指的是"无序与败坏"（Shorey）或者"错乱与败坏"（Cornford）。

说的"灵魂"似乎是《王制》435A以下三分的灵魂，因为这里引用的恶恰好对应四大德性，即"正义""节制""勇敢"和"理智"，而且那里用了三分的灵魂说来做解释。然而，很多学者依然坚称，只有一部分灵魂才是不朽的，即理智部分。①真是这样吗？如果我们抵住诱惑，不顾及《斐德若》（246A以下）和《蒂迈欧》（41CD）引入的学说，单独理解《王制》611B－612A这个重要段落可能更为合理，即这段话确认了整个灵魂的不朽，也就是灵魂三个部分及其全部，都是不朽的。如果我的解释正确，柏拉图就是想说，如果我们只盯着灵魂在此世忍受的堕落状态，就不能判断灵魂的真正本质；我们必须凝视"净化了的灵魂"，此灵魂完全不同于"与身体和其他麻烦接触而受到污染的灵魂"。②这一区别可以通过一个对比得以清楚呈现，我们知道，海神格劳科斯的灵魂被海藻及石块覆盖着（《王制》611C7－D7）。与其把灵魂的两个"较低"部分称为不受欢迎的附加物，不如把它们视为污迹，即［52］灵魂与身体和身体之需结合产生的必然结果。③《王制》609B11－C1概括的四种恶就包括在内。在《高尔吉亚》中，作恶者死后，因前世的恶行而使尸体受到损坏、玷污、留有疤痕（524D以下）。在这里，柏拉图似乎也是指这个意思，毫无疑问，一个人若沉迷于身体和身体之需，污迹和恶也就随之而来，扭曲和损坏了灵魂或个人。他没有生活在纯粹理智和道德完美的层面，要是他不与身体结合，理论上本来可以生活在这一层

---

① 例如，J. Adam（2）对此处的注解；A. E. Taylor（3），页496；W. K. C. Guthrie（1），页6－7。

② 参《王制》611B10－C2；611C3（参P. Frutiger，页92）。

③ 参P. Frutiger，同上。在为这个观点辩护时，他遵循了Blass、Raeder、Von Arnim和Robin的观点。参考的文献，参页92，注释1。

面。恶的灵魂受到最大的玷污,认不出来了;任何灵魂,只要附着于
身体——包括真正的哲人——就受到了一定程度的"玷污",最起码,
身体的关心和干扰一般多多少少会影响灵魂,转移灵魂对自然活动的
注意力,这些自然活动据说是灵魂在纯粹状态中的活动。《王制》卷
五区分了绝对存在、绝对非存在和中间状态,以及"知识""无知"
和"意见"的对象(《王制》477A 以下)。"意见"的对象是我们用感
知认识的世界,这个世界是流动变幻的存在,只能短暂地抓住实在,
这是我们认为的世界,而非知识的世界(《王制》478A8 以下)。

  这个观点在这里也适用。世上的灵魂多多少少与身体和身体之需
造成的忧虑、担忧、沮丧和愤怒等有关,关键在于,灵魂本身与地位
不太真实的实在有多大关联,它对实在的态度和欣赏就有多不真实。
灵魂在其纯粹状态的真正认识是"知识"(理念的知识),"意见"最
多能够达至实在,而不能达至理念,它在认识世界中的模糊地位正如
物质对象在本体存在世界中的地位。灵魂的欲望也可以这么说;纯粹
灵魂的真正欲望是理智(《斐多》66E3),但身体的存在往往让它的注
意力转向不那么高尚的欲望,就像刚才论证的一样,就灵魂真正的本
质而言,这样的欲望有些不真实,正如它们处理感官世界中的对象一
样,感官世界本身也有些不真实。也就是说,无论灵魂多好,我们在
世上看到的灵魂都绝不是完全真实的自我或真正的自我;或许我们应
该说,它与身体分离之前,从来没有完全认识自己,而且确实无法认
识自己。灵魂真正的状态是"处于真实状态的灵魂""处于净化状态
的灵魂"(《王制》611B10 – C3)。受缚于身体的灵魂因而 [53] "不忠
实于"(τῇ ἀληθείᾳ 611B)灵魂真正的本质。灵魂自己与身体和物质越
亲密,它被玷污得就越厉害,扭曲它的真正本质,以致完全无法辨认,
就像格劳科斯被海藻覆盖一样。从这种程度上说,我们又回到《斐

多》的观点，即身体的确是一种"恶"（66B6）。

不过，这两处的差别非常大。在《斐多》中，束缚于身体这种"恶"的灵魂（至少在特殊的语境下）很大程度上是个理智原则，很难与《王制》说的"理性原则"（λογιστικόν）区分开来（435E 以下）。这一灵魂在追求和热爱理智的过程中，涵盖了绝大部分灵魂活动：激情和情感被限定在身体中，道德冲突被视为灵魂与身体之间的争执。在《王制》（435E 以下）中，柏拉图承认了灵魂自身内部的冲突，把激情和情感提升为灵魂活动。正是这一（三分的而不只是理智的）灵魂，接下来处于"被扰乱的状态"。像"分解和摧毁"（《王制》609C2）这类词，就暗示了柏拉图心里所想的三分灵魂，以及"我说，如果一个事物是由多部分组成，而又没有最好地组合在一起，像我们如今看到的灵魂的情况那样，它要不朽是不容易的"（《王制》611B5－7），这个重要的句子也做了同样的暗示。

如果我们省略"没有最好地组合在一起"，这就成了《斐多》观点的重申，认为灵魂的不可分割性是为了劝说，它有可能在种类上与可分割（因而也是可摧毁）的物理对象区分开来。①但如果我们忽略这句话，那么显然，柏拉图重新考虑了这个问题，然后得出结论说（只是隐含之义）复合物也能不朽，只要"最好地"组合在一起。倘若如此，这句话就表现出这一观点的重要变化。复合物要不朽，并不容易，但也不是说不可能。灵魂各部分在此世的组合绝不能指望完美，唯有哲人的灵魂最有可能接近完美，因为他把所有精力都用来追求理智，因而减少了"血气"和"欲望"的渴求（《王

---

① 参《斐多》78C1 以下，尤其 προσήκει ［聚合］（78C2，C3）与 εἰκός ［像］（78C7）这两个词。W. K. C. Guthrie（1）页 7 认为，即便在此处，柏拉图也只是认为，"复合物有可能会死，并非绝对会死"。

制》586D4 – 587A2）。此世的净化过程会在此时此刻产生最可能接近完美的综合物，但结论很清楚，正如《斐多》（66E – 67B）一样，只有死亡本身才会［54］提供不可或缺的部分，让其成为真正"最好的"综合物，因而不可摧毁。

柏拉图并没有特意要把灵魂三分作为教条确立起来，不管是此世的灵魂还是其他世界的灵魂。我们已经看到，他在卷四的态度比较犹豫，同样的犹豫又出现在这句话中："于是人们大概就能看见灵魂的真正本质，它的形相是多样的还是单一的，灵魂的真相是什么，究竟如何。"（《王制》612A3 – 4，443D3 – 7 和 435D1 – 3）

亚当说，"柏拉图明显在暗示：灵魂的真正本质是'单一形相'（μονοειδής）"，①这个看法可能正确，但这不是说，这样的灵魂只是一种理性原则。柏拉图可能怀疑，他自己人为地对灵魂进行了三分；当我们谈论此时此处的灵魂时，灵魂三分符合实用的目的，而当我

---

① J. Adam（2）对这个词的注解，以及《王制》612A3。《斐德若》271A5 以下，可能也是指这个问题，但 Hackforth（7）页 147 的注解 1 认为，这个词是指一般的"种类"或"特征"，这种看法也可能正确。我们应该比较一下《法义附言》992B2 – 7 的说法，那里肯定，一个人死后是统一的，而非多样的。如果我对海神格劳科斯那段话的解释正确，那么柏拉图（或某些柏拉图主义者）在这里就是肯定地重述他在《王制》611B – 612A 说得不那么有力的观点。W. Theiler（3）页 353 不接受这种观点，他认为，任何"统一性"都是在当今的哲学沉思中获得的，然后才作为"整个理性"（totus ratio）；换言之，说灵魂是个统一体，也就是说灵魂是纯粹的"推理"（λογιστικόν）。类似的观点，参 A. -J. Festugiere（1），页 214。但他明显没有看出这个观点与柏拉图在其他地方表达的"沉思观"的区别，而 Theiler 认为，从这种对人死后的分析来看，我们正"无止境地远离柏拉图"（unendlich weit von Plato weg，同上）。J. B. Skemp（3）页 38 则认为，《王制》612A2 – 6 "几乎直接否定了灵魂三分的说法"，他还说，"整段话非常清晰地展示了《王制》所呈现的成就自身的人与社会的人之间的冲突；此世的人和永恒的人（sub specie aeternitatis）之间的冲突"（同上）。

们把灵魂三分运用到"这样"的灵魂，即脱离了身体的灵魂时，灵魂三分就没什么用。真正的灵魂可能是一个未分化的统一体，它分成几个明显的部分就是它与身体结合的结果。尽管如此，"处于净化状态的灵魂"与"被损坏的灵魂"是同一个灵魂，有同样的范围或外延。无论它是单一的，还是多样的，都看得出是由理性部分、血气部分和欲望部分结合起来的整个实体的净化版。

如果这种分析正确，《王制》卷十的灵魂观在一个很重要的方面就不同于《斐多》的表述。与此同时，它也不是对《王制》卷四灵魂观的修正，只不过更直白地表达了在那里只是暗示而没有明说的疑虑（参443D3 – 7，435D1 – 3）。

五 灵魂、欲望和快乐

[55] 我们已经看到，柏拉图在《王制》中的灵魂学有两个最显著的特点：灵魂三分以及认识到是灵魂内部发生冲突而非灵魂与身体发生冲突。这一看法的重要性在于，它附带了两个更为复杂的概念：欲望和快乐。在《斐多》更为纯净的氛围下，快乐就像身体本身一样，遭到怀疑和反感。在其语境中，这很容易理解。身体及其欲望即便不是完全的恶（《斐多》66B6），也被视为障碍和麻烦。文中也提到整体的快乐和特殊的快乐，这两者都被认为源自身体，遭到同样的怀疑（《斐多》65C5 – 8）。但即便是在《斐多》中，也只是暗示，说明对这个问题的看法还是过于简单化了。在《斐多》64D3 – 4，吃喝方面的身体快乐遭到拒绝，因为它们只是"所谓的"快乐，因此我们可以推断，还有一些快乐更配称为"快乐"。《斐多》65A7 写到"来自身体的快乐"，因此我们也同样可以推断，另有一些快乐与身体无关。对于灵魂来说，如果对其渴望看到理念以及与理念接触的所有讨论都

有意义的话，灵魂就确实有自己的快乐。①

乍看之下，《王制》的大部分内容表明，《斐多》中极端的二元论并没有离开柏拉图的系统。现在更应该把《斐多》中"身体的"欲望视为灵魂的所属物，尽管是灵魂最不体面的部分（《王制》439C 以下），但柏拉图也多次谈到，他认为即便如此，也不能提升这些欲望的地位。他持续使用了评价性语言，我们可以举个例子，比如在《王制》431A4 – 5，他说，"人的灵魂里面，一个部分较好，一部分较坏"。或者这个不幸的词"欲望部分"（ἐπιθυμητικόν，《王制》439E5 和各处）表明，这就是《斐多》中身体的、令人怀疑的欲望。《王制》588C6 – 10 证实了这一点，此处将"欲望部分"比作一只多种颜色、多个脑袋的兽类，而整个卷八都展示了其令人厌烦的价值，它总是破坏灵魂的平静。②

但重要的变化正在发生。《王制》328D2 – 4 早就区分了"身体的快乐"和"畅谈的快乐"，然后谈到灵魂各"部分"，无论二分还是三分，[56] 他都用"爱"（φιλο-）的复合词来表达，灵魂各部分则以"爱智"部分（φιλόσοφον, 581B9）、"爱胜"部分（φιλόνικον 581B2）和"爱钱"部分（φιλοχρήματον 581A6）为新的掩饰，可能把它们说成灵魂的"动力"更好，而非灵魂的组成部分。③同样，《王制》490B1 以下的神秘段

---

① 参《斐多》65C9，"触及真实"（ὀρέγηται τοῦ ὄντος）；65B9，66A6。

② 尤其对寡头型、民主型和僭主型人物的叙述。

③ 参 F. M. Cornford (2)，页 219。此处，康福德没有为这种灵魂三分说辩护，他只是提到 20 世纪的心理学家如何强调柏拉图灵魂三分说的不同部分。比如，弗洛伊德（Freud）的兴趣在于"力比多"（τὸ ἐπιθυμητικόν），阿德勒（Adler）的在于"权力意志"（τὸ θυμοειδές）；至于荣格（Jung），康福德认为，"他承认，在我们的本性中，有些东西与真正的自我或神圣的精神呼应"（同上）。关于柏拉图的灵魂三分说与印度教教义的比较，参 J. Ferguson 和《王制》595A7。

落，只能用灵魂中沉思部分的巨大热望得到的满足来解释；我们要假定，这种灵魂的热望与非哲人的粗俗热望在种类上不同。至于卷八和卷九对灵魂堕落的叙述，只有我们承认"血气部分"和"欲望部分"都有制造混乱的倾向，才可以理解这一点；尤其是在爱荣誉之人身上，以"爱胜利"和"爱荣誉"为特征的"血气部分"完全放纵它的欲望，而在寡头制、民主制和僭主制中的人身上，"欲望部分"中的某些方面或全部都得到了释放（《王制》550B5 - 7，553B7 以下，560B7 以下，573A 以下）。但是，最明显的变化或许可以在《王制》485D1 - 2 发现，此处区分了灵魂单独享受的快乐（比如学习的快乐）与"通过身体获得的"快乐（《斐多》65A7）。后者很重要，因为它结合并调和了《斐多》和《王制》中的观点；《斐多》中被拒斥为"身体的"快乐，如今在灵魂中发挥着重要作用，尽管身体仍然是它们的工具。用康福德的话来说，整段话表明："欲望就是一笔能量基金，可以从一个物体转移到另一个物体，'就像一条小溪流入另一条水道'。"① 《王制》580D 及 581C 的段落也隐藏着同样的观点，这两个段落首次明确告诉我们，灵魂的每个"部分"都有其独特的快乐、欲望和原则。要注意，对话在这个地方用"动力"这个词来引入灵魂的三分（《王制》580E 以下），与灵魂每个部分都有自己的欲望形式的说法保持一致。②

----

①　参 F. M. Cornford（4），页295；《王制》485D7 - 8。
②　卷八、卷九用了生动的社会和政治比喻来说明灵魂的三个部分，这样做暗藏危险，事实上每个部分都是个人化的，W. F. R. Hardie 看到了这一点，他在页140写道："自我屈从于自身的欲望，会描述为外敌的胜利。坏的意愿不是我的意愿。"Th. -H. Martin（页299 - 301）举了一个很好的例子来解释这个观点，他被柏拉图的语言深深打动，以至于认为柏拉图相信有三种灵魂。难怪，我们发现他提出，柏拉图自始至终都是一个宿命论者和决定论者（II，页365 以下）。"三种灵魂"论的现代信徒，参 V. Martin，页126。

最重要的是，柏拉图用"爱钱"部分和［57］"爱利"部分替换了
"欲望部分"，清除了所有剩下的疑虑（《王制》581A6）。至于灵魂
最低部分的欲望，它们受到了比之前详尽和辛苦得多的审查，并最
终被分为必要的欲望、不必要的欲望，以及不必要且不正当的欲望。
寡头制者放纵第一组欲望，民主制者不加区别地放纵第一组和第二
组欲望，僭主制者放纵第三组欲望（《王制》558D–571B）。仅仅是
这种区分就比《斐多》中对欲望的泛泛批评有很大的进步。但是现
在我们被告知，当整个灵魂处于正义与和谐，两个较低的部分服从
于理性时，灵魂的三个部分就能达到它们能够达到的最佳和最真实
的快乐，因此它们让灵魂正义的同时，自己也在正义地行动（《王
制》586E4–587A1）。这就与《斐多》形成了最全面的对照，就像
新的灵魂学本身，只能来自对道德经验更为审慎的评价。[4]

对快乐的处理与对欲望的处理类似。在这里，《斐多》中极端的
二元论也同样没有远离表面。在《王制》442A8，我们读到"所谓
的"与身体相关的快乐，这个说法《斐多》64D已经有了。"身体
的"快乐几乎不可能得到"快乐"这个称号，除了真正理智的人，
所有人的快乐都被驳斥为"幻觉"（《王制》586B8）和"影子"
（《王制》586B8；参《斐多》69B），这些快乐依赖于它们对所受之
苦的平衡。但是，与《斐多》的情况一样，把"身体的"快乐称
为"所谓的"快乐，说明还有不是来自身体的快乐。比如，《王制》
584C4–5，"所谓的"快乐就不再被简单地称之为身体的快乐，而
是被称之为"通过身体传到灵魂的快乐"，这已经朝着纯粹理性或精
神快乐的概念迈进了一步。然而，在最后的分析中，这些心身快乐
似乎仍然在他的考虑范围之外，所有快乐（除了嗅觉的快乐，《王
制》584B）都只是"某种痛苦的摆脱"而已。据说，至真至全意义

上的快乐，只能是哲人看到真实存在时享受的快乐（《王制》
581D10 以下）。[58] 这个说法非常惊人，来自卷九的一段长文，即
对快乐概念的分析。快乐和痛苦被视为充实和空缺的两种状态，是
称之为"满足"这种中间状态的对立两极（《王制》585A 以下）。
还有进一步区分，即把它们分为真实与虚假，纯粹与不纯粹，以及
二者的混合（《王制》583B 以下）。所有这些区分本身都值得研究，
但此刻更重要的是，要注意所有快乐，不管地位卑微还是高尚，现
在都被视为灵魂的快乐，至少是心身的快乐，而不只是身体的快乐。
这一点，与柏拉图新的欲望观一样，是对《斐多》观点的显著推动。

把快乐进一步区分为更真实的快乐和不那么真实的快乐，以及
主张有些快乐比另一些快乐更让人快乐，这会导致如下结论：不同
种类的快乐之所以不同，是因为它们与真实和真理的关系不同（《王
制》585B 以下）。论证的核心还是以前对真实存在的世界与生成世
界的区分，而且柏拉图描述了一个有力的意象，表明他对此多么笃
信。他说，没有理智和德性的人就像畜生一样，眼睛只盯着地面，
从不抬头看：

> 他们俯身围着桌子，像畜生那样，埋着头，盯着地，所以
> 长肥了，生育了，而且出于贪婪，他们还用铁角互相撞死，用
> 铁蹄互相踢死……（《王制》586A7 – B2）

灵魂的快乐，若是由凝视理念得来，便是稳定和纯洁的，因为
理念也是稳定和纯洁的。没有理智和德性的人，他们互相踢死撞死，
是因为"他们永远也不能用不真实的养料来满足本身不真实也不能
得到持久满足的那部分"（《王制》586B2 – 4）。这读起来很像《高
尔吉亚》中的水罐神话，灵魂的欲望部分在那里被比作"有缝隙的

水罐"（《高尔吉亚》493A7）。在这两种情况下，灵魂的较低部分都被视为没有止境、无法满足，尽管我们看到《高尔吉亚》可能并不涉及三分说。

在这个阶段，我们可能还想进一步分析灵魂最低部分的快乐，比如，把欲望分为必要的、不必要的和非法的部分。事实上，我们还剩下两种明显对立的观点："爱钱"部分是一个"装不满的水罐"，明显得不到信任；而和谐灵魂中的"爱钱"部分，则发挥着必要和宝贵的作用，且在这个过程中享受着自身的快乐和满足。这完全是柏拉图式的困境。

第四章 《蒂迈欧》 27A – 47E

[59]《蒂迈欧》是柏拉图最有影响的两三篇对话之一，也是适合用来引发最自相矛盾的解释的一篇。它提出的很多问题都不是我们当前讨论的重点，但这些问题对我们最终解释对话中的灵魂观有着这样那样的影响，因此我们一开始就得表明立场。这些立场必定有些教条，但我会把对它们的讨论限制在脚注中，以免把本章的篇幅扩展到无法驾驭的地步。

我认为，就写作年代而言，如果我们认同《蒂迈欧》紧跟在《王制》之后，灵魂观在柏拉图作品中有所发展的说法才稍微说得通。①我同意，这篇对话采用了神话的表达方式，对其内容的解释有

---

① 参 G. E. L. Owen（1），页 79 – 95。对这一观点的扩展性评论，参 H. Cherniss（6），页 225 – 266，以及 J. M. Rist（2），页 207 – 221。另参 J. B. Skemp 翻译的《治邦者》后记。有一则惊人的统计学数据支持欧文的论点，参 D. R. Cox 和 L. Brandwood，《一个与柏拉图著作有关的鉴别问题》（"On a discriminatory problem connected with the works of Plato"），见 *Journal of the Royal Statistical Society*，series B，XXI I（1959），页 195 –200。

字面上的也有解释性的，但不管哪一种，都迫使我们得出如下结论：柏拉图感觉到他在说一些非常重要的事情。①在我看来，普鲁塔克（Plutarch）的"字面"分析，②和普罗克罗斯的"解释性"分析，③都太极端，要想理解柏拉图的意思，必须紧贴希腊文本，还得愿意[60]接受特殊语境下所有看似最言之有理的解释。最后，我坚持认为，对话表达的观点是柏拉图本人的观点，是他生命的某个特殊时期对宇宙论深思熟虑的看法。④

《蒂迈欧》提出了许多重要的宇宙论和灵魂论问题，最吸引人的是世界灵魂问题，这在《王制》中首次得到暗示。⑤但是，问题突出并不意味着含义清晰，世界灵魂的问题，是善是恶，是理性还是非理性，是前宇宙还是本宇宙，一开始就区分出柏拉图主义的研究者。⑥无需为此感到惊讶，正如我们也不会对以下内容感到惊讶一样：我们知道，柏拉图认为这个世界和理念世界分别享有不同程度的真

---

①　关于这一点，我不认同 A. E. Taylor 翻译的《蒂迈欧》。我认为，对话表达的观点不只是一个公元前 5 世纪对恩培多克勒的生物学更加感兴趣的毕达戈拉斯派的观点。

②　参普鲁塔克的文章《〈蒂迈欧〉中灵魂的产生》（De animae procreatione in Timaeo）。一个翻译和有用的分析，参 M. Thévenaz。

③　参普罗克罗斯《〈蒂迈欧〉笺释》（未竟稿）。最新的版本，参 Teubner 的系列丛书，E. Diehl 编（Leipzig，1903 – 1906，三卷本）。

④　参前页注释 2。我强调"他在生命的某个特殊时期"，是因为我想证明，《蒂迈欧》《治邦者》和《法义》中的宇宙论彼此不同，我想反思宇宙论在柏拉图思想中的发展。

⑤　参《王制》546B3，其中说到世界是一个 θεῖον γεννητόν［被造之神］。

⑥　大体上说，区分出两个"阵营"：一个是亚里士多德、普鲁塔克和阿提库斯（Atticus）的阵营；一个是新柏拉图主义者，尤其是普罗克罗斯的阵营。本章进程会逐渐呈现两派争论的细节。各个相互争论的著名派别，完整的参考文献可参 P. Frutiger，页 200，注释 1 和注释 2。

实（《斐多》78B－80C，《王制》490B5－7，540A7－9），所以《蒂迈欧》才会在一开始就告诉我们，对可感知宇宙的所有叙述充其量是个"近似的故事"（29D2），而非不受争议的科学分析。以上两种情况，交流问题都表现得非常重要。谈到理念世界，即真实存在的居所时，柏拉图被迫使用了神秘主义的语言（《王制》490AB，《斐多》78B－80C）；同样，讨论我们通过感官认知的世界，即只抓住了稍存即逝的真实、半存在（semi-existence）的朦胧地带时，柏拉图意识到，科学语言只能把他带到这么远。所以，他讲起了神话。毫无疑问，这只是个权宜之计，但至少有两个优点：首先，神话迫使读者本人在阅读中发挥重要作用；其次，读者受宠若惊，兴奋地发现自己既是参与者也是受益者。神话也公正地表明，所说的事对柏拉图本人也至关重要。因为，神话往往关乎人和神、此世的行为和来世的幸福或者惩罚、自由的意志和命运、出生和死亡：总之，是有关人的看法，这些看法构成了行动的源泉，不管这行动是好是坏。[1]

因此，从一开始，柏拉图本人就提醒我们，[61] 他的叙述并非教条，现在我们可以进入文本了。我们看到的据说是一个神圣的工匠或造物主如何塑造宇宙的故事，[2]他以一个复合物的理念为模型（《蒂迈欧》30CD），这个理念是个完美、永恒的生物（《蒂迈欧》30D2，37D1）。因为感性世界就是一个生物（《蒂迈欧》30D3），这样一个世界的永恒模型当然会有同样的特征，何况还是完美的模型。这个世界从工匠或者造物主那里获得灵魂，文本还给我们讲述了世

---

① 参 J. A. Stewart，页 98 以下。

② 参《蒂迈欧》28A6。这个观点《王制》507C6－7 和 530A6 已经提到。

界的构造，说是用天上的混合碗里的原料造的（《蒂迈欧》34B3 以下）。造物主也塑造了人的灵魂中的神圣部分，使用的配方与构造世界灵魂的配方一样，不过这一次的品质差得多，就像酒桶底部的酒渣（《蒂迈欧》41D4 – 7）。造物主似乎也创造了天上的诸神，并让诸神去塑造非人类的灵魂，以及人的灵魂中非神圣的部分（《蒂迈欧》41A3 以下）。也就是说，诸神的任务是去完成创世的工作，也就是去创造生物，且尽量成为生物原型完美的摹本（《蒂迈欧》41B7 – C2）。

目前为止，整个故事都是按时间的先后顺序讲的，世界灵魂的叙述除外，这是一个显著的例外。但这最后可能会给人误导，因为柏拉图自己一开始就表明，他对宇宙的叙述因其本质而不得不使用一点图示和虚构，宇宙（在时间上）的形成本身只是称之为"通过理智带来的"一系列活动的一部分（《蒂迈欧》47E4），我们随后也会发现，这些活动与柏拉图所说的"通过必然发生的事"非常相关（《蒂迈欧》47E4 – 5）。这种"必然"发挥的重要作用正如造物主本人在宇宙形成中发挥的作用一样，而且"必然"与造物主一样，也是永恒的（《蒂迈欧》47E5 – 48A5）。"必然"的活动与造物主的活动明显同时发生（同上），为此，两者在时间上无法切割，不管它们在对话中的位置孰先孰后。也就是说，柏拉图为了解释清楚，从纯逻辑上做了很大的人为区分。问题是，我们是否得假设，他所有的叙述都具有这种逻辑性和人为性？

思考宇宙的永恒性和短暂性问题的人认为，答案很重要，这也必定与柏拉图的宇宙灵魂学和个人灵魂学相关。一开始，这个问题就把柏拉图主义者区分为两大阵营，[62] 分别以普鲁塔克和普罗克罗斯为首。对普罗克罗斯来说，世界是永恒的，处于生成的状态，没有开始也没有结束。①而对普鲁塔克来说，世界则是在时间中被创造的。②柏拉图断言，时间和世界一起开始，此时不涉及矛盾，因为在时间开始之前，曾有一段时期。在这段前宇宙时期（找不到更好的词），灵魂有支配权，但它是非理性的灵魂，是《法义》中"以愚蠢为伴的灵魂"和邪恶的世界灵魂。③《蒂迈欧》中说的理智的世界灵魂最初是非理性的灵魂，后通过造物主化归为有序和理性的状态（参《〈蒂迈欧〉中灵魂的产生》，1014C）。通过这个论证，普鲁塔克一下解决了很多"问题"。比如，《斐德若》认为，灵魂是永恒的（《斐德若》245C5），而《蒂迈欧》声称，灵魂是造物主塑造的（《蒂迈欧》35A以下）。这种明显的不一致得到如下解决：在这两

---

① 《〈蒂迈欧〉笺释》89B（Diehl，卷一，290/30－291/3）。关于世界是永恒的观点，普罗克罗斯遵循第一代柏拉图主义者克瑟诺克拉底（Xenocrates）及其弟子克兰托尔（Crantol）的说法。按照普罗克罗斯的说法，这个观点一直盛行到他的时代，唯一著名的反对者是普鲁塔克和阿提库斯（尽管他也承认有其他人）。他也可能提到，亚里士多德本人就是从"字面上"来解释《蒂迈欧》的名人。这个事在古代有不同的看法，参 Taylor（3），页67以下的概述。对这个问题自1942年以来的述评，参 R. Hackforth（2），页17－22。在19世纪，Th. -H. Martin 因为坚持普鲁塔克对《蒂迈欧》的解释而开风气之先（尤其参卷一，371－373），但现代的泰勒和康福德编的版本，因为尊敬普罗克罗斯而使此风气大大扭转。最近的解释者，如 Cherniss 很大程度上倾向于普鲁塔克的观点，而 Meldrum、Hackforth 和 Vlastos 至少就世界的创造方面遵循了普罗克罗斯的观点，参 H. Cherniss（3）页204－216，M. Meldrum 页65－74，G. Vlastos（1）页71－83，R. Hackforth（2）页17－22。J. B. Skemp（1）页76遵循了普鲁塔克对非理性的、前宇宙的灵魂的解释，但是将其视为（永恒存在的）宇宙的一个部分。Vlastos、Meldrum 和 H. Herter（[1]，页327－347）则一致认为，柏拉图对于宇宙的永恒性或暂时性的观点并非前后一致。

② 参《〈蒂迈欧〉中灵魂的产生》，1016CD。

③ 参《〈蒂迈欧〉中灵魂的产生》，1014DE。参《法义》897B3和897D1。

种情况下，柏拉图谈的是同一个"永恒"灵魂的两个不同发展阶段。至于前宇宙的时间概念，也不难理解。据猜测，时间是天体的有序尺度，是"按照数字永恒运动的形象……是强加在'无尽'（$ἄπειρον$）持存上的'限制'（$πέρας$）"。① 《蒂迈欧》中的"必然""漫游的原因"和"可分的存在"（48A1 – 2；35A），《法义》中"邪恶的世界灵魂"和"以愚蠢为伴的灵魂"，②以及［63］《斐勒布》中的"无限"（16C 以下），都同指一物，即前宇宙的"非理性"灵魂。③最后，总结陈辞：空间就等同于业里士多德的"物质"（$ὕλη$），④空间就是非理性灵魂在宇宙开始之前的活动区域。

　　这两种观点可以说是彻底的一元论和温和的一元论，但在我看来，都会误导人。据我判断，这主要归于一种不幸的态度，古代大部分学者都是这样的态度，甚至现在也没有过时，即认为柏拉图的作品是一种"圣经"（Bible）或者"可兰经"（Koran），是神启而作，神保证他没有错误。毫无疑问，任何明显的矛盾都是解释者的错，而真正的柏拉图主义者会使用所有技巧和耐心来表明，这些矛盾都可以得到辩解。有些观点哪怕是想一想也是不虔诚的：比如，柏拉图的思想可能以某种方式有所发展；到老年时，他可能对年轻时主张的教条式观点不那么确定；他可能甚至偶尔也自相矛盾；他可能也有这样的观点，即假设有邪恶的造物主或者邪恶的宇宙。结

---

① 参 J. B. Skemp（1），页 111；普鲁塔克，《〈蒂迈欧〉中灵魂的产生》，1014D 以下。另参《斐勒布》16C、24A。

② 参《法义》，897B8 – C1。关于邪恶的世界灵魂问题，参下文，页［149］以下。

③ 参《〈蒂迈欧〉中灵魂的产生》，1014D 以下、1015DE。

④ 同上，1024C。

果，解释者感到，可以自由而不加分别地从柏拉图作品的任何一个地方进行挑选和选择，经常会有意想不到的结果；假如足够机智，而且下定决心不去考虑引文的语境，他们就可以"证明"，柏拉图是个决定论者或意志论者，一神论者或多神论者，一元论者或二元论者，共产主义者或法西斯主义者。这份清单还可以继续扩展，但它已经长到让我们怀疑其态度，这种态度会导致如此古怪和矛盾的结论。

许多19世纪学者的耐心工作已经展示了柏拉图著作确定的时间顺序，我认为他们的观点令人信服。尽管还有很多地方模糊不清，而且会一直模糊不清，但我认为总体序列得到了很好的建立。①然而，这并没有阻止许多学者尽力去处理好以下两种情况：一方面，他们承认，一篇对话确定无疑早于还是晚于 [64] 另一篇；另一方面，他们又自由地以后一篇对话来解释前一篇对话，并认为后一篇对话公开表明的"新"观点，在前一篇对话中就"隐约"可见，尽管希腊原文本身很难支持这样的论断。在进一步论证之前，我们先承认一些明显的事：显然，柏拉图受语法、句法、时间顺序等等约束，所以不能指望他随时都和盘托出。一篇特殊对话的目的会统领它的主题、总体布局和说明性材料。如果只是因为我们知道，在那个时候某些观点对柏拉图至关重要，就期待他引入这些无关的观点，这

①　L. Campbell 和 W. Lutoslawski 在这个领域的研究很出色。我认为，大部分学者现在都会同意，柏拉图的对话分为如下几组：（1）所谓的"苏格拉底式"对话；（2）重要的"形而上学"对话；（3）"批判性"对话；（4）晚期对话。直到最近，他们都认为《蒂迈欧》属于第四组或第三组的后期，但我暂且遵循 G. E. L. Owen 的观点（1），页79–95，认为《蒂迈欧》是《王制》这一组中最高的作品，《斐德若》紧随其后。

样做非常荒谬。但在此处，我们必须做一个我认为非常重要的区分。很明显，柏拉图的沉默并不意味着无知，在外围事情上，他可能会为了特殊的目的，在前一篇对话中完全压制一种观点，在后一篇对话更有意义的语境下又启用这种观点。但在核心事情上，他也可能这样做吗？《蒂迈欧》52E 呈现了一个很好的例子，那里描述了所谓前宇宙的混沌状态，但没有明显地提到灵魂的运作。然而，在《法义》中（大多数人会承认，这篇对话晚于《蒂迈欧》），灵魂是所有运动的来源（896B1－3）。我在这里要特别提出，用后来的对话解释前面的对话，这在方法上是错误的，这个问题十分重要；但一元论和二元论除外，因为这明显涉及整个罪恶问题。①认为柏拉图会"为了神话的目的"而压制作为所有运动来源的灵魂概念，这在我看来不可思议。②如果他这么做了，就可能让自己在关键点上招致完全的曲解。但是，他"压制"一个如此重要的观点，以至于毁了一件或多件事，而他又在文本中认为这些事是基本的宇宙论事实，这也不太可能。我们可以预料，一个人的思想会出现少许不一致，但不至于如此广泛的不一致。

我们已经与普鲁塔克和普罗克罗斯拉开了一段距离，但一些对柏拉图的现代阐释还是有缺陷，尤其是对《蒂迈欧》和《法义》的阐释，在我看来，这些阐释直接受了普鲁塔克和普罗克罗斯的影响。这一点会变得非常清楚，因为我们就是要讨论这两篇对话的部分内容。目前，让我们回到宇宙的形成究竟是时间的还是非时间的这个问题上。不管柏拉图意指什么，[65] 他谈及世界的开端时，就像它

---

① 参 A. -J. Festugière（1）III，页 xiv。
② 参 H. Cherniss（3），页 24 注释 26，以及（5），页 428－429。

发生在时间中一样。文中明确提到"它生成"（γέγνοεν《蒂迈欧》
28B7），在《蒂迈欧》27D5—28B7 这一段中，我们还看到"有开
端"（γένεσιν σχεῖν）、"开始生成"（γενέσεως ἀρχήν）以及"生成和生
成之物"（γιγνόμενα καὶ γεννητά）这样的短语。然而，我们必须承认，
如康福德所说，"生成"（γένεσις）和"产生"（γίγνεσθαι）这样的词
在柏拉图作品中有明确的双重含义，因此选择任何一种可能的解释
而又没有进一步的证据，就会很专断。这进一步的证据有如下提示：
在同一个句子中，柏拉图使用了"生产的"（γεννητά《蒂迈欧》
28C2）和"在生成的过程中"（γιγνόμενα《蒂迈欧》28C2）。

　　问题似乎解决了，不管柏拉图有何打算，他肯定是在谈"生成"
（γένεσις）的时间意义。①但既然讲述世界形成的其余部分如此图示
化，我们就没有正当理由从字面上来理解这一特殊部分。不过，我
认为以下理由也说得过去。柏拉图自己承认，"通过理智带来的"真
实（《蒂迈欧》47E4）与"通过必然发生的"真实（同上），二者
在宇宙的生成中相互关联且同等重要（《蒂迈欧》47E3—48B3），因
此为了讨论之故，它们在文本中孰先孰后，关系不大。同样，他在
《蒂迈欧》34BC 告诉我们，尽管灵魂先于且优于身体，却要放在身
体之后来讨论。但是，仔细一想，我们若不按柏拉图所说的做，怎
会有理？在像身体－灵魂如此复杂的关系上，自然要经历从了解得
好到不那么了解，从可见到不可见，从简单到复杂这样一个过程。
倘若果真如此，我们就可以合理地认为，柏拉图觉得，他有充分理
由以图示方式处理《蒂迈欧》中的某些话题，至于其他地方，可能

---

　　① 参 R. Hackforth（2），页 18—19，他同样强调这一点。另参 F. Solmsen
（2），页 268—282。

他还是希望我们从字面上去理解。比如，上面引的两个图示例子中，他都非常清楚地表明，他是有意为之。既然如此，我认为，唯一保险的做法是，接受文本的表面含义，除非有确凿的证据证明相反的情况。①有可能，我们最后会完全误解《蒂迈欧》的要点，但我们必须去冒这个不幸的险。但这个方法至少有个优势，它处理的总是柏拉图自称要说的东西，而不是我们出于某种原因意想他要说的东西。

我们已经看到，《蒂迈欧》28B7 如何说世界是生成的 ［66］（γέγονεν），这一说法得到了一种认识论（epistemological）论证的证实，此论证在《蒂迈欧》28A 和《王制》（477A1 以下）中已经用了一些。论证分为如下两个阶段：（1）世界看得见、摸得着，有身体，这一切都感觉得到（αἰσθητά《蒂迈欧》28B8）；（2）一方面，我们通过结合意见（δόξα）和感觉来理解感觉对象，另一方面，"它们显然属于生成和被产生之类的事物"（《蒂迈欧》28C1–2）。

第二个论证紧跟在第一个之后。同样，第二个论证也有两个阶段，尽管这次两个阶段的关系不那么清晰：（1）生成之物之所以生成必定是"由于某些原因"（《蒂迈欧》28C2–3）；（2）寻找这个宇宙的"制造者和父亲"是一个艰巨的任务，"即使我们找到了，也不可能把他告诉给所有人"（《蒂迈欧》28C3–5）。

"由于某些原因"是康福德字斟句酌的翻译。名词αἴτιον明显只能指一个原因，康福德的翻译就容易受到"过于干瘪""是亚里士多德的意义"这样的指责，从而失去了"个人责任"的概念，后者

---

① 或许有这种确凿的证据，具体的例子，参下文页 ［67］［75］［80］［82］。

是柏拉图在 $αἴτιος$［有责任的］这个形容词上发现的。①倘若果真如此，这里转向父亲的概念就不足为奇。当然，在《王制》中，不对人的命运负责的东西被描述为（个人的）神性（617E4-5）。鉴于柏拉图把世界视为一个活物，虽然此观念在宇宙论探究史上并不新颖，但现在从个人进一步转向父亲，这样做也说得通。至于"被生产的"（$γεννητά$《蒂迈欧》28C2）这个词，性的言外之意就用不着强调了。

"制造者"（《蒂迈欧》28C3）和"造物主"（已经在《蒂迈欧》28A6介绍）两个概念改变了比喻，但是看起来，它们更多是思想层面的引入，而不是字面上的改动。理念论，对早期对话几个最基本的方面——本体论、认识论和伦理学②——至关重要，这里再次被确定无疑地引入，③且因为"制造者"和"造物主"两个概念而获得了新的含义。理念现在被明确刻画为一个永久匠人的永久模型，④并因此是所有存在物的根源，这些存在物都声称自己存在，[67]理念在宇宙论层面上之于永恒匠人的关系，正如它们在个人层面上之于真正正义之人的关系（《王制》500C9以下）。理念是终极的真实存在物，这一角色并未受到质疑，但柏拉图现在明确表示，它们的因果关系只是示范性的。至于有效性的因果关系，他转向了"这个宇宙

---

① 参《王制》617E4-5：$αἰτία ἑλομένου$［选择者负责］，$Θεὸς ἀναίτιος$［神没有责任］。关于整个问题，参 A. E. Taylor（3），页63-64，以及 J. B. Skemp（1），页71。

② 参 H. Cherniss（4），页445-56。

③ 参《蒂迈欧》30C3以下，31A4 $παράδειγμα$［范本］。参《王制》500E3-4，592B2。

④ 我们或许可以从《王制》（530A6）中的暗示得出这一结论，那里提出了理念论，并清楚地表达了存在一个"宇宙的匠人"。

的父亲"(《蒂迈欧》28C3 – 4），这个父亲会解释世界如何被赋予了生物的性质。这是对《王制》中的观点的一个重要澄清，在《王制》中，理念本身被认为具有"生产的"因果关系（如508B12，善的理念生产了它的后代，太阳）。

为了论证之需，柏拉图假定，造物主可能会参照两种模型，一种是永恒的，一种是生产的。然后，他得出结论说，造物主参照了永恒的模型，因为（对他来说，千真万确）这个世界是生成之物中最好的，而造物主又是最好的原因（《蒂迈欧》29A1 – 6）。这里明显存在某种矛盾：《蒂迈欧》29A3 只是说，世界是"优秀的"、造物主是"好的"。正如普罗克罗斯所说，这些说法中，至少第一个可以用后面一系列的论证来合理地辩护。①但是柏拉图紧接着就称，世界是所有生成之物中最好的，造物主是最好的原因，因为他使用了永恒的模型。这比他在《蒂迈欧》28AB 处更微弱的主张走得更远，而且不是很容易理解。因为对话其他地方也没有暗示，这个世界之前还有其他世界，因此可以把当前这个世界说成是最美的或最好的（κάλλιστος，29A5）。有一种解决方案认为，柏拉图在这里预示了莱布尼茨（Leibniz）的观点，他确实认为，这是所有可能的世界中最好的；如此一来，我们就没有必要假设还存在其他的世界，不管是在过去还是在未来。还有一种解决方案，可能更为合理，它认为这个世界与其他世界的区分只是一种假设，就像造物主可能参照的"永恒的"模型与"生产的"（γεγονός）模型的区分一样（《蒂迈欧》28C6 – 29A2）。正如在后一个例子中，"生产的"模式是一种明显的

----

① 《〈蒂迈欧〉笺释》100D（Diehl，卷一，329/17 – 18）和 101D 以下（Diehl，卷一，332/18 以下）。

虚构，引入它只是论证之需；同样，在当前的例子中，其他"生产的"（γεγονότων；参见上面的γεγονός）世界也可能是虚构的，插入它也只是论证之需。

《蒂迈欧》29D－30C 给我们解释了，世界的塑造背后可能的动机，[68] 在这过程中，也给我们透露了关于造物主、理智和灵魂的一些最宝贵的信息。我们得知，造物主是善的且没有嫉妒，他想让世界变得尽量像他自己。对话只是提到从"理智之人"那里接过来的原则，但没有证明（《蒂迈欧》29E1－30A2）。神想让所有事物尽量好，而且觉得有序比无序更好，便"接过所有看得见的事物——不是处于静止，而是处于不和谐的、无序的运动——让其从无序变为有序"（《蒂迈欧》30A1－5）。不管柏拉图想让我们如何理解这个句子，造物主明显不是一个从无到有的创造者。在他"接手"并把这些看得见的事物化归为有序"之前"，这些事物就存在，且处于无序运动中。后面有段话（《蒂迈欧》52D4 以下）可以解释这一说法，我会在合适的时候讨论这一段（参后文，页 [94] 以下）。此刻，让我们看看柏拉图如何继续叙述这种"有序"的含义。在说完"最好的人"只能做"最好的事"后（比较他在《蒂迈欧》30A1－7 类似的陈述），他进一步主张，有理智的作品比没有理智的作品更美（《蒂迈欧》30B1－3）。但是，他又说，没有灵魂就不能拥有理智。①所以，造物主在宇宙的身体中塑造了一个灵魂，在灵魂中塑造了理性。于是，我们知道，世界得以生成，是一个"真的生物，因为神的预见而被赋予了灵魂和理智"（《蒂迈欧》30B4－C1）。

目前为止，柏拉图似乎没有特别的理由把造物主或原始的混沌

---

① 参 30B3。另参《智术师》249A4－8，《斐勒布》30C9－10。

状态写成"象征性的"。当然，对他来说，确实只有理念世界才享有真正的存在，感性世界只是一个类似的存在；它们拥有不同的本体论地位，有趣的是，一个享有永恒的存在，另一个只在时间中存在，即"相似于永恒的运动者"。①但这也不能证明，世界在时间上没有开端。[69]《蒂迈欧》27D－28A 只是从认识论和本体论来讨论理念与感性世界的关系，没有给《王制》的叙述增加内容（477A1 以下）；也没有表明，柏拉图想通过一个进一步的相似性来证实这种学说，即理念无时间性的永恒与可感宇宙有时间性的永恒相似。②相反，正如我希望对话后来的证据会证实的那样，柏拉图早期的学说依然成立，只是他现在进一步增加了宇宙论的看法，即我们熟知的世界在（有序的）时间中生成。乍看之下，这两种观点似乎并非不相容。因为《斐多》和《王制》的本体论和认识论叙述很可能处理的是我们知道的有序世界，前宇宙混沌状态的进一步（宇宙论）主张几乎不能影响它们，因为这些主张处理的是极为不同的真实领域，柏拉图基本的二元论将毫发无损。

《蒂迈欧》31B－34A 处理的是造物主塑造世界身体的外表。论

————————

① 参 37D1，37D5－7。F. M. Cornford（5），页 98 注释 1 认为，αἴδιος这个形容词既修饰模型，又修饰永久的神，这一点很含糊。但 G. E. L. Owen（2），页 333 强调，αἰώνιος确实是指"永恒的"，而且他直接批评康福德在修改文本，他可能是对的。然而，他也承认，柏拉图自己在 38B8 找到了一个更好的词，διαιώνιος［完全的永恒］，因此图像得到了极大的澄清。世界的形成构成了时间的开端，也会继续处在那个时间当中。总之，理念是永恒的（即在时间之外，没有开始也没有结束），而世界是无尽的（即在时间当中，和时间同样的持续性，因此有开始没有结束）。

② 参普罗克罗斯，《〈蒂迈欧〉笺释》87D 以下（Diehl，卷一，285/17 以下）。他总结说，宇宙有一个ἀρχή［开端］，但不是时间性的，而是"最终的"，他将其等同于善（同上，页 26 以下）。

证大部分是埃利亚式的（Eliatic）和恩培多克勒的特征，主要是展示世界身体拥有的理性、统一性、和谐性。与我们当前目的更相关的是《蒂迈欧》34A 开头部分，柏拉图在那里讨论了世界灵魂的形成。他没有解释为什么把这放在世界身体形成之后，但我已经说过，其自身提供了有很多实际和可以理解的理由（参前文，页［65］）。柏拉图在这里只是说，不管他自己选择了什么顺序，是造物主"让灵魂优先于身体，在起源上早于身体，在德性上优于身体，成为身体的主人和统治者"（《蒂迈欧》34C4−35A1）。这个话并不新颖；我们在《斐多》中已经听到过。①把"起源""先于"和"早于"这些词视为纯粹的比喻，非常容易，但《斐多》也恰好对个体灵魂用了同样的说法，这让前者看起来有点危险，除非后来的对话能提供更好的证据。②如果只是为了解释的目的，在世界的身体之前描述世界的灵魂，即便有可能，也很困难；但我认为柏拉图是想说，世界灵魂以某种方式确实早于世界的身体，是世界身体的主人和［70］统治者。这个概念难以理解，但《斐多》中个体灵魂的先在性也是如此。我认为，不管柏拉图想让我们如何理解世界灵魂，他都希望我们看到，世界灵魂在早于身体方面与个体灵魂类似。两者之间是否有进一步的相似性还留待观察。

在描述世界灵魂的构造之前，柏拉图先描述如何将它放入世界的身体。"他［造物主］把灵魂安置在中心，再把它拉伸至整个身体，让灵魂把整个身体的外表（ἔξωθεν）包裹起来。"（《蒂迈欧》34B3−4）如果我们记得，《斐多》描述人的灵魂时也用了一些类似

---

① 关于"先于"（ἄρχειν）和"成为主人"（δεσπόζειν）两个概念，参《斐多》94B 以下，灵魂先于身体存在，参《斐多》69E−72D 和 72E−78B。

② 参 F. M. Cornford（5），页 59。

的意象，我们对这个"物质"描述就不用大惊小怪（尤其《蒂迈欧》67C7－8，84C4 以下，80E2 以下）。"外表"（ἔξωθεν）这个词有点意思，康福德认为我们应该把它理解为，世界灵魂只是达到了世界身体的边缘，他可能是对的。①如果柏拉图是想让我们明白，世界灵魂延伸到世界身体之外，就很难明白他本来想什么，除非有更大的"影响范围"指明世界灵魂的优越性。不管真相如何，世界灵魂明显拉伸穿过了世界的整个身体，从中心到边缘（或者更远），我们无疑就会知道，在世界中，没有灵魂运行不到的地方。②

据说，讲述世界灵魂如何构造的那个句子是"整篇对话最晦涩的地方之一"。③考虑到内容极度抽象，我们足以理解这个说法。解决方案多而不一，但在我看来，最公允地对待了我们手里的文本又具有某种哲学意义的方案来自普罗克罗斯的解释，最近得到格鲁伯（Grube）和康福德的支持。④按照这种特殊的解释，世界灵魂由以下三种成分组成：

第一种，"居间存在"的形式，由"不变的存在"（柏拉图附加了［71］修饰语"不可分的"）与"分布于身体中的存在"（他附加了修饰语"可分的"）混合而成（《蒂迈欧》35A1－3）。

---

① 参 F. M. Cornford（5），页 58。有另一种不同的解释，其依据乃灵魂是 κινητικόν τι［被推动］的观念，参 A. E. Taylor（3），页 105 和 F. Solmsen（4），页 155。

② 参 J. B. Skemp（1），页 84－85。

③ 参 F. M. Cornford（5），页 59。所讨论的段落是 35A1 以下。

④ 参普罗克罗斯在《〈蒂迈欧〉笺释》176C 以下（Diehl，卷二，页 119/29 以下）；G. M. A. Grube（1），页 80－82；F. M. Cornford（5），页 59 以下。这种解释在英语国家的学者中获得普遍接受，但 A. -J. Festugière 显然不在此列［1］II，页 103，257）。对其观点的批判，参 H. Cherniss（3），页 208 注释 5。关于古代和现代其他解释回顾，参 A. E. Taylor（3），页 106－127。

第二种，"居间的异"的形式，如上面"居间存在"一样，按同样的原则构成：也就是说，由"不可分的异"和"分布于身体中的异"混合而成（《蒂迈欧》35A4－6）。

第三种，"居间的同"的形式，与"居间存在"一样，又是按同样的原则构成：也就是说，由"不可分的同"和"分布于身体中的同"混合而成（同上）。

接着，柏拉图简洁地描述了造物主把三种成分合起来："于是，他拿着这三者，把它们融合为一体，把异难于融合的本质融入同中，让它们与存在混合起来。"①

我们依次来检查这些成分。第一种（按照解释的顺序：没有线索表明，"存在"如何优于"同或异"），"居间存在"似乎很容易理解。"不变的存在"，只能是理念享有的存在；"分布于身体中的存在"，就是感觉对象的世界享有的类似存在。前者"不可分"，因为理念虽然在数量上不止一个，但每一个自身都是非复合的；相反，感觉对象则是复合的。目前为止，都没有什么新观点。但"居间存在"的形式如何呢？如果混合的比喻有意义，它就享有另外两个形式的特征，只要这种结合有可能。再次，我们可以回顾一下从早期对话到《蒂迈欧》我们对灵魂的了解。灵魂有两个基本的部分：一部分不朽，某种意义上具有神性——理智；另一部分可朽，只与身体存在密切相关。前者与理念分享神圣、永恒、非复合的特征（如果我们明白，《斐多》大部分地方，就所有意图和目的而言，灵魂指的都是理智灵魂）。理智灵魂的特征与理念的特征相似，柏拉图以此

---

① 参 35A6－B1。这一段我都用了 F. M. Cornford 的译本，他则采用了 G. M. A. Grube 的版本。

说服人们相信灵魂不朽。在这种程度上，我们可以说，灵魂拥有真实存在的世界所具有的存在性。相反，"可朽的"灵魂拥有身体和它此世居住环境的特征。结论是，一个灵魂有两种"存在"形式：一种与理念世界有关，[72]另一种与感官世界有关。在这里，我们至少似乎有一位候选人，它拥有《蒂迈欧》谈到的"居间存在"，由两种不同的存在类型结合而成。

如果这适用于个体灵魂，它在很大程度上（不是全部）也会适用于世界灵魂，这样说也不是不合理。目前为止，谈及世界灵魂，柏拉图没有暗示，他现在谈论的灵魂与他在早期对话中说的灵魂在种类上不同。两者都与身体密切相关（如《蒂迈欧》31B以下；《斐多》82E2－3，92A1），两者内部都有理智的部分（《蒂迈欧》35A；《斐多》65A以下）。两者作为理智，都是不朽的（《蒂迈欧》36A4－5；《斐多》77CD）。两者都发挥着生命原则的作用。①不管细节上有什么差别，这些相似之处表明，柏拉图不想让我们看到，这两种灵魂在种类上有差别，在这种程度上，"居间存在"的概念似乎对两者都同样有意义。

"居间的同"和"居间的异"，这两个概念就没那么容易理解了。康福德认为，不熟悉《智术师》的读者，无法理解这两个概念。②但泰勒想提出相反的意见，因为他对蒂迈欧本人、蒂迈欧可能知道和可能不知道的事有自己独特的看法。③由于对《蒂迈欧》35A这一段有个基本的误解，泰勒认为世界灵魂的三个部分为：同、异

①　参《蒂迈欧》30B8（世界是拥有灵魂和理智的生物）和《斐多》69E－72D。
②　参 F. M. Cornford（5），页61。
③　参 A. E. Taylor（3），页128。

及二者的混合，同和异等同于对话后来引入的两个概念，即不可分和可分。泰勒对自己的辩护简洁、精炼，但无法弥补这样的事实：他误读了文本，他提出的观点柏拉图从未说过。然而，这并不意味着，康福德的观点放之四海而皆准。因为，在很多现代学者眼里，《蒂迈欧》明显为理念论提出了"经典的"说法。在他们看来，既然这个经典说法在《帕默尼德》中受到致命打击，在《智术师》中不得所见，那么《蒂迈欧》的创作时间必定早于《智术师》，如果我们不指责柏拉图，说他在哲学上善变、难以想象的幼稚的话。①康福德［73］抢先反对，他认为《智术师》中"最伟大的种类"就是指理念，这样便保存了理念论。但他不承认，生命和灵魂也分享了一些实在；后者不完全是理念。②照此分析，《蒂迈欧》就不是一种倒退，反而极大地扩充了灵魂和运动的本质，此本质在《智术师》中首次被称为"实在"，《蒂迈欧》也阐释了许多概念（存在、同和异）来辅助说明这一本质。如果康福德这方面的看法正确，《蒂迈欧》就可以合理地放到《智术师》之后；如果他的看法不对，我们就得考虑，《蒂迈欧》要么早于《智术师》，要么就是一篇本体论分析，退回到《斐多》和《王制》稚嫩的实在论。如上所述，很多人无法接受后一种选择，他们宁愿把《蒂迈欧》放到《智术师》之前。然而，这里不适合探讨这两种情况的争议各有何优点。只需说，

① 这些论证，参 G. E. L. Owen（1）。J. Goul，页202注释3因袭了他的观点；D. W. Hamlyn，页290注释3；D. A. Rees（2），页113注释29；C. Strang，页147–164。W. G. Runciman（页4），有点区别，他认为，Owen 至少是检测了《蒂迈欧》公认的创作时间。对此观点的批评，参前文对 Cherniss、Rist 和 Skemp 的参考，页59，注释1。

② 参《智术师》254D；F. M. Cornford（5），页61–66。

笔者认为，似乎清楚的是，不管《智术师》中"最伟大的种类"地位如何，同和异的概念（也适用于理念）可以从《王制》中推出来，正如欧文已经表明的那样;①《智术师》能为这个段落提供的唯一线索，并不像康福德想的那样不证自明。②

同和异，这两个词不管有何出处，到目前为止从康福德这里获得了最中肯的分析。至于理念，我们可以说，它有真实的存在，是自身的同，与其他任何理念都相异。这似乎不太深刻，但至少提供了一种方案，可以解决个体理念的具体化问题。如果每个理念都需要存在、同（即本身）和异（与其他任何理念相异），我们就给出了某种答案，可以回答真实存在的世界中个体化的问题。可即使我们承认，存在、同和异之间的逻辑区分也适用于理念，柏拉图谈到同和异的"不可分和可分"又是什么意思呢？看看上下文，可能会有帮助。我们注意到，文本中没有暗示存在、同和异有任何从属关系，三者在灵魂的构造中起着同等重要的作用，柏拉图尽力去表明，造物主如何挑选每一个特殊的部分——"居间部分"——来构造灵魂。结果表明，理念论可以用来解释存在之不可分与可分的形式。倘若果真如此，[74] 鉴于文本精心编织三者的相似性，这不也有助于我们解释同与异的可分与不可分吗？比如，"不可分的同"适用于所有个体理念，此理念在数量和原子上来说是一。它穷尽了我们对整个概念的认识，与此同时，它不可再做任何进一步的分割。它单一、纯粹、独一无二。如果同的这种逻辑属性适用于理念，它也同样适用于理念在感性世界中的对应物。不论我们怎么看待对象的感

---

① 参 G. E. L. Owen（1），页88。
② 参 F. M. Cornford（5），页61。

知和辨识问题，可以说，有一种特殊的对象，比如一台收音机，不管它发生了怎样看不见的分子变化，从实际目的来说，它就是一个，是自身的同，与其他的对象相异。没有人会认为，这样的同会具有理念的同的稳定性，因为两个世界享有的真实程度不同。但相似性依然存在，其意义就好像作为整个理念论基础的模型与形象之间的相似性一样。我们也可以这样分析异的概念，把它放到感性世界与理念世界当中。

所有这些，如果成立，当如何运用于灵魂？柏拉图自己在《蒂迈欧》37AB 给出了暗示，他告诉我们，通过自身内部同的部分与异的部分，灵魂得以知晓，在不可分的存在世界（即理念世界），一种存在（或理念）在什么方面与另一种存在可归为相同或相异，在可分的存在世界（即感性世界）也如此。也就是说，在引入同和异的概念时，柏拉图似乎把灵魂的认知功能作为一种解释。这与灵魂本质特征的讨论并非风马牛不相及。柏拉图坚信，存在与理智密切相关，认识工具与认知对象相似，①鉴于这一点，我们会有如下发现也不足为奇：灵魂因其含混性而成为必要的工具，可以通过它来理解它所属的两个世界中不同程度的实在（即可认识的内容）。

在这个阶段，我们似乎回到了原点，因为柏拉图好像把他在早期对话中（和这同一篇对话的后边）归给个体灵魂的特征，即本质性和认知性，又同样归给了世界灵魂（参见《斐多》65A 以下，80B 以下；《王制》490AB）。然而，到现在为止，对话还没有明确提及世界灵魂的"非理性"部分。相反，此刻强调的是其有序、合

———————

① 尤其参《王制》477A1 以下关于 δόξα ［意见］ 和 ἐπιστήμη ［知识］ 的对象，以及这两种功能的区别。

理与［75］和谐的本质。比如，《蒂迈欧》35B - 36B 给我们描述了，灵魂被分为和谐的间隔，每一个都由存在、同和异混合而成，而这三者也是整全的特征；理性与合调，就像存在与理智一样，被视为一对。①个体灵魂的理想状态（即正义，在《王制》中也是一种"合调"，②）似乎也适合于这里的世界灵魂，虽然这个阶段的整个叙述比之前的叙述更加比喻化。既然柏拉图选择用造物主建造的方式来表达他的宇宙论，他现在就开始把灵魂描述为一个灵魂原料的供应者，在工匠手中，这些原料先是被分为几个和谐的间隔，然后他操纵它们，将其塑造成一个特定的形状。③然而，我们知道，世界的灵魂与世界的身体不同，是非物质的，所以这段话的比喻性也就不言而喻。④然而，某种清楚的思路出现了。造物主赋予灵魂原料的第一特征是一系列和谐的间隔（《蒂迈欧》35B - 36B）。这些间隔可能有也可能没有终极意义；不用说，它们是新柏拉图主义的笺注者们

---

① 参《蒂迈欧》36E6 - 37A1：λογισμοῦ δὲ μετέχουσα καὶ ἁρμονίας ψυχή ［分有了理性和合调］。

② 参《王制》433A 以下。在 443DE 处，将灵魂的"组成部分"与音乐音阶的 νεάτη ［低音阶］、μέση ［中音阶］ 和 ὑπάτη ［高音阶］ 相对而论。参 A. E. Taylor (3)，页 497 - 498。

③ 参《蒂迈欧》36B 以下。灵魂成了某种质料或渗透宇宙的超自然力量，这方面在《法义》卷十得到强调。参下文，页［147］以下。

④ 此处的方法论，参上文，页［67］-［65］。在我看来，物质结构将使世界灵魂成为世界身体的一个部分或一个方面，这是个"有力的证据"，可以用来支持如下观点：世界灵魂如果不是非物质的就什么也不是；否则，柏拉图在世界灵魂与世界身体之间所做的细致区分就毫无意义。（世界灵魂的非物质性，对这个看法的再次思考，但不是次要的思考，当然就是对早期对话中人的灵魂之非物质性的全部说法。）

大展身手的好地方。①不管真相如何，我们可以提供一点点意见，世界灵魂，因其构造过程而具有了理智的特征，某种意义上享有"合调"或者和谐的比例。但是，它不是《王制》中谈到的个体灵魂三个部分之间的合调（《王制》443A 以下）。因为，尽管我们可以对《蒂迈欧》35A 做出如下正确的解释：即世界灵魂拥有本体成分，可以对应于"知识"和"意见"的认知状态；但我们迄今也没有证据证明世界灵魂具有纯粹的非理性欲望（*appetition*），此欲望与灵魂的"欲望部分"相关，我们也没有证据证明世界灵魂具有更难以捉摸的两栖性，即灵魂的"血气部分"。不管柏拉图想让我们如何理解这里的"合调"，[76] 他自己认为它是世界灵魂的元素，而且是纯理性的元素。

换言之，即使理性世界和非理性世界都在世界灵魂的掌控之内，世界灵魂的方法和活动都会体现它的理智；世界灵魂内部既有理解"知识世界"的部分，也有理解"意见世界"的部分，二者的构造有本质的区别，但二者的活动都会得到世界灵魂的疏导和协调，以服务于理智。如果这种解释正确，就与《王制》中的个体灵魂密切相似，但也有差别，《王制》接受灵魂部分的欲望性，而在这里，世界灵魂看起来是纯认知性的。从正义这种德性来看，好人就是那种疏导灵魂较低部分的欲望以服务于灵魂较高部分的人。较低的欲望有自己的价值，只要它们服务于理智（《王制》586E4 以下）。同样在这里，世界灵魂也具有理智的德性，因为两种认知性的成分以如此和谐的方式协作，以至于展示了理智（ἔμφρονος， 《蒂迈欧》

---

① 像 Amelius、Porphyry 和 Iamblichus 等笺注者的解释，参普罗克罗斯《〈蒂迈欧〉笺释》205A 以下（Diehl，卷二，页 212/9 以下）。

36E4）。无论哪种组成部分，认知部分还是其他部分，其"合调"都具有一种重要的相互性，这可能是柏拉图在这个阶段引入这个概念的原因。还可以从对话后来的说法中再得出一个原因：世界灵魂将被视为个体灵魂的范例。对于个体灵魂来说，德性就是其组成部分处于合调的状态，为了找到这样的例证，它们会参照世界灵魂的合调，至少是世界灵魂在天体运动中的外部表征（《蒂迈欧》47BC）。

柏拉图极其细致地描述了造物主如何构造世界灵魂，他如此之谨慎证明了合调在世界灵魂中的重要性。柏拉图使用了几何序列和音乐和声的术语，但情况马上就变得明朗，柏拉图并非打算提出什么和声论，或者建造什么新的音阶。柏拉图带来的二十七个音符序列只是全音阶序列的一部分，全音阶序列理论上可以往任何方向无限延伸。如果实际的音乐学家们选择了另一部分，是因为他们的目的完全不同；他们感兴趣的那部分音阶在人的嗓音和听觉范围内。笺注者阿德拉斯托斯（Adrastus）认为，柏拉图的真正兴趣在于和声音程的数字比例，而非什么和声音程，因为至少对于一部分人来说——毕达戈拉斯派——［77］数字比例与宇宙的构造直接相关。①在《蒂迈欧》31C3，柏拉图谈到世界身体的构造时，就用了毕达戈拉斯的方式来表达，他告诉我们，最好的纽带，即把有待连接的事物完全融为一体的纽带，就是"比例"（ἀναλογία）。但这恰好是对话的问题——宇宙的构造，宇宙灵魂和宇宙身体的本质，以及要是可

---

① 这部分参考了阿德拉斯托斯和毕达戈拉斯派的资料，感谢 F. M. Cornford（5）页 68 以下的解释。

能，世界灵魂在什么意义上可以作为纽带，①从而把用来制作世界身体的各个部分连接起来。鉴于此，古代的笺注者们清楚地认为，当柏拉图把他的序列延伸至所谓的"整数"时，他心中想的只能是世界灵魂的认知功能。因为毕达戈拉斯派认为，立方体是三维物体的象征。②总之，如果世界灵魂要与世界的身体永久结合，如果它要对三维对象世界产生大范围的影响，那么在某种意义上它自身就要包含与这些对象对应的认知性部分。术语可能是毕达戈拉斯式的，但原则依然是之前恩培多克勒"同类相知"的原则，它在柏拉图思想中起着至关重要的作用。按照这种解释，引入"合调"的概念与引入同和异的术语有着相同的意图，即为了表明，非物质的灵魂与它所居住的物质环境之间存在着本体论上的鸿沟，此鸿沟不是不可以跨越，至少就认知性而言。

目前为止，柏拉图好像是说，造物主是用一种灵魂原料来工作，他把它切成碎片，以便形成一个音阶或者比率。至此，图像有了一点变化。我们必须想象，碎片挨着放在一起，因此造物主现在有了一个长长的纽带或者一长条灵魂原料，特殊部分接缝的痕迹依然可见。于是，这个长条从纵向分成了两半。他把两半各自的端点连接起来，使每一半都形成一个圆。他把一个圆形长条放入另一个内，但不在一个平面上（《蒂迈欧》36C 以下）。我们被告知，[78] 外

---

① 参《蒂迈欧》38E5，δεσμός［纽带］。参《蒂迈欧》37A4，ἀνὰ λόγον μερισθεῖσα ［按比例分割］。δεσμός［纽带］作为"持续原则"，这个概念参 E. Ballard，页 34－35。他认为，有了这个原则，柏拉图才把灵魂引介为理念与感性事物、理性与非理性之间的桥梁，此原则直接源于如此观点，即宇宙是完美一致的整全。

② 参 F. M. Cornford（5），页 68。

圈的运动（他称为同的运动）"沿着边沿向右"旋转（《蒂迈欧》36C6），而内圈的运动（他称为异的运动）则"沿着对角线向左"旋转（《蒂迈欧》36C7）。不管"向右""向左"意味着什么，我们想想几何图形描绘的天体仪、赤道，以及巨蟹宫和摩羯宫的回归线，①"边沿"和"对角线"的概念就很容易解释。如果两个回归线与赤道平行，连接最东边的两个点的线与连接最西边的两个点的线就会产生一个长方形。"沿着边沿"的运动将是赤道的运动，"边沿"是巨蟹宫和摩羯宫回归线的边沿，它们与赤道平行。"对角线"的运动将是黄道的运动，它在图示中最东点触及巨蟹宫的回归线，在最西点触及摩羯宫的回归线。"沿着边沿"的运动"向右"，这明显是自西（左）向东（右）的运动。"对角线的"运动"向左"，这将是自东（右）向西（左）的运动。然而，这种运动指的是想象中长方形的对角线，不是巨蟹宫和摩羯宫回归线平行的边；总之，既然这条对角线是黄道的直径，这种运动就会是发生在黄道 12 宫之内的运动。因此，我们有两种运动：赤道面同的运动，自西向东运转；黄道面异的运动，自东向西运转。

尽管康福德坚持认为，同的圈无论如何也比异的圈"高级"，但文中几乎没有证据表明这一点。②在传统的对立表格中，同和右侧确

---

① 参 F. M. Cornford（5），页 73 - 74。

② 同上，页 76、页 96、页 144 注释 2，页 118 - 119、208。参 A. D. Winspear，页 332，他与康福德一样，认为异的圈是"非理性的"。L. Robin（1）页 228 和 G. Morrow（1）页 162 - 163。与此相反的观点，参 J. Gould 页 199 和 H. Cherniss（3）页 208 - 209 注释 5，他们强调，内圈和外圈的构造一样。另参 J. B. Skemp（1），页 78。

实列入较高的一栏，异和左侧确实列入较低的一栏，①但我们不清楚，柏拉图是否也必然在此意义上使用这些词？像词语 εἶδος［理式］和 ἰδέα［理念］一样，柏拉图可以中立也可以不置可否地使用它们。比如，早先谈到同与异作为世界灵魂的组成部分时，[79] 柏拉图以平等方式对待它们，他并没有暗示一个高级或另一个低级。谈到任一理念或感觉对象是自身的同，是其他理念或感觉对象的异时，他用了两个同等重要且同样普遍适用的说法。我们被告知最多的是，造物主给予同圈"支配权"（κράτος《蒂迈欧》36C7），之后又马上解释说，这种特殊的运动"单一且不可分"，而异的运动被分成了好几种（《蒂迈欧》36D1 以下）。也就是说，同的运动并没有内在的支配权，它拥有的支配权，来自不允许它因为被分解为许多运动而消散自身的力量。造物主把碎片引入异圈，如果我们不考虑这一点，就没有理由认为，两种运动不是同等重要。说一个圈在另一个圈"内"，说明不了什么，因为从《蒂迈欧》36C 以下，整个描述都是从浑天仪的角度来谈的，"内"圈和"外"圈成了描述选择的部分模型。既然如此，我认为，异的运动无论如何不会低于同的运动，如果同的圆周运动是用来表达理智的运作，异的运动也未尝不是。柏拉图在《蒂迈欧》36E4－5 简明扼要地说，世界灵魂被赋予了两种运动，"开启了一个神圣的、永不停歇的、理智（ἔμφρονος）生命的开端"。

其他人已充分讨论了行星运动的细节;②此刻我们只需明白，柏

---

① 参普罗克罗斯《〈蒂迈欧〉笺释》219F（Diehl，卷二，页 258/20 以下），和 F. M. Cornford (5)，页 74。

② 比如，F. M. Cornford (5)，页 105－117，以及 A. E. Taylor (3) 对此处的注解。

拉图把天体的运动，以及赤道圈和黄道圈的旋转都视为世界灵魂的运动，而且认为这些运动都是理性的。①然而，我们不能认为，所有关于天体运动的讨论都表明：οὐϱανός，即"天空"，指的就是世界灵魂独一无二的区域。毫无疑问，这是世界灵魂运动的地方，运动的理性在这里也体现得最明显，但柏拉图说得很清楚，世界灵魂的活动 [80] 在宇宙中无处不在，原话是"遍布天宇，从中心到最外边"（《蒂迈欧》36E2，另参 34B3 - 4）。倘若果真如此，就可以把同的运动想象成统领整个宇宙的运动，而不只是行星的运动（事实上就是异的碎片运动）。没有什么可以躲过宇宙整体旋转的影响，如果这个旋转是灵魂和理智的运动，那就没有什么会躲过它们的活动和影响。②

《蒂迈欧》36E - 37C 还有个重要的段落，讲述世界灵魂的认知活动，我们应该把这一段与 35A 做个比较，我们会想起，普罗克罗斯在那里从认知的角度解释了"居间存在""同"和"异"。在这一段新的描述中，有一点很突出，即恩培多克勒同类相知的原则，我

---

① 亚里士多德很清楚地认识认识这一点，所以他把世界灵魂等同于νοῦς [理智]（《论动物》407A3 - 5）。A. - Ed. Chaignet（页 87）因循了这一思路，将κίνησις [运动] 等同于思想。但我认为，这样的看法把ψυχή [灵魂] 这个词过度精神化了，柏拉图在任何地方都是以高度物质化的语言来使用这个词（参 G. S. Claghorn，页 110；R. K. Gaye，页 92 以下，101；以及 A. E. Taylor 对《蒂迈欧》86E3 - 87A7 的注解）。不过，A. Rivaud 提出，过度强调灵魂构造的这个方面非常危险，他认为 [（1），页 335 - 336]，对柏拉图而言，ψυχή [灵魂] 与σῶμα [身体] 没有实质的区别。

② 参 F. M. Cornford (5)，页 136。对柏拉图来说，世界灵魂其实只是一个天体的灵魂，N. Almberg 在《柏拉图的世界灵魂与亚里士多德的神的概念》（*Platons världssjäl och Aristoteles gudsbergrepp*，Lund，1941）一书中对此有重要阐释。参 Axel Dahl，*Theoria* 7 (1941)，页 268 - 270。

们之前看到过。存在、同和异混为一体，明显成为一个理由，使得灵魂能够判断理念世界中的对象的同和异，以及感觉对象的同和异。①这一段大部分都很清楚，但接下来的话就有点含糊。柏拉图之前告诉我们，灵魂遍布于整个世界，现在又说，无论何时，只要世界灵魂"触及"拥有存在的事物，不管是"可分的存在"还是"不可分的存在"（即各种理念或感觉对象），都会"整个儿靠她自身动起来"，然后在此状态下她才发表"声明"（λέγειν），谈一谈她刚才"触及"的事物有哪些同和异方面的逻辑属性。②换言之，世界灵魂现在的形象呈现出时间上的先后顺序，这里的世界灵魂就像一把刷子，去清扫留声机上旋转的唱片，刷子要保证不会漏掉一粒灰尘，不过它接触的每一粒灰尘都有时间上的先后顺序。

　　然而，柏拉图之前却明确主张，灵魂的无处不在与灵魂永不停歇的运动同时发生，这个形象才是灵魂之所是（《蒂迈欧》34B3–4，36E2–5）。柏拉图接着说，世界灵魂的声明（λόγος）总是真相，不管说的是同还是异，③但要对这两种真相有所区分。[81] 如果声明谈的是感性世界的事物，那说的就是异圈，"向右运动，把它的信息传给整个灵魂"，获得的是"确切的"和"真实的"的"意见"

①　参《蒂迈欧》37A2。与恩培多克勒原则相同之处，参《蒂迈欧》41C2–3，30A6–7；以及亚里士多德，《论动物》404B16。

②　参《蒂迈欧》36E2、34B3–4（灵魂无处不在）；37AB（灵魂的"声明"）。

③　参 F. M. Cornford（5），页96称《智术师》可以帮助理解这一点，他认为"所有哲学谈话都包含了对理式的肯定和否定论述"。这很误导人，因为《蒂迈欧》中只提到同和异的说法（27B3–5，44A1–5）；而《智术师》从异的角度分析否定，从而提出一个非常不同的逻辑观点，此观点非常重要。参 G. E. L. Owen（1），页89。

和"信念"(《蒂迈欧》37B8)。

然而,如果声明谈的是真实存在世界的事物,那说的就是同圈,"顺畅的转动会宣告",获得的必定是"知识和理智"(《蒂迈欧》37C2)。这里,有个句子对认识论有个简练的说法,我们之前在《王制》的重要几卷中发现了对它的详尽说明。真正的知识是且只能是在处理真实存在的世界时获得的知识,我们自己的世界能给我们带来意见或信念,而意见或信念可能"真实",也可能"不真实"。然而,"真实的意见",即使不能为自己提供完全充分的理由,但至少在事实上是正确的,因此在这个意义上,我们可以说"真实的意见"最可能等同于我们在这个类似真实的世界中拥有的"知识和理智"。

尽管如此,这里也没有证据表明,异圈没有同圈那么"理性"。的确,两者有不同的区域,不同的影响范围。同与永恒稳定的理念世界相关,这个世界只被纯粹的理智渗透。相反,异处理的是感性经验的次理性(sub-rational)世界。[1]但是,异仍然以最理性的方式接近感性世界,能与感性世界仅有的一点儿真实相容,也能与感性世界天生不能被理性分析所完全理解这一点相容。异的本质如此,因此异永远不会得出"意见"和"信念"之外的结论,但异能保证意见和信念在事实上是正确的,这就说明异有理性活动。我们马上就会得知,造物主的原料很棘手,甚至限制了他的力量(47E以下)。这里同样如此,感性世界限制了异圈,异圈只能获得"信念"和"意见"。但这好像没有考虑后者天生的理性,其方法显明了这一点。

这段话中还有个重要句子留到了最后。柏拉图说,声明(不管

---

[1] 参 J. B. Skemp(1),页78。

是关于理念世界还是感觉对象的世界）[82] 都"在自我运动之物中无言或无声地进行"（《蒂迈欧》37B5–6）。第一点很容易理解，一个声明不必靠说来发挥功能。有人说，"自我运动之物"指的是灵魂，但也同样可能指宇宙。①我们已经知道，世界和灵魂有相同的外延，整个段落处理的是两者的认知关系。我们还知道，宇宙是一个生物，是一个永恒生物的形象，而生物的自我运动是件平常的事。既然如此，说世界自己推动自己与说所有生物都自己推动自己一样，二者都有意义。这里没有有力的证据证明后来更为复杂的哲学学说，即认为灵魂也作这样的自我运动。文本可能说的是一个常识性概念，即世界作为活的存在，自己推动自己，这样理解可能更合理。世界即生物，这个观念在希腊思想中根深蒂固；而生物都是自我运动的，大家都能接受这个观念，是件平常的事，不需要在别处参考更精深详尽的学说。

至此，对话都在强调世界灵魂的理性本质，从同和异的圆周运动可以看出。现在，造物主准备制造所有其他种类的生物，因此模型和摹本要尽量相似（《蒂迈欧》39D8 以下）。[这些生物——行星——中的一些，已经描述过，《蒂迈欧》38C–39D 还描述了它们在异中的运动。我们对自然的秩序有所预料，这很容易理解，因为行星是时间的工具。正如柏拉图提出，行星制作出来"以便确定和保存时间的数目"（《蒂迈欧》38C6）。他刚刚才讨论了时间的概念，说时间需要天上的时钟作测量仪，对人类有用（《蒂迈欧》47A4–B2），现在马上就提到行星。这再次表明，如果有合理的理由，柏拉图在讲述造物主的活动时，愿意放弃时间上的先后顺序。]这些生物

---

① 第一种观点，参 A. E. Taylor (3)，页 182；以及 H. Cherniss (2)，页 26 注释 4。第二种观点，参 F. M. Cornford (5)，页 95 注释 2。

分为四个类别：天上的神族、飞禽、走兽和水中的生物（《蒂迈欧》
39E 以下）。第一组包括恒星、行星和地球。行星已被描述为生物
（《蒂迈欧》38E5－6），那里使用的语言表明，每个行星都拥有理智
和生命灵魂：[83] "身体受活的纽带束缚，它们变成了生物，知晓
了指派给它们的任务"。

相应地，柏拉图对恒星的描述也做了限定。我们读到，造物主
把它们造好之后，将其放入"最有支配力的理智中"。① 支配力与理
智结合的概念使这句话清楚地指向了同圈。② 恒星是放在天空外部的
装饰，当永久地将自己的运动传给宇宙其余部分时，恒星伴随着
同（《蒂迈欧》40A5－7）。它们与同一起向前运动，绕着自己的轴
旋转（自转），它们没有行星那样的运动（《蒂迈欧》36D2－7；
38C3－39E2）。这里有趣的是，柏拉图如何解释它们自转的理由。
在《蒂迈欧》34A2－3，当谈到世界身体的自转时，他说这种运动
"最主要是属于理性和理智的"运动，与其他六种（直线）运动不
同。现在他提供了一个解释，是因为每颗恒星"总是对同样的事物
有同样的思想"（《蒂迈欧》40A8－B1）。身体要想有理智运动，就
得做圆周运动，这是所有运动中最稳定、最统一的运动。因为理智
只处理稳定、不变和统一的事物——理念。无论发生什么情况，稳
定性和统一性都是理智活动必不可少的部分。恒星具有同的圆周运
动，并绕着自己的轴旋转（《蒂迈欧》40A7－B2）；行星除了具有异
的圆周运动外，也具有同的圆周运动，它们也有自己合适的圆周运

---

① 参《蒂迈欧》40A5, εἰς τὴν τοῦ κρατίστου φρόνησιν [放入最有支配力的理
智中]。

② 参《蒂迈欧》36C7 κράτος [强力]。从 φρόνησις [理智] 这个词本身来
看，它也同样适用于同或异。

动（《蒂迈欧》36C2以下，36D，38D1－7，39A4以下）。它们有没有自转，没有明确提到，但有些笺注者推出了这一点。[①]不管这是不是真的，有一点很明确，恒星和行星都做着复合的旋转运动，即理智运动。不管二者在宇宙中的功能有何差别，这两组天体通过它们的运动都同样表现出理性。如果最后才知道，世界灵魂确实含有非理性的部分，我们就得在别处而不是在天体的运行中去寻找这样的部分。

[84] 柏拉图现在转而描述其他生物种类的构成，尤其是人类，这里又是旧话重提，即统一的理念世界与这个变化世界之间的关系问题。完全的真实如何产生出半真实？我们会期望于同类相生。[②]柏拉图以此作为公理，他试图通过增加居间物来解决问题。第一个便是理智的造物主本人，他的创造性理智对应于理念完美的非创造性理性。[③]第二个是世界灵魂，它的理性对应于造物主理性较低的一个层面。天体也是造物主的神圣造物，享有世界灵魂的理性生活，以及永恒存在的特权，对应于造物主的永恒存在。[④]但是我们离出生、变化和死亡的世界还很远。造物主造出了最像他自己的东西，但还

---

① 参 F. M. Cornford (5)，页119和137。普罗克罗斯是第一个推论者，参《〈蒂迈欧〉笺释》278CE (Diehl，卷三，页127－128)。Th.－H. Martin，页85和 A. Boeckh，页59跟随了这一观点。与此相反的观点，参 A. E. Taylor (3)，页225－226。

② 参《蒂迈欧》41C2－3。蒂迈欧声称，造物主的直接产物将具有造物主的完美。相同原则的其他运用，参上文，页[83]，注释1。

③ "《蒂迈欧》中的神实乃有序的理智，柏拉图从阿纳克萨戈拉那里获得了这个概念，并进一步将此神精神化和神圣化"（Le Dieu du *Timée* est bien l'inteligence organisatrice，que Platon a reçue d'Anaxagore，et qu'il achève de spiritualiser et de diviniser），参 A. Diès (1) Ⅱ，页551。

④ 参《蒂迈欧》38B6－C3。关于永恒的概念，参上文，页[68]，注释1。

需要一个居间物来跨越本质上稳定的世界与变化的世界之间的鸿沟。所以，柏拉图说，造物主把塑造低级生物的任务（包括人类）指派给了他自己造的诸神——各个星体（《蒂迈欧》41C3 以下）。他自己要塑造的是人的灵魂中的一个部分——理智——这部分最像他自己，是人与真实存在世界的链接（《蒂迈欧》41C6 - D1）。这些居间物的引入虽不尽如人意，但考虑到柏拉图要让自己解决的问题非常棘手，他这么做也有几分道理。

这个世界有两个特征：一是与生命有关的变化；二是我们目睹周围的许多生物进程。这两个特征明显是目的论，它们都遵循自身内部的终结律。倘若果真如此，有个办法可以解释显现在我们面前的这两个特征，即假设灵魂就是与生命有关的变化之源泉，个人理智就是目的论活动的基础。然而，照此假设，灵魂和理智就不在理念的行列。因此，它们必定被想象为居间物，其运作即为变化和目的论活动的有效原因，而范式的因果关系可以留给理念。这样一来，我们就有望［85］保留理念论的原样，同时也"保留现象"。但是，比起在《斐多》中首次遇到的纯粹理念论，这个答案还不是那么令人满意。不管柏拉图增加了什么居间物，整个理论背后隐藏着基本的认识论错误，不纠正这个错误，就有损于连贯地解决这个问题。但柏拉图认识到必须为灵魂和理智的运作找一个地方，这就表明，柏拉图现在已经发现，理念论的至简形式中，有一些让人比较忧心的含义（《蒂迈欧》41D4 - 6）。

至此，柏拉图已经给我们叙述了造物主如何塑造人的灵魂中不朽的部分。造物主用了同样的原料，混合方式也与他塑造世界灵魂的方式相同：居间存在、同和异。但是，这次的混合物"不再像之前那样纯粹，而是第二等或者第三等纯度"（《蒂迈欧》41D6 -

7)。这种说法就像《蒂迈欧》37A从认知角度做的解释那样，再一次表明，柏拉图希望我们看到，完全理性的世界灵魂相似于人的灵魂中的理性部分。世界灵魂的理性完全、不可侵犯、永久，从这个意义上说，塑造世界灵魂的混合物是"纯粹的"；而人的灵魂之非理性部分，因为住在身体当中而免不了与身体有联系，使得人的灵魂的理性判断受到模糊和歪曲，从这个意义上说，人的灵魂就不那么纯粹。这不是说，人的理智比世界灵魂更远离真正的实在，因为两者都是造物主的直接造物，而且"同类相生"。人的理智是神圣的，一如天体也是神圣的（《蒂迈欧》41C2－3）。然而，其活动是间断的而非持续的，它运作的条件必定会产生阻碍和干扰，这是最糟的情况。

接下来，造物主就把混合物分为个体灵魂，与恒星的数目相同，然后给每颗恒星都分了一个灵魂。①也就是说，个体灵魂的数目是有限的。毫无疑问，这个有限的数目与恒星的数目相同，这并非偶然。不管这个数目是多少，它显然再次证明了宇宙的理性结构。灵魂的数目可能是任何一个数字，或者［86］随便一个数字而不是另一个数字，这种观点与由神的预见来统治宇宙的概念相左。或许，柏拉图认为，每颗恒星就是一个人个体灵魂的起点，灵魂以此进入俄耳甫斯教的生死轮回，因为在《蒂迈欧》42B4－5，他谈到在此世活得很好的灵魂会返回到它的恒星，去享受"幸福而惬意的"生活。这乍听起来就像是对德性的奖赏，躲过了转世。但它也可能说的是，恒星只是灵魂转世之前的临时住所。第一种解释与《斐德若》中的

---

① 参《蒂迈欧》41D8－E1。正如我在文中所说，这似乎意味着灵魂的数目是有限的。柏拉图显然对整件事非常认真，因为他在《王制》611A5再次暗示了同样的事。

神话密切相关（249A1-4），两种解释都能在品达的作品中找到一些确证。①不管真相如何，恒星通过发挥纯实践功能启动了，它为每个灵魂提供了一种"鸟瞰式视角"②去观察宇宙的本质（泰勒语），恒星也是灵魂跟造物主学习命运法则的地方（《蒂迈欧》41E2-3）。整个叙述很像《斐德若》的叙述。在《斐德若》中，灵魂被带着绕宇宙边沿转了一圈，看到了永恒的理念，转世之后，一生都试着通过记忆重新获取失去的图像（《斐德若》247C以下）。在《蒂迈欧》的叙述中，它们看到了宇宙的真正本质：有序、理性。从对话的其他部分，我们可以推断，灵魂转世后，必定会尽力在自身内部重建这种平衡秩序（《蒂迈欧》42C4以下，47B6以下）。对话没有提到回忆说，但类似的说法也很明显：无论在什么情况下，高级世界的理性模式和活动都是此世生活的模型和动力。同样，《蒂迈欧》42A5-B2告诉我们，一个人要正义，就得控制"感知""爱""畏惧"和"愤怒"；也就是说，通过灵魂的较高部分来控制较低部分，使灵魂得到和谐（参《王制》430E以下，433A以下）。还有个重要的辅助观点，宇宙理性、和谐的沉思（47B6-C4）。在《斐德若》的神话中，理念自身就是模式（《斐德若》247C以下）；在当前的神话中，居间宇宙，这个理想的生物形象，才是模式。但是，在了解"宇宙本质"的过程中，灵魂看到了宇宙的本来面目，宇宙就是一个理想的形象。因此，无论是哪种情况，结果都一样。

"命运的法则"（《蒂迈欧》41E2-3）还不清楚。我们了解到，

---

① 参品达，《奥林匹亚凯歌第二首》（*Olympian II*，行65-67和68-69），以及 Farnell 对此处的注解。

② 参 A. E. Taylor（3），页257。

第一次转世对所有人都一视同仁，使造物主免除了不公正的指责
（参《王制》617E5）。灵魂首先被播种在［87］"时间的工具"中，
即在行星中，每个灵魂都有一个"适合"于它的独特行星（《蒂迈
欧》41E3）。或许，我们需要明白，每颗行星都有一种独特的性情，
就像在《斐德若》的神话中，每个灵魂在前世都跟随一个神，其性
情也来自这个神的性情（《斐德若》252E5 以下）。而行星，也是
神。①此后，灵魂作为"最惧怕神的生物"诞生了（《蒂迈欧》
42A1）。下一个句子阐释了这一点：人的本性是双面的，"更好的一
面"从此之后会被称为"男人"（《蒂迈欧》42A2 – 3）。应该如何
严肃地对待这个说法，很难判断。因为乍一看，如果我们只理解文
本的表面含义，我们就得推论出，灵魂的第一代完全都是男性。这
很奇怪，但也不是完全没有道理。因为，我们可以论证说，每个灵
魂"分配的寿限"（《蒂迈欧》42B3）不同，就像我们日常观察到
的，可以想象，有些灵魂正在灭亡，转世为女性，而最初那一代
（男性）灵魂仍在享受生活。

　　但是，如果《蒂迈欧》42B4 – 5 说的是，第一代生活得好的灵
魂躲过了出生之轮，去到它们独特恒星的幸福之地，而其余的灵魂
则转世为女性，那么所有男性灵魂迟早都会灭绝，后一个推论比前一
个还要奇怪。但是，如果我们把这段话理解为灵魂的一个"短暂时
期"，困难就排除了，因为好的男性灵魂会转世为男性，只有坏的灵魂
才会转世为女性。如此一来，"不能做到这一点"（σφαλεὶς δὲ τούτων
《蒂迈欧》42B6）这个短语就必须做如下解释：既指在这个世界中

---

　　① 《蒂迈欧》40B6 – 8 似乎清楚地暗示了这一点。普罗克罗斯的《〈蒂迈
欧〉笺释》278D（Diehl，卷三，页 127/27 – 8）将此视为理所当然。关于 Albi-
nus 的证据，参 F. M. Cornford（5），页 119 注释 2。

得不到道德上的善，也指转世前在短暂的世界中得不到本该是奖赏的快乐。不管是哪种解释，第一代都会是男性，除非我们接受康福德对这段话的阐释，他认为人类的第一代有男性也有女性，男性是比女性"更好的种类"。①但是，这很难与前一个句子的说法保持一致，即造物主让所有人的第一次转世都一样，"因此没有人会在他的手里受到轻视"（《蒂迈欧》41E4）。同样，对话也提到，转世为女性是对男性的惩罚（《蒂迈欧》42B3－C1）。倘若果真如此，我们只能得出结论说，第一代女性灵魂，凡是犯了某种原始之罪，保证会被转世为女性。这种观点的部分内容确实［88］成为《美诺》（81BC）和《斐多》（82E5，81D7－9）中回忆说的基础，但这里似乎没有这样的暗示。

相反，我们更接近于《王制》中的厄尔神话，我们前世的生活对于下一次转世起着至关重要的作用（《王制》609B以下）。这两种观点有着本质区别。在《美诺》和《斐多》中，转世的灵魂是个堕落的灵魂，忍受此世的牢房，惩罚在前世犯下的罪。②但是，在《蒂迈欧》中，灵魂是造物主为完善宇宙而特别塑造的：灵魂帮助造物主完成工作，将宇宙塑造成一个生物，即理想生物的形象（《蒂迈欧》30D1－31A1）。堕落和前世之罪的概念似乎跑题了，人类灵魂的整个叙述才更乐观。③但柏拉图也不是没有强调身体及其激情带给灵魂的困难。比如在《蒂迈欧》42B，我们了解到，对于灵魂来说，

---

　① 参 F. M. Cornford（5），页145。

　② 参《斐多》82E5（εἱϱγμοῦ［牢房］）、81D7－9，《美诺》81BC。

　③ 据我所知，对《蒂迈欧》中的"乐观主义"研究得最好的是 A.-J. Festugière（1）研究《蒂迈欧》的那一章。不同的观点，参 J. Gould，页203，他发现对话中存在"明确的绝望"，和 H. Cherniss（3），页204－216。

正义在于掌控这些激情，如果做不到，灵魂第一次就会转世为一个女人，第二次就会转世为某种与其性格一致的低于人的形式。虽然《斐多》也说到了这一点（81E2 以下；参《王制》620A2－3），但这里描绘的正义和不义的整幅图像更像是在重述《王制》卷九的观点，即激情和身体之需，这两者尽管很烦人，但如果被严格控制的话，也可以在真正的德性中发挥作用（《蒂迈欧》42A5－B2，《王制》586D 以下）。我们没有理由认为，柏拉图在不同时期因为被一种或另一种观点吸引而讲出各种不同的神话。

我认为，《蒂迈欧》更乐观的观点在 42B－D 体现得最清楚，柏拉图在那里似乎没有设想躲过出生之轮的情况。首先，我们已经看到，如果"幸福和惬意的"生活适用于两次转世之间的间歇，那这种生活就最说得通。然后，《蒂迈欧》42CD 又告诉我们，从一种动物变成另一种动物，如何给灵魂制造了"麻烦"。直到灵魂允许它的同圈通过理性去控制非理性的混乱，"麻烦"才会停止，当初把土、气、火和水（也就是，一般的肉体或者物质）引入灵魂时便造成了这种混乱。①只有那时，灵魂才会"再次回到［89］它最初最佳状态的形式"（《蒂迈欧》42D1－2）。也就

---

①　这里的叙述与《斐多》和《斐德若》中的神话不同。参《斐多》81A4 以下，《斐德若》249A、256B。F. M. Cornford（5）页 144 注释 2 认为，这段话暗示，人的灵魂就像世界灵魂一样，有一种理性的（圆周）运动，以及多种非理性的（圆周）运动，对应于柏拉图所阐释的同和异。扰乱婴儿灵魂之理性的事物都来自灵魂的外部（ἔξωθεν，44A1，A5），不管是ἐπίρρυτον σῶμα καὶ ἀπόρρυτον［流进流出的身体］（43A5－6），还是τὰ τῶν προσπιπτόντων παθήματα［刺激身体之事的性质］（43B7）。没有暗示说，婴儿灵魂自身本质上具有非理性的部分，可以等同于异的"非理性"圈。参 G. Vlastos（1），页 78 注释 2，以及 J. B. Skemp（1），页 78。

是说，柏拉图在这里明显没有设想躲过出生之轮，到达奖赏或者惩罚的世界的情况。相反，只要"躲过"轮回的"麻烦"，就会回到人的最佳状态，那时我们的理性活动和对低级自我的控制就是个小宇宙，对应于世界灵魂永恒的理性活动。这是人类灵魂存在的理由，它就是自己的奖赏，因为灵魂在这里知道，要尽最大的努力去完善造物主想要的宇宙。总之，人体中的灵魂，行动时拥有理性和德性，体现和证明了宇宙的善和理性。我们再也想不出与《斐多》更直接相对的观点了。

接下来谈到，不朽的灵魂被"播种"于一颗行星中，直到更低的诸神造出它可朽的部分和身体（《蒂迈欧》42D4 以下）。这些准备好了以后，它们就加入不朽的灵魂，我们看到了关于这种结合的早期影响的一长段描写（《蒂迈欧》43A6 以下）。它回答了如下问题：如果不朽的灵魂是理性的，为什么它们出生后很多年，人类很少或没有表现出理性？柏拉图回答如下，他坚持认为，世界灵魂和个体灵魂是在不同的条件下运作。两者都是理性的，这种理性因两者具有的同圈和异圈得到确证（《蒂迈欧》44D），《蒂迈欧》35B4首次出现的"合调"也能证实这一点。两者的区别在于，人的灵魂的规则运动一出生就暴露在它居住的外部身体或独特身体的随意和非理性的运动中。这些冲击妨碍同完成任务，阻止同"前行和统治"，①异的旋转也很混乱（《蒂迈欧》43D3 － 4）。和谐的间隔也被扭曲和变形，灵魂的旋转虽然还在，却不规律。结果，灵魂没有真正的认知能力，本该表达异的判断，却做出同的判断，反之亦然。每件事看起来都是歪的，就像倒立的人看到的世界一样（《蒂迈欧》

---

① 参《蒂迈欧》81E2 以下，还有 43D3 和 36C7（κράτος［统治］）。

43D4 以下）。相反，世界灵魂绝不会［90］遭受这种命运，因为造物主给了它一个球形的身体，不做那六种运动（前－后；右－左；上－下），这六种运动都是直线运动，往往会打乱它们触及的圆周运动（《蒂迈欧》43B2－5）。这一切表明，世界灵魂与人的灵魂的理性部分没有种类上的差异，它们活动的不同条件可以解释它们在理性活动中不同程度的成功。整段话是对于儿童心理学很有洞察力的描述，同时也确证了柏拉图一直苦心建立的观点，即世界灵魂与理性的人的灵魂非常相似。

描写人的灵魂的理智部分的段落以叙述灵魂在身体中的放置结尾。蒂迈欧说，灵魂被放在头部，因为头是圆的，因此在某种意义上是圆形宇宙的摹本（《蒂迈欧》44D）；也因为，头就像不朽的灵魂，是"我们最神圣的部分，统管所有其余的部分"（《蒂迈欧》44D5－6）。不朽、神圣的灵魂要接触物质世界，就要接触物质最像神的那个地方，不管这个相似多么微乎其微。因为灵魂高于身体，所以头也要高于身体其余部分，后者只为服务于头及神圣监管而存在（《蒂迈欧》44D 以下）。然而，灵魂必须有与世界联系的方式，可以通过感觉来实现，其中两种——视觉和听觉——在这里得到了强调。此处详细描述了视觉的结构，但我们马上就得知，这只是给我们叙述的不可或缺的条件（συναίτια），造物主把这些条件作为辅助，以便尽量完成"最好的理念"（《蒂迈欧》46C7－8）。人类可能会认为这些条件是一切事物的唯一原因（αἰτίαι），通过加热、冷却、凝缩等发挥作用。但蒂迈欧说，这不可能，因为这些（物质性的）事物不会为了任何特殊的目的而具有计划（λόγος）或者理智（νοῦς）。理性只能在灵魂中找到，而灵魂不可见（《蒂迈欧》46D2－6）。我们首先得找到属于"理智本性"——灵魂——的因果关系，然后再去找"属于被他者移动的事物以及必然移动他者的事物"的因果关系。①总之，对任何事物唯一严肃的解释［91］是目的论解释。《蒂迈欧》46E3 - 6 总结了两种因果关系："两种原因我们都得说，但得做个区分：一种原因，有理智，产生出好且美的事物；另一种原因，缺乏理智，产生出随意而无序的杂乱结果。"

句子后半部分这两处，强调的都是"原因"（αἰτίαι），而非"不可或缺的条件"（συναίτια），这个词连同《蒂迈欧》52E 和 30A 的段落，表明存在着非理性的世界灵魂。②但更可能的情况是，哲学术语暂时让步于流行用语。我们看到，"那些失去理智的［原因］"（《蒂迈欧》46E5），这句话不过是重述而已，把之前说的辅助原因（συναίτια 46C7，D1）复述为"没有理智或理性"（《蒂迈欧》46D4）。同样，"随意和任意"（τὸ τυχὸν ἄτακτον《蒂迈欧》46E5）

---

① 参《蒂迈欧》46D8 - E2。我同意 F. M. Cornford（5）页 157 注释 1 的看法，认为"理智本性"就是灵魂。一个著名的反对意见，参 J. B. Skemp（1），页 77 - 78。他认为，αἰτίαι τῆς ἔμφρονος φύσεως即指服务于理性目的（灵魂）的因果关系（46D8）；与不服务于理性目的（灵魂）的因果关系形成对比（46E1 - 2）。关于这一点，他认为κινουμένων［被移动的事物］和κινούντων［移动（其他事物）的事物］（46E1 - 2）是属格，而φύσεως［本性］（46D8）是宾格，其他人则认为它们是物主形容词。（参 R. Hackforth（2），页 21 注释 1。）Skemp 认为，αἰτία与συναίτιον的区分并不是理性灵魂与非理性非灵魂的ἀνάγκη［必然］之间的区分；相反，所有提到的συναίτια［条件］都是机械性的，但它们都服务于两个同样的"灵魂"主体的目的（ὑπηρετοῦσι 46C7 - 8），一个［"理智"（νοῦς）］以理性目的为目标，另一个［"必然"（ἀνάγκη）］则不以此为目标。

② 参 J. B. Skemp（1），第六章。他因袭普鲁塔克的观点，认为这种非理性的世界灵魂就是挑起随意运动（κινήσεις）的世界灵魂，并称这种随意运动的状态为混乱的前宇宙，当（有序的，时间上的）宇宙形成时，它自身就被造物主化归为理性，因此成为（理性的）世界灵魂。参普鲁塔克的《〈蒂迈欧〉中灵魂的产生》1016CD 以及《蒂迈欧》30A5 - 6。

也与"缺乏计划"（λόγον οὐδένα《蒂迈欧》46D4）类似。①我认为，柏拉图没有打算展示新东西，因为他马上就在下一句回到了更专业的术语（συμμεταίτια，《蒂迈欧》46E6），总结视觉不可或缺的条件。他之前仔细地描述了不可或缺的条件（《蒂迈欧》46C7–D4），这里又描述了只能归为这种不可或缺条件的原因，这些描述无疑会引导他去想，遵循流行的用法，松散地谈论两种"原因"，这样做更为保险。我认为，柏拉图倾向于这样做，从他在不同语境下专业和非专业地使用"理式（εἶδος）"和"理念"（ἰδέα）两个词就可以充分证明这一点。

《蒂迈欧》47A以下，讨论了视觉和听觉的真正（即目的论）原因。视觉让我们凝视天体的理性轨道，这些轨道与我们自己的理性相似。我们渐渐学会知晓这些天体的轨道，计算它们，把它们作为我们自己的模型，以便把我们内部"偏离的"轨道化归为类似的秩序（《蒂迈欧》44D，90CD）。听觉服务于类似的目的。它被赐予我们是"为了[92]合调……[它是]一个盟友，反对灵魂内部生成得（γεγονυῖαν）不合调的轨道，使其进入秩序，与自身协和"（《蒂迈欧》47D1–6）。因为，通过听觉，我们认识了语言、艺术活动（μουσική）和节奏。②"生成"（γεγονυῖαν）的时态让我们想起不久前对出生影响的讨论，当时谈到，进食和排泄等过程造成的嘈杂让灵魂的理性运行脱离了轨道。同样，要注意，柏拉图如何不失时机地强调他最喜欢的模型和摹本的形象，以及世界灵魂与人的理性灵魂的紧密相似性。

———————————

① αἰτία[原因]与συναίτιον[条件]的区别，参《斐多》99A4以下。

② 参《蒂迈欧》47C6–E2。μουσική[诗乐]和ῥυθμός[节奏]在均衡人格中的重要性，参《王制》400C以下。

第五章 《蒂迈欧》48A 至结尾

[93] 叙述完宇宙中由理智原因产生的事物，柏拉图转向了由他所说的"必然"产生的事物。在这里，我们发现，理念世界与感觉对象世界之间常见的二元论有了很大的改变。这里引入了一个新的元素，它的本质很难理解，只能逐步阐释。柏拉图首先把它描述为所有生成之物的容器，"在里面"，我们能想到的土、气、火、水的各种性质"总在生成，让自己显现，又灭亡"（《蒂迈欧》49A5 - 6，49E7 - 50A2）。感知对象可以归纳为各种性质，这个观念原本可以从《王制》中推出来，《王制》认为它们具有类似的存在性（477A 以下）。柏拉图在这里更公开地确认了这一点。看起来，容器并不"包含"所有事物。当然，也很难设想它只"包含"各种性质。这无疑是把它进一步描述为像一面镜子的原因（《蒂迈欧》49E7 - 8）。如果理念是模型，可感的性质是这些模型的反映，容器就是镜子，可以照出这些性质。

在《蒂迈欧》50AC，比喻发生了变化，容器被比作一块金子，金子能铸造成许多形状，尽管仍是金子。容器像金子一样，根据任一瞬间拥有的性质来形成它的样子和外表（《蒂迈欧》50B1 以下）。它就像一个模板，什么压在它上面就变成什么形状，自己却不会变成章或者印（《蒂迈欧》50C2，50D3）。但这个比喻不充分，因为我们知道的模板，一开始就已经有样子了，那就不可避免会给它的所含之物带去一点它自己的特征。如果容器要频繁且整个范围地接受理念之所有相似性——土、气、火和水的相似性〔94〕——它自己就必须摆脱这些相似性的痕迹，或者其复合物的痕迹。所以在《蒂迈欧》51A7 – B1，蒂迈欧进一步把它的本质描述为"看不见、无特征、接受一切、以某种非常令人困惑的方式分有理智、难以理解"。它看不见，即不被感官感知，因为它没有自己的形状，它的功能是"接受一切"；它"以某种令人困惑的方式分有理智"，而《蒂迈欧》52B2 也告诉我们，它只能"通过一种混杂的推理"来理解。这可能意味着，容器自身虽然既不是理念也不是可感物，却以某种方式具有两者的特征。因为它像理念一样，是永久的且不可摧毁（《蒂迈欧》52A8 – B1），同时在世界的生成中发挥着重要作用。或许，它与理念的相似性使其有资格用理性来理解，而它在生成中的作用又表明，这种理性行为在某种程度上是假的。

在另一次描述容器的尝试中，柏拉图称其为空间（《蒂迈欧》52A8）。这也迫使我们想起"容纳""物体"的位置或地方，他实际上似乎是想说，容器只是前宇宙状态的各种性质。有学者想把空间等同于笛卡尔的"广延"，他们的尝试在这个困难面前都失败了。[①]

---

① 参 C. Bäumker，页 xiii，对他而言，物质只是"空间，即广延"；另参 L. Robin (3)，页 257，他对此处的参考。Robin 更同意 Zeller 和 Bäumker 的观点，认为 χώρα〔身体〕与亚里士多德的 πρώτη ὕλη〔最初的质料〕同指一物。关于后一个观点，参 J. B. Skemp (4)，页 206 – 212。

《蒂迈欧》52E1–5 甚至引入了更大的困难，空间据说处于永恒的运动状态，在自身内部推动"各种力量"（δυνάμεις），自身也被这些力量"摇晃和不均衡地震动"。用"各种力量"这个词，像是不想又给人留下容器内有某种实物的印象，甚至有某种微粒的印象。容器内有的一切不过是后来的土、气、火、水的"痕迹"（ἴχνη）。①在这个阶段，语言明显开始变得词不达意起来。灵魂先于身体，面对这个命题，柏拉图选择先易后难，先讲身体。但面对另一个命题，即物质基本形式的"各种力量"或"性质"在某种程度上先于物质的基本形式时，他却没有择易而行。第一种方法，虽然实用，却很难产生令人满意的结果；尽管他竭尽所能，最后大胆（没有解释）声明，世界的灵魂先于世界的身体，我们却不知其意。这一次，他则按照优先性本身谈起。事物的性质［95］应该先于有此性质的事物，这个观念很奇怪，不好理解，但我认为，这并不比灵魂应该先于身体的观念更奇怪。此外，这并非柏拉图首创，前苏格拉底思想中就有了非常值得尊敬的先例。②

学者们把《斐德若》和《法义》中的学说，即灵魂是一切运动的原则或起源，用来解释这部分内容。③ 尤其在《蒂迈欧》53A2，我

①　参 53B2。Taylor 试图将"各种微粒"引入容器，参 F. M. Cornford（5），页 199–202。

②　参 F. M. Cornford（5），页 53，199。

③　参 J. B. Skemp（1），页 77–78 和 H. Cherniss（2），页 25。两者都在同一个概念上引用了《法义》897A4–5 的 πρωτουργοί［首要］和 δευτερουργοί κινήσεις［次要运动］，用来证明完全不同的事。对 Skemp 而言，δευτερουργοί κινήσεις［次要运动］就是《蒂迈欧》和《斐多》中的 συναίτια［辅助原因］；即是说，它们是 νοῦς［理智］和 ἀνάγκη［必然］，即（灵魂）行动的纯粹机械的辅助原因。同理，《法义》被用来支持一种 ψυχή［灵魂］观，不管这灵魂是理性的还是非理性的，它都是一切 κίνησις［运动］的 πρωτουργοί［直接］原因。对 Cherniss 而言，

们读到，本身处于运动中的容器，如何移动它接受进来的四个"种类"，把"不相似"的种类分开得最远，把"相似"的种类聚在一起。因此，即使是在这个前宇宙世界，也有某种组织性，有将每一个种类吸引过去的区域。在此之前，它们"没有计划"（或"没有模式""没有比例"，*ἀλόγως*），也"没有尺度"（《蒂迈欧》53A8）。显然，是容器本身的行为，给了它们某种原始的组织性。正是在这后一种状态——这一状态被限定为"神不在场，我们也能预料的状态"（《蒂迈欧》53B3–4）——造物主干涉了。讨论的重点在于，此处明确归给容器的运动之力是否能够证明灵魂存在。首先，我们可以说，在《斐德若》和《法义》中，论证非常泛化和图示化，没有提到前宇宙状态，这可以理解，因为语境不需要。①

其次，初次接触文本的读者会以为，这两篇对话提到的运动就是他看到在周围发挥作用的运动，两篇对话说的"身体"就是他在日常经验中［96］所熟悉的身体，这种看法情有可原。总之，运动是在（已经）有序的宇宙中发现的运动。它在多大程度上适用于前

（理性）*ψυχή*［灵魂］是一切*κίνησις*［运动］的间接（尽管是最终的）原因。这是基于他的假设，他认为《法义》897A4–5 的*πρωτουργοί*和*δευτερουργοί κινήσεις*分别代表"首要"和"次要"原因，《蒂迈欧》46DE 能找到与之对应的两个原因：(1) *μετὰ νοῦ καλῶν καὶ ἀγαθῶν δημιουργοί (εἰσιν)*［那些凭借理性产生的既美且好的事物的（原因）］；(2) *μονωθεῖσαι φρονήσεως τὸ τυχὸν ἄτακτον ἑκάστοτε ἐργάζονται*［那些没有理性，导致偶然无序的（原因）］。按照他的分析，(2) 是 (1) 的副作用，虽然不直接服务于理性目的，仍然会在理性*ψυχή*［灵魂］中找到它们的 fons et origo［源头］。注意，这里的*ψυχή*［灵魂］指的是理性灵魂；Cherniss 不会承认有一个非理性的世界灵魂（Skemp 语），或世界灵魂部分［康福德语，(5)，页208］，分别以*ἀνάγκη*［必然］（Skemp 语）或差异为代表（康福德语）。另参 H. Herter (1)，页332。

① 参 G. Vlastos (1)，页78。

宇宙（如果有前宇宙的话），我们很难得知。普鲁塔克认为，它确实适用于前宇宙（参《〈蒂迈欧〉中灵魂的产生》，1016CD）。大部分现代学者追随普罗克罗斯，认为它适用于宇宙中的元素，此宇宙谈及前宇宙时指的是一种象征意义。①赫脱（Herter）认为，从逻辑上说，它应该适用于前宇宙（不管是真实的还是比喻的），但似乎并非如此。②当然，《蒂迈欧》52E－53C（像30A3－5那样）并没有暗示灵魂存在，不管是理性的灵魂还是非理性的灵魂。尽管我们必须承认，诉诸沉默常常站不住脚，但在这个特例中，它似乎比通常的情况更有说服力。如果前宇宙的混沌状态确实拥有灵魂，那么此灵魂就是造物主"接管"的部分，造物主没有创造灵魂。此灵魂也会是一个非理性的灵魂，因为它不具有独特的理性圆周运动，这种运动只有（理性的）世界灵魂才有。③

　　这些结论合在一起，将导致我们怀疑，这样一种非理性灵魂是否属于《蒂迈欧》概括的世界灵魂，因为二者既明显有别，又不属于同一类型。④然而，如果我们坚持认为，灵魂是前宇宙混沌状态的动力，那么即便这个灵魂不是世界灵魂的"部分"，我们也可以下结

----

　　①　参普罗克罗斯，《〈蒂迈欧〉笺释》323B（Diehl III，页273/31－2））；J. Moreau（2），页25以下、页39以下；W. F. R. Hardie，页152；A. E. Taylor（3），页115以下、页352以下、页390以下；F. M. Cornford（5），页207。

　　②　参H. Herter（1），页343注释55、页346。

　　③　参前文，页［80］［81］。

　　④　难怪，亚里士多德会在《形而上学》1072A1说，柏拉图说的能自动的事物（αἰτὸ ἑαυτὸ κινοῦν），只是运动的源泉（ἐνίοτε ἀρχήν）；他接着又说（1072A2），根据他的看法，灵魂后出现，并且与天同龄（ὕστερον γὰρ καὶ ἅμα τῷ οὐρανῷ ἡ ψυχή, ὥς φησίν）。参H. Herter（1），页329注释6和A. Rivaud（1），页337。T. Gould页29认为，把前宇宙描述为处于混乱运动中，与理式静止的永恒性形成最全的对比，理智在理式中最为明显。

论说，宇宙中有（或有过）两种不同的灵魂力量，一种有理性，一种没有理性。但在《治邦者》的神话中，柏拉图反对宇宙中存在两种对立的神（270A1－2），因此我们也可以认为，柏拉图也会同样反对宇宙中存在两种对立的"灵魂施动者"（另一方面，也没有特殊的理由认为，柏拉图不能改变他的看法；问题在于，此种理论令人十分困扰，以至于让很多信心十足者望而却步）。但是，对于这个理论，似乎有如下最基本的反对理由：此灵魂非造物主创造，这个观念如此重要，柏拉图竟然没有清楚说明此灵魂是否存在，这令人难以置信。

我们可以从《斐德若》和《法义》的证据中［97］"推出"，此种灵魂存在，但这还不够。因为，欧文和其他人认为，《斐德若》和《法义》很可能写于《蒂迈欧》之后，①如果他们正确，我们若如此推论，就有用后来的对话解释前面的对话之嫌。但即便为了论证之需，我们承认《斐德若》先于《蒂迈欧》，也远不足以证明，二者所谈同为一事。例如，在《斐德若》中，我们自然可以假设，所谈之运动就是身体体现的运动，我们通过感官经验得知身体置于井然有序的宇宙当中；但要自然地推出，此运动也适用于前宇宙世界，运动的持续不是时间，运动的身体（即我们能够识别的有序身体）还不存在，就不那么容易了。《斐德若》似乎是想说，灵魂是一切运动的原因，而一切运动置于一个有序的世界，此世界由时间来衡量。在一个无序的、不以时间来测量的世界中，所谈之运动是否与它相关，还有待商议。② 柏

----

① 参前文，页［72］－［73］。

② 参 F. M. Cornford（5），页205，作者在前宇宙的混沌状态中发现了"身体的变化"，所以他认为（从《斐德若》和《法义》卷十），前宇宙中存在一个（非理性的）灵魂。在这里，他似乎强调，柏拉图使用"变化"和"身体的"这两个含混的词是错误的选择。确实，造物主"接管了"看得到的一切（《蒂

拉图不得不描述一下前宇宙的混沌状态，谈一谈这样一个世界中的运动，在承认时间缺席的时候，"这样一个世界"与该段中出现的短语"在这之前"（πρὸ τούτου 53A8）一样，都不好理解。所以，赫脱可能是对的，他认为，《斐德若》和《法义》的学说不适用于《蒂迈欧》，但他认为从逻辑上可以说得通，又有失公允。就我看来，柏拉图在两种情况下处理的是两种完全不同的运动类型，一种得到了接受和普遍的认可，在一个绵延有序的世界中运作；一种是完全不同的真实，几乎无法描述。如果此种分析正确，就没有理由指责柏拉图，说他缺乏逻辑，尽管很多问题有待进一步澄清。

[98] 要注意，在总结这部分时，柏拉图说，理智胜于必然，这在"最开始"就发生了（《蒂迈欧》48A5）；必然的统治（他也称为漫游的原因，《蒂迈欧》48A7）在前宇宙世界很突出。由于"机械论"这个词的现代含义，而把这个前宇宙世界说成机械的因果关系，这容易给人误导。①在《蒂迈欧》53B3-4，柏拉图给出最好的描述，虽然有些消极。他把前宇宙的"痕迹"说成"神不在场，我

迈欧》30A3-4），但我们遵循普罗克罗斯，也得不出如下结论：前宇宙的混沌状态中必定存在身体，哪怕一丁点。柏拉图自己仅谈及ἴχνη［痕迹］和δυνάμεις［力量］，没有理由认为，它们必定像有序的σώματα［生命］那样遵循同样的规则。"看得见"可以笼统地指"非精神性的"或者"非灵魂的"，正如《斐多》中把灵魂说成ἀόρατος［看不见的］，原本也可以说成"非物质的"。参《斐多》79A6以下，把真实分为τὸ μὲν ὁρατὸν τὸ δὲ ἀιδές［看得见的和看不见的］，把对象分为δόξα［意见］和ἐπιστήμη［知识］；79B12以下，灵魂属于ἀιδῆ［看得见］这一类，而非ὁρατά［看不见］那一类。

　　① 例如，G. Vlastos（1），页77，82 注释3。然而，他给自己做了限定，补充说（页82 注释3）："我们绝不能忘记，柏拉图认为机械论是无序的，但从目的论上说是有序的。"不那么谨慎的说法，参 L. Robin（3）页241 和M. Guéroult 页41。

们也能预料的状态"。即是说，这是一个有某种因和果的世界，但此因和果既无目的也无目标。换言之，柏拉图并不强调自然的机械观，即不强调特殊的果源自特殊的因，而是强调，这种因果关系的整个综合体，并不以目的为导向。这个必然世界做着毫无目的的运动，它是一个实在，与理智对抗，直到造物主开始形塑宇宙，此时我们得知，理智"统治"必然，"说服"她"把大部分事物导向卓越"（《蒂迈欧》48A2－3）。我们可以严肃考虑一下"说服"这个词。乍一看，它似乎增强了普鲁塔克的论证：除非必然是一种非理性的世界灵魂，否则说它被造物主"说服"就没有意义。

然而，也有人说，柏拉图这里考虑的是俄耳甫斯圈中特别赞同的实体化必然（hypostatized Necessity），说必然被"说服"也就不会太让听众吃惊，这种说法也不是没有道理。但即使如此，把"说服"这个词作为前宇宙中存在某种个人事物（即拥有灵魂）的严肃证据，这样做也比较鲁莽。真正的俄耳甫斯教的必然，在厄尔神话中引出了她的真实面目，"'掌管'所有事物的命运，代表理智神圣的目的和预见，不会出错"，[1]而《蒂迈欧》中的必然，则刚好相反，与机运（τύχη，或者τὸ τυχόν）[2]密切相关，似乎不能说成是个人性的必然。这一点在47E4－5有所暗示，此处把理性的产物描述为"制造的"（δεδημιουργημένα），把必然的产物描述为"生成的"（γιγνόμενα）；动词的变化似乎表明［99］个人性与非个人性之间的区别，一个被赋予了灵魂，另一个则没有。

至此，柏拉图似乎在说，在前宇宙中，有一种盲目而无目的、称为"必然"或者"漫游的原因"的非灵魂的因果关系处于支配地

---

① 参 A. E. Taylor（3），页299。

② 参 F. M. Cornford（5），页163 以下；E. R. Dodds（1），页21。

位。为了启动有序的宇宙，需要驯服这种必然，需要理智"说服"她，把大部分事物导向卓越。正如我们所见，这种胜利发生在"最开始"（《蒂迈欧》48A5）。所以，从时间伊始，即从有序的宇宙开始，导向理性目的的原因就控制了无目的和非目的性的原因。但前者从未完全控制后者。何以如此，柏拉图在讨论人的身体构成时，试图证明这一点。不管造物主出于多么美好的用意，他都面临着"不可避免的"（ἐξ ἀνάγκης）真相，①即密实的骨骼和大量肌肉无法与反应敏锐的感觉相合。对柏拉图而言，人身体各个部分的位置和目的非常清楚，在它们的形成过程中，理智的作用也无可辩驳。与此同时，人的身体也有某些内在和"不可避免的"（ἐξ ἀνάγκης）不利因素，这就表明必然如何没有被完全控制。按照这种解释，必然在我们熟知的世界运作时，对应于《斐多》中"不可或缺的条件"（συναίτια），这就回答了"如何"而不是"为什么"的问题，告知了我们运作而非目的的问题。

然而，要谈论前宇宙"不可或缺的条件"就更难，因为它们作为必要条件，本来要服务于理性原因，但此原因没有发生作用。"不可或缺的条件"，自身并不导向理性目的，但至少遵循某种普遍的"规律"，此"规律"存在于可以通过感性经验认知的宇宙当中；它们的"因果关系"，对于柏拉图来说，尽管没有表明不证自明的理性，但至少可靠且有序，我们在日常生活中就依赖于这种有序性。②然而，此"因果关系"在前宇宙混沌状态中运作，既不理性，也无组织，它运

---

① 参75A7。这再次表明，造物主不是万能的。
② 在这个程度上，我们可以谈论有序宇宙中的"机械论"，在这个宇宙中，理智可以利用不同的因－果联系来实现自己的目的。我们的日常生活，正是以这种因果关系的普遍可靠性为基础。参 G. Morrow（1），页153。

作在一个无时间、无身体的世界中，与这个世界一样，它也无目的、无秩序。因此，柏拉图用了"漫游的原因"这个短语。此"因果关系"在两层意义上——无理性、无组织——可以说是无目的和漫游的。[100] 同类事物相连和异类事物相离，最能够摆脱这种混沌状态（《蒂迈欧》53A2－7）。我们可以把《斐多》中"不可或缺的条件"（συναίτια）归为因果之间的"机械"联系，此联系当然是有目的性的活动之"必要条件"（conditiones sine quibus non，《蒂迈欧》98C 以下）。

然而，《蒂迈欧》74E 以下，柏拉图在思考一组类似的机械联系，考虑到它们有能力阻碍有目的性的行为。苏格拉底坐在床上，因为他身体的关节和肌肉能够弯曲，允许他坐在床上：这就是不可或缺的条件（συναίτιον）。同样一个苏格拉底，如果他吃了一顿过于丰盛的午餐，之后便不宜进行哲学对话，无论他的意图多么坚定。这就是"不可或缺条件"的反面——要避免的条件……简而言之，不同的因果链条一会儿帮助有目的性的活动（《斐多》），一会儿阻碍有目的性的活动（《蒂迈欧》）。

倘若果真如此，"漫游的原因"似乎就涵盖了两种非理性的因果关系，一种在前宇宙中，一种在成形的宇宙中。前者，强调它的无理性和无序性，尽管也承认它有一点点秩序（在《蒂迈欧》69B5－6 归给偶然）；后者，虽然它以一种有序和可预测的方式产生效果，以至于我们能制定出有关因果关系的"规律"，能依赖它们，指引实际生活，但它的活动在种类上仍然完全不同于理智引发的活动，因为它们的因果关系绝不像后者那样有目的性，而只是机械性的。漫游的原因在成形的宇宙中十分井然有序（因而可预测），这表明它的性质基本没变，只是运作的环境变了。因此，《斐多》在原因和不可或缺的条件之间做的区分仍然成立，虽然宇宙论问题极大地扩展了范围，引入了许多细微的差别，调整了一些重点：理智的范围即

"原因"（*αἰτίαι*）的范围（"最终原因源于一个有责任的施动者"），而必然的范围解释了"不可或缺的条件"（*συναίτια*，"这种原因，不管是无序地活动，还是以一种有序和可预测的方式活动，在种类上都不同于最终原因的活动，而且偶尔会对理智制定的计划造成不可逾越的障碍"）。这两者在一切有目的性的行为中都不可或缺，《斐多》中的伦理真相在《蒂迈欧》中被强调为宇宙论真理。

有些学者认为，造物主只是世界灵魂的一个类似物。[①]就如 [101] 康福德认为，造物主是世界灵魂理性部分的类似物。[②]造物主与世界灵魂的相似之处有：皆为非物质、理性且神圣。但二者的差异更为重要。柏拉图说，造物主塑造了世界灵魂，但他自己是永恒的、非创造的（《蒂迈欧》34B3 以下）。用经院学者的流行术语来说，造物主是非依赖性的，而世界的灵魂则像世界的身体，是依赖性的。这一点足以表明，造物主与世界灵魂在种类上有着巨大的差别；造物主的永恒存在不同于世界灵魂的永恒存在，造物主的永恒存在是同一真相的另一面。再者，世界灵魂可能是理性的，但它不是一个人，不像造物主被塑造的形象。很难理解，为何这么多人愿意为造物主的人格化辩护。[③]从一开始，有思想的人

---

① 这些人有：W. Theiler（1），页 72；A. - J. Festugière II，页 104；P. Frutiger，页 206；G. S. Claghorn，页 119。

② 参 F. M. Cornford（5），页 361。

③ 康福德认为，造物者就是理性的象征 [（5），页 176]；Theiler 和 Festugière 认为，造物主就是世界灵魂的类似物；Th. -H. Martin（II，页 60 - 61）、P. Frutiger（页 206 - 207）、J. -M. Lagrange（*Revne thomiste* n. s. t. IX, 39（1926），页 196 - 199）、U. Von Wilamowitz-Moellendorff（页 597 - 598）以及某些其他人认为，造物主就是善的理念。然而，泰勒认为，造物主是"一个真正自我存在的存在者，是'最好的灵魂'，即神"[（3），页 71]。与此相反的观点，参 *Mind* XLVII（1938），页 180 - 199、页 321 - 330。

就认为，不求助于理智的统治概念，自然的运作就不可解释；①人类理智的作品相似于更高理智的作品，此类似性也就不是天真的。同理，我们似乎可以合理地推出，这种更高的理智就是人格化的，因为我们自己就是人。此类比是否公平或一致，是另一回事；它们经常被使用倒是日常观察的结果。柏拉图是个例外吗？除非指责他是十足的怀疑论者，对话中经常提到 ϑεός［神］，ὁ ϑεός［神］，οἱ ϑεοί［神们］，τὸ ϑεῖον［神］等等，这些词都明确表示，柏拉图相信，宇宙中具有神圣的施动者。

在《斐德若》中，我们读到，正是因为可以无限接近理式，诸神才具有神性，即永恒性（249C5－6）；在《蒂迈欧》中，造物主凝视理式，是永恒的，他被描述的方式会让我们以为他是一个［102］人格化的神。②在这两篇对话中，柏拉图试图对"实在"进行总体描述时，他至少提出了两种必须考虑的因素——永恒的范例性理念和某种人格化的神，

①　按照柏拉图的说法，νοῦς［理智］在阿纳克萨戈拉的宇宙论中起着重要作用，但他对它的叙述却完全不同。在《斐多》97B 以下，νοῦς［理智］仅被视为 *deus ex machina*［机械降神］，没有物理解释时就被拉来帮忙；然而，在《克拉提洛斯》413C5－7，νοῦς［理智］被描述为好像长在世界内部，对它的描述与对造物主的描述形成鲜明的对照：αὐτοκράτορα γὰρ αὐτὸν ὄντα καὶ οὐδένι μεμειγμένον πάντα φησὶν αὐτὸν κοσμεῖν τὰ πράγματα διὰ πάντων ἰόντα［因为他说，理性是自治的，不与任何事物混合，命令存在的事物，穿越一切事物］。另参 400a：καὶ τὴν τῶν ἄλλων ἁπάντων φύσιν οὐ πιστεύεις 'Αναξαγόρα νοῦν καὶ ψυχὴν εἶναι τὴν διακοσμοῦσαν καὶ ἔχουσαν［当你考虑一切其他事物的本性时怎样？难道你不会同意阿纳克萨戈拉的观点，即它被理智或者灵魂统治和维持？］；在这两段中，尤其是后者，似乎在强调世界的依赖性（与神的非依赖性形成对比）。另参 DK[12] B，25－6（Xenophanes），神通过心智来运作。

②　参 30C2 以下，29E1 以下，尤其 ἀγαϑός...οὐδέποτε ἐγγίγνεται φϑόνος［他是善的……没有一位善者会对任何东西产生妒忌］。参《斐多》63B7、《王制》379BC、《斐德若》247A7。其他对话也明确提及造物主和他的活动，参《王制》507C6－7、530A6，《智术师》265CE，《治邦者》273B。

后者与前者同样是永恒的，但又不同于它们。学者们试图去表明，这两者只是"实在"的两个方面，一个人格化，一个非人格化，但在我看来，这种做法似乎误解了他，将他的造物主与亚里士多德的第一推动者混淆起来。①没有迹象表明，理念是造物主的思想；理念的存在完全不同于造物主，甚至与之相对。②事实上，理念仍然是我们初次在《斐多》中见到的那个静止的"实在"，但我们已经明显意识到，它已不足以解释日常经验中变化着的活的世界，因而要引入人格化的灵魂和理智作为中介性因素。

毫无疑问，我们可以推出，人格化的理智，即造物主，本身就是一个灵魂，③但我认为，对话要把他的性质人格化，是为了强调。

---

① 参 A. Diès（1）II，页 553 – 554。最可能支持他观点的短语，参 29E3（παραπλήσια ἑνατῷ［像他自己］）。

② 参 30C2 以下。关于理念是神的思想的观念历史，参 A. Rich，页 123 –133。

③ 参整个有力的段落，29E1 以下，尤其 29E1 – 3。强调造物主是一个灵魂（ψυχή），参 A. E. Taylor（3），页 71。我们也得考虑另外三个段落：《蒂迈欧》30B3、《斐勒布》30C9 – 11 和《智者》249A4 – 8，这几段认为，没有灵魂（ψυχή），理智（νοῦς）便不能生成。对于 Cornford 和 Cherniss 这样的学者来说，造物主只是理智（νοῦς）的一个符号，这样说没有问题；因为我们几乎不会说，一个符号会有灵魂（尽管它代表的事物可能会有灵魂）。然而，R. Hackforth（遵循 Zeller，甚至之前的普罗克罗斯）最近提出，对柏拉图来说，理智（νοῦς）是比世界灵魂更为"终极"的原则［（1），页 4 – 9］。很可能，有一句话最能清楚地支持 Hackforth 的观点，即《斐勒布》28D，此处在 τὰ ξύμπαντα καὶ τόδε τὸ καλούμενον ὅλον［事物的总和或我们称为宇宙的东西］与 νοῦς καὶ φρόνησίς τις θαυμαστὴ συντάττουσα［由理智和一个惊人的理智统治］之间做出了区分。对于上面提到的三个段落，Hackforth 解释说，这些段落提到宇宙时，都说宇宙"拥有理智（νοῦς），而非就是νοῦς［理智］"。Hackforth 区分了内在的理性与超验的理性，这源自普罗克罗斯的《〈蒂迈欧〉笺释》122E（Diehl，页 1402/15 以下）的观点，他总结说："如果神要将他的善传给世界……如果理性要渗透这个 κίνησις［运动］和γένεσις［生成］的世界，就得通过灵魂（ψυχή）这个运动原则。"对这个观点的批评，参 H. Chernisss（5）附录 II 和 J. B. Skemp（1），页 114。

在另一篇对话《斐德若》中，各种形式的灵魂以照料各种形式的无灵魂的事物为己任（246B6），这似乎与柏拉图在此处说的宇宙中的总体预见有很大差距，此处有一个人格化的计划者，他努力说服必然，将大部分事物导向卓越。灵魂应照料身体，这一点似乎明朗起来，应作为这个更普遍的人格化预见的一部分。造物主塑造了低一级的诸神，把责任分配给 [103] 他们，这又一次表明，造物主才拥有最终控制权；他能够分配权力恰恰因为他有分配的权力。最后，虽然我们欣然同意，造物主和世界灵魂都表现出理智，两者都是灵魂，但我们必须把理智与这两个赋予了理智的灵魂区分开。对造物主来说，他的灵魂和理智不是被创造的，因而我们可以认为他是非依赖性的，而对世界灵魂及其理智来说，则是被（造物主）创造的，因而是依赖性的。区别在于，造物主与世界灵魂是种类上而非程度上的差别，而且显然不会被混淆。

我在另一语境下已经提到，《蒂迈欧》似乎没有确凿证据表明，灵魂乃运动的本源，而《斐德若》和《法义》则提出了这一专门的灵魂学说。①当然，《蒂迈欧》本身也不能证明，柏拉图没有形成这一学说。然而，我们在《斐多》和《王制》中得知了灵魂的本质和运作，用它们来解释《蒂迈欧》对宇宙灵魂或个人灵魂的叙述，就容易理解得多。我们也得承认，灵魂是一种生命原则的说法孕育了灵魂乃运动之本源的说法，因为生命与运动携手并进。②在这个阶段，专门的学说似乎还没有用清楚的语言表述出来，但灵魂即生命原则和认知原则的概念，已充分解释了这一专门学说的不同之处。在上

---

① 参上文，页 [95] 以下。

② 关于这一点，参 H. Cherniss（2）页 24 注释 26 和 H. Cherniss（5）页 428 – 429。

述任何一种情况下，把灵魂乃运动之本源的理论运用于前宇宙，都没什么意义。我们将发现，在《斐德若》和《法义》中，一切运动都由灵魂产生，但这似乎意味着，我们熟知的运动是在成形后的宇宙中的运动。然而，即便我们只讨论《蒂迈欧》中成形后的宇宙问题，我们谈的似乎仍然是两种不同种类的运动。因为在《蒂迈欧》中，世界灵魂尽管是纯理性的，但也只解释了天体理性的圆周运动；其他运动则是非理性的，由必然产生。然而，在柏拉图看来，非理性似乎是指，"自身没有被理智导向某种目的"：它们能够遵守自身非常易懂的机械规律，尤其在成形后的宇宙中。简而言之，两种观点的区别就在于，《蒂迈欧》完全没有把这种无目的性的运动归给灵魂，《斐德若》和《法义》则把它们归给了灵魂。如果我们坚持传统的看法，认为这三篇对话的写作顺序为 [104]《斐德若》—《蒂迈欧》—《法义》，我们必定会得出如下结论：柏拉图的思想在这个问题上有点自相矛盾。

我们已看到，有一种解决方案，就是把《斐德若》和《法义》中的学说，即灵魂乃运动的本源，与《法义》卷十中说的"与愚蠢为伴的灵魂"和"有智慧相助的灵魂"结合起来，用这两种说法来解释《蒂迈欧》说得很"含蓄"的观点。①这个方案主要的反对意见来自《蒂迈欧》文本本身；更一般的反对意见则认为，此方案有用后来的对话解释前面的对话之嫌。第二种方案比较极端，即恢复《蒂迈欧》在对话中自称的位置，也就是主张《蒂迈欧》的写作时间紧跟在《王制》之后。②这当然是个极有争议的举动，但是我尝试性地接受它，因为这似乎能让柏拉图的宇宙灵魂观有更加连贯的发

————————

① 参上文，页 [95] 以下。

② 参上文，页 [72] 以下，和《蒂迈欧》17A1 – 2。

展。必须承认，第二种方案是说服而非论证；有关灵魂论，或者别的任何事情，柏拉图都不会明白地声称自己的观点前后完全一致。如果我们想尽一切办法都得不到完全确凿的证据，就只能姑且相信他。欧文重新确定了写作年代，就成功地做到了这一点（至少就宇宙灵魂学而言）。

《蒂迈欧》关于个体灵魂有很多话说，《王制》卷四概括的灵魂三分仍然是柏拉图的基本立场。我们已经注意到，灵魂理性、不朽和神圣的部分，由造物主直接创造，灵魂两个较低的部分，则由造物主创造的更低的诸神创造。按照同样的恩培多克勒原则，有必要把灵魂引介为理念和感觉世界的中介。①我们也注意到，在天上的混合碗中，不朽的个体灵魂如何被单独特殊地混合起来，这表明，个体灵魂与世界灵魂有着本质区别，尽管它们大部分都非常相似。②但此刻，我们省略了这一段的另一个说法，即个体灵魂的混合物不如世界灵魂的混合物"纯粹"，事实上只是"第二等或第三等纯度"（《蒂迈欧》41D6-7）。这意味着什么，对话没有解释，但新柏拉图主义者罗班提出的阐释很难令人信服，他认为个体灵魂像堕落的天使，把个体灵魂贬低为世界灵魂的复制品。③这一说法似乎源自两个神话的合并，他把《斐德若》和《蒂迈欧》的神话拼在一起，[105]但这两个神话说的完全是两回事。在《斐德若》中，灵魂从最初的幸福状态堕落，它们在幸福状态中凝视理念，虽然经历出

---

① 参41C6-D7、42D7-E1 和42E6 以下；41C2-3、81A3-4（恩培多克勒原则）。

② 参上文，页［85］。

③ 参 L. Robin（1），页203（以及他的 *Phèdre*，cxxiii），M. Thévenaz 同意他的观点，页41 以下。

生之轮后，它们有望再重新获得幸福状态。①在《蒂迈欧》中，人的
灵魂是专门造来完善宇宙的；其最终目的显然未必是为了逃脱出生
之轮，而是经由过理性之人的生活，实现它在神圣计划中的作用
（《蒂迈欧》41B7 - C2）。罗班试着公平地对待两个神话，但事实上，
他的解释对两者都不公平。把"不那么纯粹"解释为"不完全理
性"，可能会更好地解释这个段落。因为，理性是世界灵魂最突出的
特征，而人类灵魂的不朽部分总会因为灵魂"较低的"两个部分和
身体感觉的强硬要求而受到干扰。在《蒂迈欧》44B4 - C4，回到理
性等于回到纯粹，此处使用了宗教密仪的用语，这让人想起《斐
多》，《斐多》把真正的净化视为理智的生活。②

　　《蒂迈欧》42E - 44D 概述了身体及其感觉对未成年的理性灵魂造
成的伤害，但我们得等到《蒂迈欧》69A 以下才能看到对灵魂"较
低"部分的详尽描述，而这部分内容我们在《王制》435C 以下就已经
有所了解。在这里，当灵魂与身体结合时，灵魂"较低"的部分就被描
述为灵魂"必要的"附属物，它们与理智相比，是可朽的（《蒂迈欧》
69C8 - D1，69D5 - 6，69C8）。身体对理智的有害影响值得全部引用：

　　……首先是快乐，恶的最大诱惑；其次是诸痛苦，诸善的逃
　　离者；再次是大胆和恐惧，两个不智的议事者；还有血气，不好
　　劝解的东西；以及希望，很好引诱的东西；他们［更低的诸神］
　　把它们与非理性感觉和无所畏惧的爱欲联合起来，以必然的方式

──────────

　　①　参《斐德若》247C 以下，248E 以下。堕落是从"最初"开始的，关
于这一点我遵循传统认可的观点，D. D. McGibbon 对此有所概括，页 56 - 63。
另有一种观点不同，参 R. S. Bluck (1) (2)。

　　②　参《斐多》67C2 - 3、69A6 以下，尤其 69B8 - C3。

造出了可朽的元素（《蒂迈欧》69C8 – D6）。

这个段落应该与《蒂迈欧》42A5 – B2 进行比较，后者表达了类似的观点，即不朽的灵魂与身体结合时碰到的困难也同样被视为"必要的"伴随物。如果造物主想让灵魂人格化，"必然"则会提出某些条件，造物主不会说服"必然"脱离这些条件。对于身体、身体的感觉和意愿产生的消极观点，让我们强烈地想起《斐多》，但接下来的段落（《蒂迈欧》69D – 72D）[106] 表明，讨论的问题仍然是《王制》卷四的灵魂三分说。不仅个体的灵魂拥有三个"部分"，而且如果我们就取文本的字面含义，灵魂的每个部分都被置于身体的一个特殊位置，不朽的理性部分在头部，血气部分在颈部和横膈膜之间，欲望部分在腹部（《蒂迈欧》69D6 以下）。似乎没有特殊的理由不让我们认真对待此事。不管恩培多克勒和亚里士多德观点如何，我们几乎用不着娴熟的医生来估计，大脑的损伤与推理能力的破坏，二者是否存在某种紧密的联系，我们通过自己的观察就足以得出结论说，激情的感受似乎源于肚子的频繁干扰。可以这样来解释《王制》的灵魂三"部分"，即当讲述非物质性（non-material）事物时，我们被迫不可避免地使用物质性语言，因为只有物质世界能作为我们描述的工具。然而，在《蒂迈欧》中，柏拉图似乎暗示，只要细心观察，就会发现有很多实际的理由，不仅可以证明灵魂有三个不同的"部分"，而且通过这些观察，可以发现这三部分位于身体的不同位置。

《王制》和《蒂迈欧》用来描述灵魂三个"部分"的用语非常相似，这一点在其他地方还会提及。①但是，也有一个显著的区别，

---

① 参下文，页 [120] 以下。

《蒂迈欧》把灵魂的可朽部分归给两个"较低的"部分。事实上，这意味着，世界灵魂与个体灵魂极其相似，因为真正不朽的个体灵魂被视为纯粹的理智。①按照这种观点，个体灵魂体现了《斐多》和《王制》所概括的灵魂特征；其本质上值得骄傲的卓越德性是理智（《斐多》），尽管其人格化的制作过程被表述为灵魂的三分（《王制》）。

在《蒂迈欧》中，柏拉图提出了感知方面的观点，这些观点证实了灵魂确实位于身体当中。例如，谈到视觉时，柏拉图用"运动"（κινήσεις）的传递来回答这个问题。这些"运动"通过身体到达灵魂（《蒂迈欧》45D1 – 3）。《蒂迈欧》73B 以下和 75A 出现了相同的说法，骨髓被视为生命物质，是灵魂的根源和固着地；我们再次有了一种"内在的"实体的灵魂。在［107］《蒂迈欧》75A3，他谈到"骨髓内的灵魂很少"；在《蒂迈欧》74E1，他说骨头被称为"赋有灵魂的"（ἔμψυχα）。似乎有些骨髓比其他骨髓有更多的灵魂和理智：例如，头脑的骨髓就不同于胳膊或腿的骨髓。如果态度认真，就得让一切骨髓与头脑、胸腔和腹部中所有灵魂的位置严丝合缝。灵魂位于身体当中，这个观点仍然有效，只不过现在认为，通过身体骨骼结构发现的骨髓成了这个观点的支柱。按照灵魂三分的描述，我们原本可以认为，腿没有灵魂，但新的说法却消除了这种可能的误解。这个说法也同样让我们想起《斐多》中的好几个观点：如果灵魂被设想为一种生命原则，它就应该与身体所有部分一样，是"活的"，占据同样的空间范围，②不只占据头部、胸部和腹部。

---

① 参 69CD、41CD。有人认为《王制》611B 以下提到了这种观点，但我反驳了这一点。参上文，页［50］-［54］。

② 参《斐多》67C7 – 8、84C4 以下、80E2 以下

　　离开《蒂迈欧》之前，我们还得检查 86B 以下一个显著的段落，这一段处理了灵魂因身体原因而生病的情况，之所以生病，要么是因为身体体质不好，要么是因为教育不当。泰勒将这段话解释为纯粹简单的决定论，他认为这段话与严肃的柏拉图学说没有关系，认为这只是蒂迈欧本人的观点。①我们必须承认，段落中大部分语言读起来确实像决定论。尤其《蒂迈欧》86DE 和 87AB，如果我们把这两段从语境中抽出来，似乎可以毫不客气地说，没有人自愿为坏，他之所以坏，要么是因为"身体体质不好"，要么是因为"教育不当"（《蒂迈欧》86E1－2）。也就是说，坏的责任得归给父母而不是孩子，归给教育者而不是被教育者。"一般而言"（καὶ σχεδὸν δὴ πάντα，《蒂迈欧》86D5－6），这个词虽比较谨慎，但也无法反驳这些段落明显的决定论。我们要想让柏拉图摆脱这种指责，就得强调一般的语境。他花了一些时间来讨论身体的疾病，也很自然地从身体的疾病转到了因身体原因而造成的灵魂的疾病。语境是生物性的，康福德认为，柏拉图关于这个问题的道德含义只能参考其他对话才能知晓。②这可能有道理，但柏拉图似乎还是在［108］生物学的兴趣下提出某种折中的说法。康福德写到，"他没有说，所有精神错乱都是因为身体原因"。③柏拉图确实没有这样说；但是看到下面的句子，如果有人这么假设，又有什么可指责的呢？

　　没有人自愿为坏，坏人之所以坏，乃是因为身体不良的习

---

　　①　参 A. E. Taylor（3），页 613－614。Taylor 认为这一段涉及决定论，持同样观点的，在他之前有 Th.-H. Martin，II，页 365 以下；在他之后有 W. F. R. Hardie，页 134。

　　②　参 F. M. Cornford（5），页 347。

　　③　同上。页 346。

惯和无知的养育。这些事情人人为之苦恼，因为它们发生在这个人身上，有违其意愿（《蒂迈欧》86D7－E3）。

或者

　　……除此之外，倘若这种坏人在城邦中构成了政府坏的体制，且公私场合下都是坏的言论，加上人们从儿童时代起就缺乏可以抵制这些坏的教育，那么我们这些坏人就因为两种违背其意愿的原因而变坏了（《蒂迈欧》87A7－B4）。

"两种原因"似乎是指上面提到的"身体不良的习惯"和"无知的教育"。

然而，审查之后，我们会发现，这两种说法并没有初看上去的那么有力。按这两种说法，本质上没有人能选择他的身体构造或培养方式，如果其中之一不完美，受害者就有变坏的倾向，而较幸运之人则幸免于此。这两种说法也强调，如果发现有人是坏人，就会发现这两个原因就是事情的根源。这些解释都很有道理，只要我们不把"坏的"和"坏"理解为公开和有意的道德邪恶。"恶"（*κακία*）意味着或大或小地偏离了身体美和精神善的标准，此标准可以让好人好。"恶"能描述一种状态，也能描述一种态度，或者用更学院派的术语来说，可以描述实质性的恶和形式上的恶。① 它未必普遍地指涉公开和自愿的恶。柏拉图在这里似乎谈的是广泛意义上的恶

_____

　　① 例如，我们可以说，一个无辜之人遭遇暴力、不当和意外的死亡是一种恶。这可能是由一颗谋杀的子弹或者一场车祸引起。在这种情况下，谋杀的行为会是形式上的*κακόν*［恶］；造成车祸的人（假定不应该怪罪他）是实质性的*κακόν*［恶］，因为他的行为不知不觉导致的事态是一种*κακία*［恶］。

（*κακία*）。我认为，[109]《蒂迈欧》87B7－8 处的说法可以表明这一点，"一个人应该竭尽全力通过教育、工作和学习来逃脱坏，并获得其反面"。如果一个人完全被身体原因控制，这个说法就毫无意义。这句话可能是说，一个人由于天生的缺陷和教育不足，因而不自觉地受制于的（实质的）恶（*κακία*），但他可以通过自身的道德努力使部分的恶（非全部的恶）得到补救。如果他变成（形式上的）恶（*κακία*）——公开和自愿的恶——就意味着他没有努力去控制这些缺陷。按照这种解释，天生的缺陷和教育不足就是两种"非自愿的原因"（*ἀκουσιώτατα*《蒂迈欧》87B4），是一切实质恶或形式恶的基础，这两种情况都没有暗示决定论学说。在实质恶的情况下，没有出现道德选择的问题，因而不涉及决定论问题；在形式恶的情况下，道德选择的自由得到肯定，因而决定论不予考虑。总之，上面提到的两种说法，一种（《蒂迈欧》87A7－B4）明显肯定决定论，一种（《蒂迈欧》87B7－8）则肯定道德选择和道德努力的自由，但首先得承认这两种说法互补且并不矛盾。泰勒淡化了第二种说法，仅仅理解恶（*κακία*）的实质含义，似乎误解了整个段落。倘若要在柏拉图的著作中寻找决定论，到《王制》卷十比较容易找到，柏拉图在那里讨论了生活方式的选择问题。"责任在于选择者——神不担责任"（《蒂迈欧》617E4－5），尽管这句话经常被引用，但事实上，灵魂在选择生活方式时，缺少了一个很小却很重要的信息，因此假定的"自由选择"倒成了盲目的冒险。①

在这段话中，可能最能反驳决定论的论证藏在接下来的几页假

① 参 Th.－H. Martin II，页 366－367。亚里士多德对选择和道德责任的讨论，参《尼各马可伦理学》（*Nicomachean Ethics* III，5，1113B2 以下）。

设中（《蒂迈欧》87B－90D）。这几页提供了一系列弥补措施，用来纠正灵魂对身体的不当影响和身体对灵魂的不当影响，想在两者之间建立一个正确的平衡和比例。这个想法，连同对"照料灵魂"的强调，尤其对灵魂神圣和不朽部分的强调，都没有补充我们在《申辩》《斐多》和《王制》中无从得知的观点。但是，这个想法含蓄地假设，得用人的力量将必要的弥补手段用在自己身上，以做出某种调整。如何做到这一点，《蒂迈欧》90C7－D7有所重申；天体永恒的理性运动是模型，人借由它纠正自身偏离的运动，使其恢复秩序。

[110] 我认为，通过以上分析，我们可以总结说：在某些时候，柏拉图确信，非灵魂因素在性格形成过程中（至少在早期）发挥着重要作用，但这一点导致他言过其实，容易给人误导。然而，倘若我们仔细审查语境，以及同一段落中不同性质的各种说法，我们又会得出如下结论：对于《蒂迈欧》中的柏拉图来说，人尽管会遇到重重阻碍，但终究是一个自由的道德主体。

第六章 《斐德若》

[111] 关于灵魂不朽，《斐德若》245C – 246A 有一段最精炼、最深奥的论证。在这一段，"灵魂"究竟指的是整体灵魂①还是个体灵魂，并不清楚；②有可能两者都不是，而仅仅是指"各种形式的灵魂"。③当然，接下来的泛泛而论会让我们得出如下结论：如果我们遵守 245C2 – 4 限定的特征——"首先……得讨论灵魂的本质，神的灵魂和人的灵魂，灵魂的经历和活动"，我们还是应该把"灵魂"理解为"理性灵魂"，或灵魂的理性部分。要说这种描述有何意义，"所有灵魂"（πᾶσα ψυχή）就不可能是指世界灵魂（Posidonius 语），也不可能包括苍蝇的灵魂（Harpocration 语）。它必定是理性灵魂，如赫米亚斯（Hermias）的理解，④这种神性（θεῖόν τι）为神和人共有（《蒂迈欧》41C7，69C3）。

---

① 参 A. -J. Festugière (2)，页 21，Posidonius 就认为，论证指的是世界灵魂。
② 参 P. Frutiger，页 130 – 134。
③ 参 J. B. Skemp (1)，页 3 注释 1，和 A. -J. Festugière (5)，页 496。
④ 参 Herm 对《斐德若》此处的笺释。

直到最近，学者们都一直认为，灵魂不朽的论证源自灵魂"永恒运动"（ἀεικίνητος，《斐德若》245C5）之说。然而，俄克喜林库斯纸沙草（Oxyrhynchus papyrus）的发现则说服了罗班，因为上面把这个词理解为"自我运动"（αὐτοκίνητος）。①这样理解让论证更为合理，罗班把这个词恰当地编入了比代本（Budé text）。这一做法得到很多拥护者，其中比较突出的有沃尔格拉夫（Vollgraff），比尼奥内（Bignone）、帕斯夸里（Pasquali）、米勒（Müller）、罗斯（Ross），还有最近的阿克里尔（Ackrill）。②当然，如果我们把这个词理解为"自我运动"，就可以把复杂的论证简化为亚里士多德三段论的第一式，但这样做本身可能会受到质疑。正如迪亚诺（Diano）指出，[112]"自我运动"（αὐτοκίνητος）这个词并没有在柏拉图其他著作中出现过；③首次确切使用这个词的地方是亚里士多德的《物理学》（Physics）VIII, 5, 258A2。柏拉图倾向于用"自我推动之物"（τὸ αὐτὸ ἑαυτὸ κινοῦν）这样的词。也有可能，"自我运动"（αὐτοκίνητος）是某个笺注者的注释，喜欢把柏拉图比较松散的论证化减为更简练、得体，更有逻辑的形式。

---

① 参 *Oxyrhynchus Papyrus*，1017。

② 参考书目和评论（关于这些人和 L. Robin），参 C. Diano，页 189 – 192。关于 J. L. Ackrill 的评论，参 *Mind* LXII（1953），页 278。

③ 参 C. Diano，页 190 以下。这个主题最近的一些评论，参 H. Cherniss (1)，页 137。罗班提出"自我运动"（αὐτοκίνητος）的论证，对他批评得最厉害的就是 Diano，W. J. Verdenius (3) 页 276 遵循了 Diano 的观点。罗班把开头几行写成亚里士多德式的三段论，认为 245C6 的 δέ 表示相反，245C7 的 δή 表示连续（参他在此处的翻译，Budé 本）。Diano 指出，δέ 同样可以表递进，δή 可以表强调，这就极大地改变了论证的性质。正如 Diano 认为，245C5 的短语 τὸ γὰρ ἀεικίνητον ἀθάνατον [不朽的永恒运动]，实际上是个定义（页 191）。严格来说，这是论证的结论，而不是起点。它以文本定义的方式，令人惊异地放在开头，起到了很好的效果；接下来，就是对其所含内容的 explicatio [解释] 和 probatio [说明]。

尽管如此，我还是认为，最初把这个词理解为"永恒运动"的看法值得辩护。对此，我进行了一系列冗长的论证：

引言（简洁的论题）

一切灵魂皆不朽，灵魂作永恒运动，永恒运动之物皆不朽（《斐德若》245C5）。

"永恒运动"的含义和言外之意可以通过两个论证来呈现：

论证一

第一，说某物作永恒运动就是说某物也做自我运动（《斐德若》245C5 – 9）。

第二，因为（1）如果它不做自我运动，生命和运动就会停止（《斐德若》245C6 – 7）；（2）如果它作自我运动，运动就绝不会停止，因为自我运动之物永远不会与自身（《斐德若》245C7 – 8）"脱离"（《斐德若》245C8）。

第三，未言明的结论：自我运动与永恒运动同为一物，可能皆为不朽。参短语"永不会停止运动"（《斐德若》245C7 – 8）。

论证二

第一，永恒运动并非生成之物，因为它是一个运动原则（或开端 – ἀρχή，《斐德若》245D1）。（《斐德若》245D3 对"原则"概念的解释就暗示了这一点。）

第二，作为原则，它也不会被毁坏（《斐德若》245D3 – 4）。（《斐德若》245D4 – 6 对原则概念的解释应该也暗示了这一点。）

第三个论证是把前两个论证的结果联系起来，[113]另外用了很多不可能的（per impossible）考虑来证实这些结果。论证如下：

论证三

第一，结果（*οὕτω*，《斐德若》245D6），"运动原则"与"自我推动之物"同为一物（因为二者皆等同于永恒运动之物，《斐德若》245D6 –7）。

第二，这意味着：（1）它不会被消灭；（2）它永不能生成（《斐德若》245D7 –8）。参上文《斐德若》245D1 –4。

第三，倘若不是如此，想想后果会多么奇怪（《斐德若》245D8 –E2)！

这些结果现在都用到了灵魂自身的概念上，最后的论证如下：

论证四

第一，我们已经看到，自我运动不朽（即论证一结尾的暗示，《斐德若》245E2 –3）。

第二，这将意味着灵魂也不朽（《斐德若》245E3 –4）。因为（1）身体的运动来自外部，它没有灵魂（《斐德若》245E4 –5）；（2）灵魂有来自内部的运动，这就是灵魂的本质（《斐德若》245E5 –6）。

第三，因此，我们必须下结论说，自我运动与灵魂同为一物；（从《斐德若》245D1 –4 和 245D7 –8）而且也可推知，灵魂因此也必定是"非生成和不朽的"（《斐德若》245E6 –246A2）。

哈克福斯为"永恒运动"辩护时，假设它是个"荣耀"（*ἔνδοξον*），[1]并以此为大前提。这样一来，他的解释就不太正确，因为大部分论证都得用来阐明何为"荣耀"，并概述"荣耀"的含义。用阿克里尔的话说，"［大前提］能很好地表达主要论证需要的命题，虽然它自身也需要从属证明来确立"。[2]他认为，这个"从属证明"分三个步骤：（1）永恒运动

---

[1]　参 R. Hackforth（7），页 65。
[2]　参 J. L. Ackrill，页 278。

即自我运动（《斐德若》245C5–8）；（2）自我运动不朽（《斐德若》245C5–E2）；（3）灵魂即自我运动，因此灵魂不朽（《斐德若》245E5以下）。按照我自己对这一段的阐释，前两步无可置疑，每步都足以确立自我运动和永恒运动的不朽。但是，柏拉图更强调它们合在一起证明不朽的可能性而不是它们各自证明不朽的可能性（参论证三第一、二），所以我加了一个论证，证明赫米亚斯所谓不可能的（*per impossible*）论证（论证三第三）。①于是，结果适用于灵魂。

许多人指出，这个论证［114］与《斐多》最后论证的灵魂不朽有很多共同之处。②不过，《斐多》中的论证源于柏拉图自创的形

———————

① 参赫米亚斯对此处的注解。

② 这两个论证的相似性，参 R. Hackforth（7），页 68，他谈到 Skemp、Frutiger 和 Bury。另外要加上 H. Cherniss（5）页 435–438 和 H. Cherniss（3）页 208。这些学者理所当然地认为，柏拉图关于灵魂运动的观点源于他对生物的观察。然而，A. –J. Festugière 则认为，柏拉图的观点源于"古希腊人对天体运动规律的发现"［"la découverte purement grecque de la régularité des movement célestes"，（2），页 21］。在这一点上，V. Martin 追随他（页 116），他也同意某些中肯的意见（页 117）。如果这种猜测正确，其推理的思路似乎如下：（1）天体的旋转（χυχλοφορία）展现了理智（νοῦς）的运作（《蒂迈欧》各处）；（2）理智（νοῦς）不能来自灵魂（ψυχή）（《蒂迈欧》30B3、《智术师》249A4–8）；（3）因此，灵魂（ψυχή）和理智（νοῦς）是天体运动的起因；（4）同理，此推理也适用于所有理性灵魂（λογιχαì ψυχαí），天上的灵魂或者其他灵魂。倘若这个论证真的代表了柏拉图的思想，那它的力量就体现于，它解释了理性灵魂（λογιχή ψυχή）的运动能力（参上文，页［111］注释4）——显然是《斐德若》中讨论的唯一的灵魂（ψυχή）。然而，在《法义》中，作为运动的本源的灵魂（ψυχή）比理性灵魂（λογιχή ψυχή）的范围更为广阔；它本身是中性的，只在"有理智相助"（νοῦν προσλαβοῦσα）或者"与愚蠢为伴"（ἀνοία συγγενομένη）时才具有伦理色彩。这似乎强调了灵魂作为生命原则的性质，即一切活动的必要条件（sine qua non），不管是好的还是坏的活动（参 V. Martin，页 120），而没有强调灵魂以理智（νοῦς）和关心（ἐπιμέλεια）为特征的本质（《斐德若》的观点），Festugière 在此处的解释不太适合。

而上学,《斐德若》的论证则更有经验论色彩,且深深扎根于前苏格拉底传统。①但柏拉图也花了很大力气来解决《斐多》的灵魂学引出的困难。在《斐多》中,灵魂等同于理念,不动的理智世界与受制于运动的可感事物的世界之间有着巨大的鸿沟,这意味着我们在这个运动世界中的体验还不足以解释灵魂。在《斐多》中,柏拉图发现自己被迫面对整个哲学传统,为他新生的形而上学辩护;一切活物和运动的基本属性都被悄悄搁置起来,只有他才能识别出静止、同质、不变的实体,这种实体的不朽性有待他证明。现在,灵魂被视为运动或者活动的本源,因而更能均衡地理解它的真实本质。当然,这并不是说,运动的概念在《斐德若》中如同晴天霹雳。这个概念隐含在《斐多》和《王制》中,灵魂当时被视为生命原则,[115] 与生命的理念密切相关;②很不幸,这种概念采用了与其他几个概念一样的术语,但它们其实并不相称——比如,灵魂类似于静

---

① 关于恩培多克勒、阿尔克迈翁 (Alcmaeon)、毕达戈拉斯派对 $\varkappa\iota\nu\eta\sigma\iota\varsigma$ [运动] 学说的研究,参 J. B. Skemp (1) [他关于阿尔克迈翁的观点受到A. -J. Festugiere (5) 59 – 65 的批评]。我认为, H. C. Baldry 页 27 – 34 令人信服地证明,阿纳克西曼德将世界视为一个活的生物,在许多方面像个胎儿。关于灵魂即运动的本源的说法,参阿尔克迈翁、阿纳克萨戈拉和阿波罗尼亚的第欧根尼 (Diogenes of Apollonia) 的叙述,参 A. Diès (1) II536。关于亚里士多德对前苏格拉底思想家对灵魂即运动观点所持的看法,参《论动物》403B24 以下和405A4 以下,比较《物理学》(Physics, VIII, 9, 264B17 – 266A5)。

② 参 H. Cherniss (5),页 435 – 438。在我看来,他把《斐多》最后的证据与《斐德若》中的证据联系起来,把"生命理念"等同于"运动理念",似乎有点言过其实。比较 H. Cherniss (3) 页 208 的观点,Cherniss 认为,自我运动的概念早在《卡尔米德》168E 就有了。然而,有了一个概念也未必能发现它的含义。如果柏拉图写作《斐多》时确实发现了"生命理念"的所有含义,那么很难想象,他还会描绘灵魂 ($\psi\upsilon\chi\eta$) 静止的图像。不同的观点,参 G. Müller,页 79 – 80。

止的理念①——我们由此下结论说，柏拉图那时还没有完全意识到他
所主张的含义。

各种形式的灵魂都作永恒的运动，对话说完这一点，我们就读
到："所有灵魂都会照料无生命之物，游历整个宇宙，变化着各种形
式。"（《斐德若》246B6－7）"所有灵魂"，这个短语所指何意，我
们遇到了跟之前一样的困难。罗班认为它指的是单个人的灵魂，倘
若他正确，论证就会很便利，②因为接下来的整段话都在描写灵魂处于
个体的状态。③其他人，如弗鲁提格尔（Frutiger）则认为，ψυχὴ πᾶσα
用在这里，指的是整体含义：总的灵魂"照料"总的无生命之物。④
但是，柏拉图是不是特别喜欢区分灵魂的整体含义与个体含义，我
们不太清楚：比如《斐德若》245C，他的说法非常笼统，此处的
ψυχὴ πᾶσα与前面一样，最好译为"各种形式的灵魂"。⑤如果这样翻
译正确，柏拉图就是在说，任何一个灵魂的特征，都是去照料失去
灵魂的事物。这一点是新的。在《斐多》中，灵魂在身体与灵魂的结
合体中处于主导地位，且每一次与身体结合都很勉强。这种尖锐的灵
魂二分法在《王制》中得到了缓和，灵魂中较为粗鄙的欲望找到了一
个合理的位置。我们可以说，灵魂的正义状态，即灵魂各部分各司其
职、和谐运作，就是灵魂的理性部分为整个灵魂的好处给予了照料和

---

① 比如，《斐多》80B1 以下。

② 参 Budé 本译文："总是灵魂负责……"等等（"c'est toujours une âme qui
a charge……"）。

③ 246C1 以下。这个观点证明罗班自己是困惑的，因为在其他地方他认为
πᾶσα ψυχή和πᾶν τὸ ἄψυχον分别指世界的灵魂和世界的身体，L. Robin (2)，页139。

④ 参 P. Frutiger，页 130－134。

⑤ 参 J. B. Skemp (1)，页 3 注释 1；A. -J. Festugière (5)，页 496－497。
另参 O. Regenbogen，页 204。

事先考虑的状态。但这种照料局限于人的灵魂，是内向型的，而在
《斐德若》中，［116］这据说是所有灵魂的特征，而且显然是外向型
的，在范围上具有普遍性。然而，"灵魂"也明显仅仅指智性灵魂；
尽管植物和动物也有灵魂，却不在讨论范围内。

　　强调灵魂的"照料"，与《斐德若》246E5 - 6 的说法有很多共
同之处，那里说到宙斯"安排和照料所有事物"。这可能不会令人吃
惊，但柏拉图的推论却意义重大。如果灵魂分享了诸神的神性，也
就分享了它们的照料（《斐德若》246B6 - 7）。这个观点对正确理解
《蒂迈欧》非常重要，①在《法义》中也会有所发展。②在《克拉提洛
斯》400A 中，这个观点归给了阿纳克萨戈拉，说灵魂的理智保存、
支撑和命令所有的事物。

　　灵魂即运动原则，这个观点在柏拉图思想中具有里程碑式的意
义，有关运动的宇宙论论证，其直接的原型则首先由亚里士多德提
出来，③阿奎纳（Aquinas）紧随其后。④柏拉图的观点可能更好，因为

---

①　尤其参 34C4 - 5，关于世界灵魂与世界身体的关系。

②　参下文，页［148］以下。

③　参 Aristole，《物理学》（*Physics*，241B34 - 242A54，其他文本为 241B24
以下）。另参《形而上学》（*Metaphysics*，1071B3 - 22）。

④　Aquinas，《神学大全》（*Summa Theologiae* pars，1a，quaest. 2，art. 3）谈到
"首要的是从运动出发的证明"（prima et manifestior via quae sumitur ex parte motus）。
参《反异教大全》（*Summa contra Gentiles*，cap. 13）和《亚里士多德〈物理学〉笺
释》（*Commentarium in Physicorum Aristotelis*，liber VII，cap. I，lectio 1）。（进一步参
考书目：E. Krebs，《托马斯·阿奎纳，上帝存在的证据》［*Thomas von Aquin，Texte
zum Gottesbeweis*，Bonn，1921］。）文学作品中同样的主题，参《天堂篇》开头几行：
"万物的原动者的荣光照彻宇宙"（"La Gloria di Colui che move/per l'universo pene-
trae risplende/in una piu e meno altrove"）。

它包含了某种有远见的关照及支撑所有事物的概念。①即便这些观点
是新的，也并不意味着就要抛弃早先的观点。比如，在《斐多》中，
灵魂是被囚禁的理智；而在这里，它就像困在壳中的牡蛎（《斐多》
82E3，《斐德若》250C6）。在《斐多》中，强调灵魂的理性方面，
故导致把灵魂与理性等同起来；在《斐德若》中，同样的事发生在
许多场合。②哲学德性与普通德性的区分仍然有效（《斐德若》249A，
256E），如同回忆说仍然适用一样（《斐德若》249E），柏拉图也仍
然在灵魂的二分与三分之间摇摆。比如，在237DE，我们读到，我
们内部有两种主导原则，一种是"天生的，对快乐的欲望"，一种是
"习得的，朝向最好事物的判断"。这两种原则，"有时候一致，有
时候有分歧"（《斐德若》237D9 – E1）。在早期的对话《王制》中，
柏拉图就非常专业得使用了"判断"（δόξα）一词（477D 以下），但
在这里，他似乎将其还原到［117］更流行的用法：似乎指的是照料
和反思的状态，这种状态可能会抑制和阻止及时行乐的内在冲动。
我们在《高尔吉亚》和《王制》前面部分就看到过这种流行的灵魂
二分法。说它流行，可能是因为苏格拉底把整个学说放到了"一个
狡猾的爱欲者"（αἰμύλος τις ἐραστής）嘴里。③这种观点，虽然承认灵
魂确实享有某些快乐，但仍然有些贬低快乐，要注意，在对话其余
部分，即使柏拉图似乎用灵魂三分来谈论的时候，他还是坚定地把
代表最低部分的黑马视为恶（《斐德若》253E 以下）。这让我们想起
《王制》588C 以下的多头怪兽，只是在《王制》中，欲望部分在灵
魂的正确运作中发挥着明确合理的作用。在《斐德若》的神话中，

---

① 参 J. B. Skemp（1），页 6；R. Hackforth（7），页 68。
② 参《斐多》67C3；《斐德若》239A5、239C1、249C5。
③ 参《斐德若》237B3 – 4。参 R. Hackforth（7）对此处的解释。

嘴上说灵魂三分，称好马为"爱荣誉者"和"真实 *δόξα*［意见］的朋友"（《斐德若》253D6－7），实际上好马与御马者无法区分。他们的欲望和目的难免一致，并未暗示《王制》卷八描述的反叛。在此世，他们的关系是真的，二者联合起来克制贪欲（《斐德若》254A 以下）；在"天体之外"，他们的关系也是真的，二者联合起来努力瞥见永恒的理念（《斐德若》247B）。欲望并非不可控；好人能克制它们（《斐德若》247B，254E）。但是，欲望总是倾向于搞破坏。这个事实，再加上好马和御马者缺乏基本的区分，就会让我们怀疑，柏拉图基本上仍然赞同流行的灵魂二分观（首先出现在《高尔吉亚》中），把灵魂分为一系列的欲望和一个反思原则。

　　总之，与《斐德若》提出的观点略微不同，其他对话都主张哲人"近似于神"，这个差异可能比较重要。在早期对话中，模仿的模型是理念世界（《斐多》79D，《王制》500BC）；而在《斐德若》中，则强调灵魂的生命和运动，神（deity）才是天体之外的灵魂伴侣（《斐德若》252E7 以下）。这表明，模仿的模型现在是活的、运动的，也是神圣的（即理念之外的东西）。乍一看，这似乎是想解决《斐多》和《王制》提出的"两个世界"问题。然而，神们却被明确表述为，是因为"接近"理念才获得神性（《斐德若》249C6），所以问题实际上并未解决，虽然现在提升［118］到了天体层面。更重要的是，倘若灵魂自身（更不用说神）真是运动的原则，且做着永恒的运动，我们在上面看到的个体的神——现在成了模仿的对象，即理念的有效原因和示范原因（如《王制》所示）——就开始显得有点多余。《王制》其实已经暗示了这一点，《王制》把宇宙中的有效原因归给造物主，同时也归给善的理念（参上文，页 66－7）。《蒂迈欧》在理念的示范原因与造物主和低等诸神的有效原因之间做

出了明确区分，使得事情明朗一些。最终，在《斐德若》中，灵魂
自主运动的学说表明了为何最好把神（或诸神）视为总体事物的有
效原因。因为，神就是灵魂，而灵魂（按照定义）就是有效原因。
但这不意味着，柏拉图打算承认理念是多余的。理念现在只起"示
范"作用，但这一作用以最引人注目的方式得到重申，即宣称诸神
是因为"接近"理念才具有神性。就连《蒂迈欧》也没有给我们如
此坚定的重申。

第七章　灵魂三分、灵魂不朽与来世

一　灵魂三分

（灵魂在《蒂迈欧》和《斐德若》中独特性）

[119] 除了《王制》，还有两篇对话详细提出了灵魂三分，即《蒂迈欧》和《斐德若》。这两篇对话中强调的重点，都做了一两处明显的改变，尽管三篇对话都有犹豫之处。《王制》中的犹豫我们已经讨论过了。《斐德若》也表达了同样的犹豫。要发现灵魂的本质（*οἷόν ἐστι*），"说来话长，只有神最能说明白"（《斐德若》246A4－5）。正如善之理念，我们也只能以比喻（*ᾧ ἔοικεν*，《斐德若》246A5）的方式接近它，这符合我们人类的局限。《蒂迈欧》中也是如此，叙述完人的灵魂三分，对话就告诉我们，只有神同意，我们才有把握肯定这种观点（《蒂迈欧》72D6）；对话提供的是一种"近似的"叙述，这符合总体的论点，即认为对话是一个"近似的故事"（《蒂迈欧》72D7，29D2）。

经过这样的介绍，我们现在可以转向这两篇对话的叙述。《蒂迈欧》41C 以下和 44D–45B 大致叙述了造物主如何创造灵魂的不朽部分，以及更低的诸神如何将其置入头部。这部分被称作不朽的、神圣的，是那些支持神的人和正义者灵魂中的主导部分。据说，这部分由造物主直接创造，造物主因此参与了（这部分的）生命，所以这部分等同于神。①造物主委派给被造的诸神一个任务，给这部分再增加一个所谓可朽的部分（《蒂迈欧》41D1），69C 以下便描述了这一过程。把灵魂分为可朽与不朽两部分，这［120］符合整篇对话的二分法，柏拉图通篇都在尽力区分生成的世界与理念的世界，前者短暂而可朽，后者真实存在且不朽。尽管他对灵魂做了进一步细分（《蒂迈欧》69E 以下），但基本还是强调可朽部分与不朽部分的二分，这是灵魂具有双重地位的基础，也是灵魂能够弥合真实存在的世界与类似存在的世界之间的空隙的原因。在《蒂迈欧》69C7–8，灵魂的"其他部分"被介绍为"另一种形式的……可朽部分"，而后我们两次读到灵魂的"可朽类型"，"神圣部分"如何不能被"可朽部分"的存在玷污（69D5–E4）。在这个阶段，"可朽的形式"进一步被分为"较好"部分和"较差"部分（69E5），这很容易让人想起《王制》卷四中灵魂的"血气部分"和"欲望部分"。这一段详细描述了"较好"部分和"较差"部分，结尾的时候与开头一样，用灵魂二分的方式把灵魂分为可朽与不朽（72D4 以下）。

当然，这并不是说，柏拉图不再相信三分，只是在政治事务不占显著地位的对话中，这种观念不用那么突出。在《王制》中，灵魂的三个部分都涉及他讲述的主要德性；而在此处，两个较低部分

---

① 参 41C2–3。这个暗示很明显，虽然没有直接明说。

共同的可朽性更重要，区分它们的差异性则不那么重要。69D 描述了它们共同具有"可朽形式"的特征，读起来就像《斐多》中列出的身体之需和同样可朽的经验，它们也在干扰不朽的灵魂（65C6 - 9，83B6 - 7）。这些段落都在强调人类活动的可朽部分，灵魂"血气部分"和"欲望部分"的特征总被视为构成了单独的一组。它们有被明确分开的时候，正如《王制》那样，但我已经表明，这是为了适应特殊的政治类比。① 就连《蒂迈欧》也有一些这样的证据（尽管其主题与政治风马牛不相及）。因为，柏拉图用了一组比喻来描述灵魂"血气部分"的活动，这组词来自城邦和军事系统，而且暗示了一种像微型城邦一样的灵魂观，与《王制》概括的观点相同。我们只需指出，"禁令"（ἐπίταγμα）、"传达消息"（παραγγέλλειν）、"守卫室"（ἡ δορυφορικὴ οἴκησις）这些词都具有军事味道，或者诸如"计划"（βουλεύεσθαι）、"好争吵"（φιλόνικον），和"堡垒"（ἀκρόπολις）等词明显呼应了《王制》的用语。② 因此，即使现在处于生物学语境，柏拉图也 [121] 显然得去其他地方寻找灵感。如果这种分析正确，《蒂迈欧》中灵魂的"血气部分"也依赖于同样薄弱的基础，正如《王制》中对应的部分一样，这一点便很好地解释了两篇对话中的犹豫之处。

　　有人提出，灵魂的三个部分都刻板而明确地分配到了身体的具体部位，表明柏拉图笃信灵魂三分说，尤其涉及一个生物学而非政治学的语境。对此，我们可以回答说，凡明显信服灵魂三分说的，都是政治类比的结果，这种类比仍然深深地印在柏拉图头脑中，用

---

① 参上文，页 [42] 以下。

② 参 70A6、70B4、70B2、70E6 - 7、70A3。

来描述"血气部分"的比喻（上文已引）可以证明这一点。至于所谓的灵魂三分，事实上更公平地说就是二分，是对二分的进一步细分。脖子被视为地峡，分开灵魂的两个重要部分，即"不朽的形式"与"可朽的形式"，①任何进一步细分都不能与这最初的划分相比。尽管如此，《蒂迈欧》在思想和语言上仍然大量保留了与《王制》相似的地方。例如，在《蒂迈欧》70E4，"欲望部分"被称为"野兽"（参《王制》588C9），人类要想存在，就有必要（ἀναγκαῖον）喂养它，同时要缚住它，这种观点类似于《王制》558D5对"有必要的"欲望的看法。《蒂迈欧》70B8用评论的语言把理性灵魂描述为"最好的"，而把另外两个部分描述为"更好的"和"更差的"（彼此相对而言），这也是《王制》的一个显著特点。②因此，《王制》中φιλο-［爱］的复合词表明，最好把"各部分"翻译为"各动力"，③这也有相应之处，即《蒂迈欧》把"血气部分"描述为"爱争吵的部分"（70A3）。

　　这一切都表明，《王制》表达的观点深深影响了柏拉图；这一切也可以用来支持欧文的观点（我暂时同意），他认为《蒂迈欧》和

---

　　①　参69A1。关于《蒂迈欧》个体灵魂学基本的二元论，参 R. Hackforth (7)页41和 S. Pétrement 页59。亚里士多德似乎在《论动物》432A25－26区分了柏拉图的三分灵魂学与许多人赞成的二分灵魂学，并且在《尼各马可伦理学》1102A26的ἐξωτερικοὶ λόγοι［普通讨论］中，把二分灵魂学描述为当时流行的一种观点。尽管如此，《大伦理学》（*Magna Moralia* 1，1182A23）的作者却认为，柏拉图将灵魂分为τὸ λόγον ἔχον［有逻各斯的］和τὸ ἄλογον［无逻各斯的］。正如希克斯（Hicks）认为（注意《论动物》432A26），这两种观点并非不可调和：灵魂三分最终基于θνητόν［有死］与ἀθάνατον εἶδος［不朽理念］的二分，就像《蒂迈欧》67C以下概括的那样。另参 D. A. Rees (1)，页113－14。
　　②　参431A4－5、432A7－8、603A4－5、604D5、606A7。
　　③　参上文，页［56］。

《克里提阿斯》是《王制》这一组对话的顶峰之作。但这一点本身值得研究。目［122］前，有趣之处在于，《蒂迈欧》中的灵魂"三分"在细节和重点上与《王制》中的不太相同，但基本灵感都显然来自共同的政治类比。万变不离其宗（Plus ça change，plus c'est la même chose）。

通常认为，《斐德若》中，把灵魂比作驾着两匹飞马的御马者那一段，也是寓指灵魂三分。①这一段紧接在灵魂不朽的证明之后，是在最普遍的意义上谈"灵魂"，可能最好翻译成我们在上文提到的（页111）"各种形式的灵魂"。这个翻译似乎对有翼马车的神话也适用。根据寓言，诸神和"其他生物"（《斐德若》246B1）的灵魂有多个部分。诸神的灵魂，御马者及其队伍（不管数量多少——没有详说）被归为"好、出身高贵"，②因而没有出现冲突。他们的灵魂展现了理性与冲动"有序和谐"的状态，这在《高尔吉亚》503E以下出现过，也就没必要再在马儿中做一个"血气"与"欲望"的区分。"其余"灵魂都忽略了，柏拉图只考虑人的灵魂。这些灵魂包括一个御马者和两匹马，一匹"好，出身高贵"（《斐德若》246B2 - 3），另一匹恰好相反，让御马者很头疼。就诸神的马车来说，上升到"天体之外"很容易，因为这些马车"很好平衡，容易引导"，但其余的马车就更困难，"因为坏马步履沉重，拖着御马者，除非御马者将它教育得很好"（《斐德若》247B2 - 3）。

如果这一段是指灵魂三分，那就与《王制》中的概括不太相同。在《王制》中，除了一次公开否认外（《王制》440B4以下），柏拉

---

① 例如，R. Hackforth（7），页72。
② 参《斐德若》246A8。参R. Hackforth（7），页69注释3。

图一直声称，"血气"能够且确实偶尔与"欲望"联合起来反抗"理性"；在《斐德若》中，"高贵"的马总是很温顺，只有坏马的活动才解释了御马者不能看到真实存在的原因（《斐德若》248A）。同样，《蒂迈欧》也明确告诉我们，只有理性的灵魂才不朽；其他部分"构造"给我们作为我们可朽生命必要的附属物（《蒂迈欧》69C5 – 8）。在《斐德若》中，诸神和人的（不朽）灵魂有多个部分，因此很可能受制于冲动的渴求，尽管诸神的渴求不明显。这些差异明明白白，致使一些人认为，［123］御马者寓言与灵魂三分没有关系，那两匹马代表的是《蒂迈欧》所说的必然或者异，御马者则代表理智或者同。这种少数意见由新柏拉图主义者笺注家赫米亚斯提出，在上世纪得到赫尔曼（Hermann）的支持，在本世纪得到罗班的支持。①

　　然而，罗班在开始编辑《斐德若》时，就已经改变了看法，他愿意接受《斐德若》教导的观点，即所有灵魂都是三分，神的和人的灵魂都是。②这或许会走向另一个极端，因为《斐德若》中的有力证据表明，神的灵魂具有多个部分，而非具体的三分。③然而，罗班假定，神和人的灵魂都是三分，可他不知道如何解释"血气部分"的功能，他会很高兴看到这部分得到辩解。④这一特殊困难也是他自己造成的，不过他说得也许有道理，他说，《王制》卷十中，经过更谨慎的谈话后，柏拉图描述人的灵魂之"真实状态"，即灵魂不受身

---

①　相关书目，参 L. Robin (2)，页 162 – 163。

②　参 L. Robin (4)，页 cxx。罗班选择了三分说，但同一页的一条注释却概括了三分说涉及的困难，这表明他仍然更偏向于二分说。

③　参 R. Hackforth (7)，页 69 注释 3。

④　参 L. Robin (4)，页 cxx。

体阻碍时，他便更加笃信三分说。①但是，我们又得提醒自己，柏拉图对于整个的灵魂三分说还是有些犹豫，②尤其在我们处理神话时，阐释就变得难上加难。

如果我们只讨论神话中出现的灵魂观，那就可以说，我们有理由认为，柏拉图打算给脱离了肉体的灵魂的普通欲望留一席之地。例如，在《斐多》、《高尔吉亚》和《王制》的末世神话中，投生前后的灵魂都不是脱离了肉体的理性，而《斐德若》中的这一段也像它们一样，是个神话。当柏拉图这个俄耳甫斯教信徒谈话时，他往往会假定，无论此世还是下一世，灵魂都可以基本分为理性和冲动两部分。当他试图协调这个宗教信仰与他对灵魂三分更精致的哲学看法时，困难便开始了。［124］在《王制》卷十，柏拉图表示犹豫，灵魂处于真实的、脱离肉体的本质时，究竟是单一同质的还是多样的，尽管他表明，他倾向于认为灵魂是单一同质的，只要灵魂三分可以归为一个更高的统一体。③在《蒂迈欧》中，他也认为真正的灵魂是单一同质的，但现在存活下来的灵魂却只是理性灵魂而已（69C5 – 6，41C6 – D1）。我们不知道，柏拉图后来是否会觉得，这过于简化了立场，但无论如何，他似乎在《斐德若》中同样坚定地

---

① 参 L. Robin （4），页 cxx。W. K. C. Guthrie （1），页 9 以下，Guthrie 虽然承认，马车意象指的是三分的灵魂，但他认为，可朽灵魂与不朽灵魂的区别，不是身体内与身体外的区别，而是出生的轮回内与轮回外的区别，他试图以此解释矛盾之处。只有后一组（即诸神和完全得到净化的灵魂）才不朽。然而，如果这种理解正确，我们还是得解释天体世界中两种（εἴδη）灵魂的存在，这两种灵魂只有被视为人当前状况的一部分，它们似乎才有意义。《蒂迈欧》直接面对了这种困难。

② 参上文，页［42］［119］。

③ 参上文，页［50］以下。

为脱离了肉体的灵魂选择了三分说（246A7 以下）。

《智术师》228B2 – 3 有个句子模糊不清，尽管如此，却可能正好提到了（尽管是个非常混乱的句子）早期的三分说，比《斐德若》晚的对话似乎都没有明确提到这种学说。我认为的确如此，即便《法义》也没提过，虽然桑德斯（T. S. Saunders）最近驳斥过这种观点。[①]但是，桑德斯自己也承认，"《法义》中没有明确支持灵魂三分的证据"，[②]而他引用的许多段落几乎不能证明自己的论点。例如，在《法义》935A4 – 6，我们读到，有人让其灵魂的一部分"变得兽性"，而 731B3 – 4 又告诉我们，每个人应该如何既"血气方刚"又"温文尔雅"。要是想找一组对应的特征，《王制》375C 的"温和"（πρᾶον）和"英勇"（μεγαλόθυμον）就很符合，不过柏拉图在这里仍然觉得灵魂二分就够了。《法义》确实在很多场合提到"血气"（θυμός），但柏拉图似乎不确定它的位置，一会儿把它与"快乐""悲伤"和"嫉妒"（863E7 – 8）等普通欲望放在一起，一会儿又把它（连同"害怕"）从"快乐"和"欲望"中区分出来（864B3 – 6）。《法义》863B3 也出现了同样的犹豫，血气究竟应该称为灵魂的经验（πάθος）还是灵魂的部分（μέρος），他并未给出定论。"灵魂中贪婪的血气"（φιλοτίμου ψυχῆς ἕξις，870C5）与《王制》581B2 描述的"贪图荣誉"（φιλότιμον）的灵魂血气有共同之处，但"血气"更经常地用作贬义，包含在《斐多》中那一长列有害的欲望中。[③]虽然血气在某个场合下可以是合法和正当的愤怒 [125]（《法义》865D7），但它更经常地被当作灵魂中的一种邪恶影响，这

① 参 T. J. Saunders，页 37 – 55。另参 V. Martin，页 125。
② 同上，页 37（强调为作者添加）。
③ 例如，《法义》649D5 以下、943A3 – 6。

一点正如桑德斯所言。①这一切听起来就像是熟悉的二分说,即把灵魂分为理性和冲动两部分,《法义》645B2 - 3 关于"自我征服"和"自我打败"的说法或许可以证实这一点(参《王制》432A7 - 9)。无疑,这种二分法(此处和《王制》早些部分)很容易扩展为三分法,桑德斯也提示过,②但《法义》中似乎没有确凿的证据表明,柏拉图有意于此。《王制》中的三分法,强调的是血气高贵,而非不那么高贵的含义,③而《法义》的情况似乎刚好相反。柏拉图甚至在《王制》和《蒂迈欧》中都准备表达他对整个三分说的怀疑,尽管三分说在语境中确实是一个很方便的概念;④在《法义》中,其政治语境本来最有可能让这种观点重现,但柏拉图却根本没有提到三分说,因此他是否还接受此观点就更令人生疑了。

二 灵魂不朽

(以及对灵魂不朽的质疑)

柏拉图本人怀疑过灵魂不朽吗? 可以肯定,苏格拉底在《申辩》中没有说可以证明灵魂不朽,⑤而我们已经论证过,《会饮》中有证据表明,柏拉图对灵魂不朽存有"暂时的怀疑",与此同时,他还(暂时)放弃了理念论和回忆说。⑥显然,能够设想的唯一不朽,是在另一个人的灵魂中孕育德性($\dot{a}\varrho\varepsilon\tau\dot{\eta}$)时,间接感受到的不朽

---

① 参 T. J. Saunders,页 40 注释 1。
② 同上,页 37。
③ 参上文,页 [44] 以下。
④ 参上文,页 [41] [119]。
⑤ 参 R. Hackforth (3),页 43。
⑥ 同上,页 45、46。

（《会饮》212A2以下）。然而，众所周知，诉诸沉默不可靠。它既可以表示默认的肯定，也可以表示默认的否定，似乎都有道理，但在大多数情况下，对话的语境和总体目的能更安全地引导阐释方向。在这种情况下，我们有一篇对话处理的是爱的本质，那我们一开始就会预想，它不会对灵魂不朽这样的话题感兴趣。然而，这似乎又确实肯定了（至少酝酿中的）理念论（请哈克福斯原谅），[①] [126] 而且这种特殊学说在《斐多》中与灵魂不朽的学说并驾齐驱（77C1 - 5）。尤其是《斐多》最后的论证，其说服力就依赖于理念论；在他希望得出合理的结论之前，苏格拉底期望听众能够相信这种学说。[②] 可是哈克福斯认为，《会饮》的创作紧接在《斐多》之后，[③] 倘若如此，一种理论（暗中）得到坚持，另一种理论明显遭到抛弃，柏拉图却没有试图解释，这很奇怪。然而，要决定对话孰前孰后，十分困难，不过《会饮》稍微靠前则更有可能，[④] 因为柏拉图正在探索理念论，还没有发现理念论对灵魂不朽说的价值。[⑤]

当然，脱离了身体和人的灵魂似乎不会是这篇对话主要的兴趣；要说重点，对话强调的是让人可朽的凡人品质，而不是像《斐多》那样强调让人不朽的神圣品质。换言之，正如吕斯（Luce）认为，能够设想的灵魂是有形的灵魂，而不是无形的灵魂，是人的本性

---

①　参 R. Hackforth（3），页46。

②　参 J. V. Luce，页137。

③　参 R. Hackforth（3），页43。

④　认为《会饮》早于《王制》，参 L. Robin（2），页81，以及 R. K. Gaye，页18。最近，J. S. Morrison 认为，《会饮》早于《美诺》、《高尔吉亚》、《斐多》和《王制》这一组对话，因为《会饮》没有泄露毕达戈拉斯得到影响（页44）。对这一点的回应，参 K. J. Dover，页16-20。

⑤　参 J. S. Morrison，同上。

(ἀνθρωπίνη φύσις)，而不是神一样的灵魂（θεία ψυχή）。①间接感受到的不朽属于人的本性（ἀνθρωπίνη φύσις），或属于我们知道的有形的灵魂。这样的观点与《斐多》一致，《斐多》中的灵魂作为神圣之物是不朽的，而在《蒂迈欧》中，这一神圣、不朽的方面则被归类为理性。如果柏拉图要使用《王制》和《蒂迈欧》的语言，他就可以说，灵魂的两个较低部分虽然本身可被消耗和可朽，但仍然可以获得一种间接感受到的不朽。②

我们发现，有两种观点在《法义》中结合在一起：一方面，我们以为，713E8 说的"我们内部的不朽部分"，指的是真正不朽的灵魂或灵魂的不朽部分，而 959B3 – 4 则明确提到"不朽的灵魂"（ἀθάνατον ψυχήν）；另一方面，721B7 – 8 的"人类"（ἀνθρώπινον [127] γένος）据说"分享了不朽"，而柏拉图则在 773E5 以下谈到人通过留下后代而间接感受到不朽。这种区分，在《会饮》中也一样，明显存在于无形的灵魂和有形的灵魂之间。这也似乎构成了《书简七》两个重要段落的基础，我们在那里读到，"没有人生来 [πέφυκεν] 不朽"（334E3 – 4），但我们必须接受神圣启示的权威，即"灵魂"（ψυχήν）不朽。③我们几乎可以在《斐德若》276E – 277A 发现同样的观点，真理在那里是不死的东西（ἀθάνατον），事实上可以从上一代传到下一代；如哈克福斯的注解，ἀθάνατον [不死的东西] 这个词"也可以同样运用到真理（τὸν ἔχοντα）的拥有者身上，因为他确实获得了一个 ἄνθρωπος [凡人] 所能获得的不朽……"④

---

① 参 J. V. Luce，页 139。
② 同上。
③ 参 335A4。参 J. V. Luce，页 140 – 141。
④ 参 R. Hackforth（7），页 160 注释 3。

最后一个有力的段落是《蒂迈欧》90C1 - 3，这里告诉我们，通过"拥有不朽的思想"，一个人"必定会完全不朽，只要人的本性能够分享不朽"。灵魂本身（在这篇对话中与理性同义）不朽；人的本性（ἀνϑρωπίνη φύσις）、灵魂的合成物本身、身体以及灵魂投生后的两种"可朽形式"，充其量都只能获得间接感受到的不朽。

我认为，这个证据表明，柏拉图绝没有怀疑过灵魂不朽本身，而且这个证据足以解除《会饮》受到的短暂怀疑。但是，要说《会饮》中有明确的证据证明了灵魂不朽，似乎也不太明智。[①]《会饮》208B4，"不朽之物"（ἀϑάνατον）更自然地被认为指诸神，而不是（理性）灵魂，[②]尤其《会饮》若作于《斐多》和《王制》之前。同样，"通过使其可见而发现美本身"（212A3），这句话也不确定；对于知道《斐多》和（或）《王制》的读者来说，这可能自然是指不朽的（理性）灵魂，但假如《会饮》是这三篇对话中最早的，那就未必是指不朽的灵魂。我们最多只能说，柏拉图正在探索灵魂不朽的哲学表述，在此过程中，他没有说什么与后来自相矛盾的话。

三　来世

[128]《斐多》和《王制》有个最引人注目的特点，灵魂的概念并不固定，即便在同一篇对话中也是如此。当我们转向《高尔吉亚》《斐多》《王制》和《斐德若》伟大的末世神话时，情况就不那么明显了。无论何时，灵魂总被视为另一个人，或者我们知道的此世的"胞体"。灵魂当得起"人"这个称谓，因为它表现为一个自

---

① 参 J. V. Luce，页 140。
② 参 G. M. A. Grube（2），页 149。

由、负责任的道德主体，即使脱离了肉体也能够行善或作恶。①灵魂的喜悦和惩罚，以及获得喜悦和惩罚的地方，不过是世间的喜悦和惩罚更荣耀的说法而已。②这种观点似乎根本没有把灵魂视为脱离了肉体的理性，但它与另外一种备受关注的观点有共同之处，这种观点认为人真实的自我就是自己的灵魂。品达③和恩培多克勒④似乎也这样设想过灵魂，《奥德赛》卷十一的一段话（568 以下）也持有同样的观点。这些说法形成了一种大概称之为"俄耳甫斯教"的学说，此学说是否引发了学者们相互矛盾的答复，与我们的目的无关，可以忽略。⑤重点在于，柏拉图准备在他的神话中接受一种灵魂观，此灵魂观源于宗教界，而且显然不同于他经常在对话中谈论的灵魂。例如，《王制》的整个重点在于，真正的正义与幸福一致；一种灵魂状态必然带来另一种状态。这样一个结论回应了一个更为普遍的问题，这个问题一开始就困扰着大家；为何不义者昌，正义者却经常受到侮辱和欺压？这个结论确实引人注目，但比起神话中另一个更流行的观点，即把来世（future life）视为神圣和不可阻挡的正义之居所来说，这个结论可谓多余。一方面，德性是它自己的奖赏；另一方面，德性似乎是它获得其他奖赏的基础。然而，柏拉图并不认为这两种结论相互矛盾。相反，这两种结论实际上融入了"哲学德性"的理论中，这种理论在［129］《斐多》和《王制》中最为明

---

① 参 J. A. Stewart，页 85 以下。

② 参《斐多》107C – 114C，《高尔吉亚》523A – 526D，《王制》614B – 621D。

③ 参品达《奥林匹亚凯歌 II》（*Olympian II*），行 53 以下。

④ 参 DK12B142（恩培多克勒）。

⑤ 两个极端的回答，参 I. M. Linforth 和 W. K. C. Guthrie（2）。

显。①似乎，大部分人践行的"德性"（ἀρετή），其在伦理学上的价值与"真实意见"在认识论上的价值相当。在《斐多》中，德性的结果相当糟糕；人在此世若只践行"流行"的德性（即没有理智的德性），下一次转世时，就可能根据他的性情变成动物或者昆虫（82B2－7）。

在《王制》中，结果更糟糕，因为来世的关键选择，及附带的所有风险，似乎都依赖于人在此世的德性类型。人若只践行"流行"的德性，他可能会享有一段幸福时期，但柏拉图表明，当他选择来世生活时，比起做出明智选择的罪人，他的机会少得多，而且确实会去冒很大的风险，选择一种虽非永恒，却很漫长的来世生活（619B2 以下）。最终幸福的唯一保证，是践行"哲学德性"。②这样一来，《王制》中的哲学生活，除了确保此世在思想上完全满足，也是来世永恒幸福不可或缺的基础。这像是对上面提到的两种正义观的调和，但正如多兹强调，除了哲人，所有人都近乎变成低于人类的事物，这个含义很难与如下观点协调，即每个人的灵魂本质上都具有理性的部分或理性的一面。③

灵魂德性的问题涉及灵魂自由意志的问题。宗教思想的一个流派把此世概括为"坟墓"，认为此世是对出生前的某种罪行的惩罚。④这种说法难以理解，或许可以解释为偏离了诸神（或神）的正义，但柏拉图认为，诸神只是好东西的作者，这一点不证自明（《王制》379C5－7）。因此，当他把前面提到的概念与他的德性观结合

---

① 主要的参考书目，参 R. D. Archer－Hind（2）附录 A。

② 另参《斐多》114BC。

③ 参 E. R. Dodds（2），页 215。

④ 参《高尔吉亚》493A3，以及多兹对此处的评论。

起来，并把它们用于灵魂之前就存在的神话叙述时，我们就可以期待矛盾出现。厄尔神话中的一个名句最能体现这一点："选择者自己负责；神不担责任。"（617E4 - 5）乍看起来，柏拉图让来世的生活完全取决于此世的选择，似乎解决了自由意志的问题。但是，这种主张与语境不符。受到奖赏的人似乎不太可能比［130］刚刚受过惩罚的人更能做出好的选择，可笑的抓阄甚至进一步降低了他的选择范围，柏拉图自己也含蓄地承认这一点（《王制》619D8 - E2）。即使灵魂有幸，抽到第一个选择机会，他也会因如下情况受阻，即在做出决定性选择之前，他并不知道选择的生活方式究竟是向（τάξις）善还是向恶（618B3），必然女神却会立即执行这个选择，不可阻挡（619C2 以下）。但是，从《王制》其余部分来看，这些问题几乎不会发生。因为真正的哲人，如果有的话，就会是自己的主人，会在至真含义上完全幸福、正义和自由。[①]相反，一个人非正义的程度就是他被灵魂较低部分束缚的程度（577D1 以下）。这似乎令人满意地回答了善与恶、正义与非正义这个重要问题，致使许多人质疑神话存在的理由（raison d'être）。有个简单的解决方法，就是把神话解释为"流行"的图示，用来描述柏拉图更为晦涩的哲学信条，这些信条几乎对大多数人都没有多大意义，就像萨特（M. Jean-Paul Satre）对小说和戏剧两种艺术形式的使用。[②]

然而，倘若果真如此，很难解释两者之间存在的差异。这些不一致确实存在，如果柏拉图允许它们平起平坐，我们就只能假设，他不喜欢以教条式的方式说，一种叙述比另一种叙述更"真实"。当

---

① 参 587B8 以下、591C1 以下、586E4 - 587A1。

② 例如，比较《恶心》和《存在与虚无》（*La Nausée*，*L'Etre et le Néant*）。关于施莱尔马赫对这几行的解释，参 P. Frutiger，页 154 以下。

然，柏拉图写作生涯的各个阶段都证明，他笃信人及其命运的"宗教观"。例如，他的灵魂学说先在《高尔吉亚》中表现为宗教真理，后来又在《斐多》中表现为理性真理，①天体的神圣先在《王制》中（508A4）得到陈述，又在《蒂迈欧》（39E 以下）得到假定，后来才在《法义》（891E 以下）中获得"证明"。即使在《斐多》中，为了理性地解释灵魂，柏拉图还设想了神圣启示这个"更安全的救生筏"（85D1－4）；倘若《书简七》是真的，那有趣的是，在晚年的时候，柏拉图却暗示，"揭示灵魂不朽的是古老而神圣的学说"，而不是他自己的哲学"证明"。②

斯图尔德（J. A. Stewart）详细地论证说，神话表达的真理
[131] 要比哲学推理洞悉的真理更加深刻。③然而，倘若果真如此，我们很难看出，一篇对话中的神话真理，其真实与否如何在另一篇对话中得到哲学"证明"。但是，灵魂不朽的情况就是如此，它在《美诺》中（81A5 以下）被认为是宗教真理，不久后就在《斐多》中得到"证明"。再者，按照斯图尔德的分析，神话自身的观点就有明显的重要改变，这一点我们就很难解释了，更不消说去解释神启的真理为何会与只有理性才知道的"真理"不一致这种怪事了。例如，在《美诺》中，品达被视为权威，出生之轮被视为对前世所犯罪孽的惩罚（81B3 以下）。同样的学说似乎在《王制》613A1－2 也明显出现过。然而，《蒂迈欧》出现了一种更为乐观的观点，灵魂化

---

① 参 E. R. Dodds（1），页 24。
② 参《法义附言》（*Epinomis*, VII, 335A3－4）；E. R. Dodds，同上。
③ 参 J. A. Stewart 各处。

为肉身，远非什么"堕落"，而是神圣预见和恩赐的直接结果。①神话自身出现了乐观与悲观的区别，这在对话主体中得到反映，柏拉图自己在对话中摇摆于对人的两种评价中：一方面把人视为"属天的而非属地的生长物"（《蒂迈欧》90A6－7）、一位神和不朽生命的分享者；另一方面又把人视为在荷马冥府中穿梭的影子。②换言之，神话以及对话的主体，都易于反应柏拉图变化的情绪和信念。在一篇对话中寻找一种有序的"宗教"真理，好比在另一篇对话中寻找一种统一的哲学系统一样，都是一场空。

---

① 参41B7－C2。关于此，参 A. － J. Festugière 论《蒂迈欧》的章节（1）
Ⅱ。

② 参《美诺》100A2－7；参 E. R. Dodds（2），页214－216。

第八章 《治邦者》

[132] 与《蒂迈欧》一样，《治邦者》也很难确定写作时间。由于即将揭示的原因，我认为它作于《蒂迈欧》和《斐德若》（按此顺序）之后的一段时间，尽管最近有位英文编辑认为它要么先于《蒂迈欧》，要么与之同步。①当然，《治邦者》与《蒂迈欧》的宇宙论和宇宙进化论惊人的相似。宇宙是一个生物，拥有理智（φρόνησις），②因此配得上"赋有灵魂"这个称号，就像《蒂迈欧》说世界拥有灵魂一样。③作为一个生物，它源于一个"匠人（造物主）和父亲"（《治邦者》273B1－2），它拥有某种不朽，但只以一

---

① 参 J. B. Skemp（5），页237和各处。

② 参《治邦者》269D1；参《治邦者》269D9，τοῦ γεννήσαντος［产生的事物］。

③ J. Bidez（页71）声称，《治邦者》中没有世界灵魂的观念。但是，《治邦者》269C4－D2 这句话（尤其《治邦者》D1－2）似乎足够反驳这一点。《治邦者》中关于世界灵魂更完整的注释，参 J. B. Skemp（5），页105－106

种依赖性的方式拥有不朽，不朽是造物主给的礼物。①造物主非全能，他像荷马的奥林匹亚诸神，受制于必然、规律和命运。②造物主是神圣的，但可能只是以一种间接的方式，就像《斐德若》所说，诸神是因为接近理念而获得了神性。③世界的善都源于造物主和父亲（《治邦者》273B6－7），世界的恶则归咎于 [133] 世界自身的身体因素（《治邦者》273B4），以及世界对造物主训导的遗忘（《治邦者》273C6）。对于世界自己引发的恶和疾病，造物主是伟大的治愈者。

　　一如在《蒂迈欧》中一样，造物主是或者代表了好的、理智的和有目的的活动，而现在却清楚表明，造物主有自己的运动，即"永远在同一种意义上的旋转"（αὐτὸ...ἑαυτὸ στρέφειν ἀεί，《治邦者》269E5）。④这种有关旋转的说法有没有意义，取决于我们把造物主视

------

　　① 参《治邦者》270A4－5；参《蒂迈欧》41A8－B6。

　　② 参《治邦者》269D3（ἀνάγκη [必然]），269E7（θέμις [天理]），272E6（εἱμαρμένη [命运]）。

　　③ 参《斐德若》249C6。我与 Van Camp 和 Canart（页 219 注释 3）一样，认为τοῖς πάντων θειοτάτοις [最神圣之物]（《治邦者》269D6）暗指理念。这个词不可能指理智、灵魂或神性，因为这些存在说是拥有这种或那种运动（参《治邦者》269E1－6、270A5－8），其神圣性（θειότατα）和唯一性（μόνοις，《治邦者》269D6）被描述为"永远保持同样的状态，且永远同一"（τὰ κατὰ ταὐτὰ καὶ ὡσαύτως ἔχειν ἀεὶ καὶ ταὐτὸν εἶναι，同上）。这个说法与《斐多》中对静止理念的描述一样（《斐多》80B2－3），我们很难看出，这个说法如何适用于受制于运动的事物，不管运动多么微小。即使在《蒂迈欧》中，造物主仍然以理念为模型（《蒂迈欧》32C 以下）。《治邦者》中另一处明显提到理念是在 285D10－286A7。

　　④ J. B. Skemp 的译文。我把《治邦者》269E6 处的ἡγουμένῳ理解为造物主。Campbell 认为，它"大体指神的纯粹灵魂，维持着宇宙，是个特例"（L. Campbell 对此处的解释）。即是说，是最纯粹的νοῦς [理智] 和ψυχή [灵魂]，造物主很可能是它们最完美的体现。

为实在还是象征；如果把他当作实在，他的"旋转"是局部的还是其他方式的就可以进一步探讨。①如果我们认为，造物主在这里和在《蒂迈欧》中，都只是个象征，或者只是一般的逻辑抽象概念，即"理智原因"的人格化，代表"被赋予了心智，让事物美和善的工匠"那类原因，②那我们就面临这样的问题，《蒂迈欧》为何没有提及造物主的运动（就此而言，并非灵魂的自我运动），而《治邦者》却提及了。有个极端的回答，即《蒂迈欧》没有引介灵魂或理智有运动的概念，是因为它似乎与特殊的神话种类背道而驰，而柏拉图却用这种神话来表达他的思想：说灵魂做永恒的自我运动"会让创世神话失去所有的文学合理性"。③如果这个观点属实，柏拉图受到误解就只能怪他自己；做自我运动的灵魂必定是永恒的，且非依赖性的，一如《斐德若》④（后来的《法义》)⑤清楚表明的观点，《蒂迈欧》的重点在于，一切灵魂（可能除了造物主的灵魂），即使确实享有一种类似的永恒性，也因此而依赖于一种实在，此实在本身是独立的。如果柏拉图有关灵魂自我运动的观点已经有所发展，又如何会写出如此误导人的说法，这一点并非显而易见。

[134] 如先前提示，要解决这个问题，一个合理的办法就是提出，《斐德若》的写作时间稍晚于《蒂迈欧》，而《蒂迈欧》紧随

---

① J. B. Skemp (5) 页 105 认为，造物主的运动不是 $\dot{\varepsilon}\nu$ $\tau\dot{o}\pi\varphi$［在空间中］，而只是"灵魂上的"。Skemp 把 269D5 – 6 解释为神。他把这句话理解为不是绝对静止，而是"在同一的意义上不停转动"（同上）。我自己的观点，参上文，页［132］注释6。

② 参《蒂迈欧》46E4；参 H. Cherniss (3)，页 207 注释 1。

③ 参 H. Cherniss (2)，页 26 注释 4；H. Cherniss (5)，页 428 – 431。

④ 参上文，页［111］以下。

⑤ 参下文，页［147］。

《王制》之后。①那么《治邦者》就将《蒂迈欧》的宇宙论与《斐德若》认为灵魂即"运动的本源"说合为一体，形成一种单一的世界观。《斐德若》宣布了一种单一且过于简单的原则，但现在认为这种原则不能解释所有情况。假设灵魂是宇宙所有活动的源泉，这一点不能保证宇宙接受理智和仁慈的指导；我们还是得假定一个极度理智且有远见的灵魂——造物主，他把理念的完善作为模型，并确保理智能够胜于非理性。②当然，造物主现在会拥有《斐德若》中归给所有（智性）灵魂的特征，即自我运动性。世界灵魂也会拥有自我运动性，但它最终依赖于造物主，而且与身体紧密相关，这些使得它的自我运动不那么完善。这个观点似乎确实比《蒂迈欧》前进了一步，《蒂迈欧》中的世界灵魂处于永久运动中，但它自身是运动原则这个观点则不那么明显。然而，就造物主而言，《斐德若》只是说出了《蒂迈欧》中没有明说的话而已。因为在《蒂迈欧》中，造物主被暗示为一个灵魂，这个灵魂是个运动原则（在那程度上是个例外），也处于永久的运动当中。③然而，到了《治邦者》，例外成了惯例，这多亏了《斐德若》新的分析。

我认为，如果《治邦者》的造物主就像《蒂迈欧》中的造物主，意指一个人，那么《治邦者》给我们呈现的就是一个存在物的等级制。位于首位的，是静止和示范性的理念，④随之是造物主，其独特的性质是永恒的自我运动，此运动是在相同意义上局部或其他方式的旋转（《治邦者》269E5 –6）。作为一个人，造物主就是理智

① 参 L. Robin（2），页 116 – 117，以及 G. E. L. Owen（1），页 79 – 95。
② 参 J. B. Skemp（1），页 112。
③ 造物主的永恒性与他的创造和塑造活动似乎足以证明这一点。
④ 参《治邦者》269D6、285D9 – 286A7；另参上文，页［132］注释6。

和灵魂，而非代表理智和灵魂，而且也是非依赖性的。造物主之下，是世界灵魂。世界灵魂从造物主那里接受了永恒性，所以是依赖性的（《治邦者》270A4-5），其基本特征显然是自我运动，也是相同意义的旋转，像造物主那样。至少，理论上是如此，因为造物主赐予了世界灵魂［135］和他自己一样的生命和理智。①但实际上，世界灵魂与世界的身体分不开，身体因素引起了遗忘，便阻止世界灵魂正确地完成任务（《治邦者》273B4，C6）。世界灵魂被降低为一种次好的活动，即反方向旋转（ἀνακύκλησις）。② 完善存在于各种静止

———————

① 参《治邦者》269D1。大部分学者以为，《治邦者》269D1 处的短语 ζῷον ὄν καὶ φρόνησιν εἰληχός［有生命和有理智］是前后关联的，其实不必这么想。如果把ζῷον ὄν［有生命］与τὸ δέ［相反］视为同位语（"朝反方向跑的欲望是任性ζῷα［生命］的特征"），那就可以把καὶ φρόνησιν［理智］视为让步性的。拥有 φρόνησις［理智］的事物理论上应该与造物主的愿望一致，可事实上世界并没有如此，这一点后来用世界内部的"身体因素"（《治邦者》273C6），以及"身体因素"导致"忘记"父亲的教导两方面做出了解释。《蒂迈欧》中的世界是一个ζῷον ἔμψυχον ἔννουν τε［有灵魂和有理性的生物］和神，自身（没有指ἀνάγκη［必然]）不会给造物主带来麻烦；在《政治家》中，情况就不是如此，世界拥有的理智最终都变成了λήθη［遗忘］，变得更任性，而非更顺从。类似的观点，参 J. B. Skemp（5）页 106，以及 J. Gould 页 207 注释 4。Skemp 将世界灵魂视为 φρόνησις［理智］与σύμφυτος ἐπιθυμία［内在冲动］之间的战场，ἐπιθυμία［欲望］大多数时候占主导地位。Gould 对此持保留意见，他遵循普鲁塔克（《〈蒂迈欧〉中灵魂的产生》，1014D），在《蒂迈欧》的σύμφυτος ἐπιθυμία［内在冲动］与 ἀνάγκη［必然］之间看到了相似性（页89）。要说对立，如果有的话，更可能存在于φρόνησις［理智］与τὸ σωματοειδές［有形之物］之间，宇宙中身体和非理性部分的存在和影响决定了σύμφυτος ἐπιθυμία［内在冲动］是什么类型的动力。参 A. -J. Festugière（1）页 123，A. Diès（3）页 xxxii，以及我在本章后面的评论。

② 参《治邦者》269E3。这句τὴν ἀνακύκλησιν εἰληχεν［获得旋转］（《治邦者》269E3-4）很奇怪，表明ἀνακύκλησις［旋转］来自造物主，而非自身 σύμφυτος ἐπιθυμία［内在冲动］的结果。但这只是表面的困难。世界灵魂及其 ἐπιθυμία［欲望］都是造物主造的，所以最终都受造物主控制；造物主必须考虑

的理念当中；世界不同于这些理念，必然受制于变化，因而经历着运动。造物主也是如此，因为他也不是唯一静止的理念。但是，作为最纯粹的理智和灵魂，造物主拥有最高贵的变化形式，即自我运动，柏拉图认为这种运动在某种意义上是自我维持的旋转；较低等级的灵魂尽可能地贴近于此，这样做可以让他们在位置上尽可能地接近理念的完善。

[136] 以这种方式写作，柏拉图似乎澄清了早期对话中没有说清楚的地方。在《王制》中，他已经提示，善的理念和造物主，两者都是有效原因，一个是太阳的原因（508B12－C2），一个是"宇宙"的原因（530A6），但他没有提这两种施动者有什么密切关系（即便有的话），也没有说它们是否只是两个不同的说法而已，一个是人格化的说法，一个是非人格化的说法，但都指同一个有效原因。如我们所见，这个模糊之处在《蒂迈欧》中得到某种程度的澄清，《蒂迈欧》把有效的因果关系明显地归给了最高灵魂——造物主，只给理念留下示范性的因果关系。然而，《蒂迈欧》从未表明，理念"高于"造物主，理念只是与造物主形成对比。既然如此，读者似乎

的外来力量是 τὸ σωματοειδές［有形之物］。因此，造物主给予世界一次 ἀνακύκλησις［旋转］，可以说是迎合了宇宙中的 σωματοειδές［有形］部分，不可避免会对世界灵魂的 ἐπιθυμητικόν［欲望部分］产生影响。然而，说了这一点后，我们就得面对下一个困难，显然不是 θέμις［神谕］（《治邦者》269E7）让造物主开启两种相反的运动。如果我们检查《治邦者》270A5 处的 δι'ἑαυτοῦ［他（她，它）自己］这个词的含义，可能会真相大白。这个词特别含混，可以机械地解释或者非机械地阐释。我把它理解为非机械性的（接受其表层意义，即柏拉图将宇宙视为一个 ζῷόν τι［生命］），指出近似的因果关系，一方面与造物主所践行的远的和更基本的因果关系形成对比（εἴληχός［旋转］，《治邦者》269D1），另一方面与 τὸ σωματοειδές［有形之物］形成对比。如果这种区分合理，我们就可以说，《治邦者》269E7 处这个麻烦的指涉只是指直接和近似的因果关系。

自然就要假设，理念和造物主，两者都是永恒、非依赖性的存在，拥有同样的本体论地位。柏拉图在写作《蒂迈欧》时，究竟是不是这样想的，我们无法证明，但从他在《斐德若》中对此事的评价可以看出，至少在他生命的那个阶段，确实认为理念以某种方式超越诸神，因为诸神之所以具有神性，只是因为他们与理念"接近"。最终，在《治邦者》中，他简明准确地说出（精确地辩护）了对二者关系的看法，这多亏了他在《斐德若》中对灵魂做的新描述，即灵魂自动，灵魂是其他事物变化的原则。理念确实超越于诸神——甚至最高的神，即造物主——恰恰因为它们是静止的；相反，造物主作为一个灵魂，却是运动的，从这个程度上说，造物主不如理念完善。

他对物质世界和必然的看法有没有什么改变？在《蒂迈欧》中，必然或漫游的原因与造物主形成对比，是造物主必须努力克服的基点（datum），造物主没有创造它。在《治邦者》，我们读到，世界有一种"内在冲动"（σύμφυτος ἐπιϑυμία），促使它旋转，但与造物主发出的运动方向相反（《治邦者》272E6）。此外，说"有形体"解释了世界的恶，这可能与《蒂迈欧》中的必然有些相似。①这不是说，身体或有形体本身确实是恶，它只是意味着，凡涉及身体或有形体的混合物，导致的结果往往不如没有涉及身体或有形体的混合物那么完善。②同样，我们也可以说，病毒本身是中性的，[137]只有允许它接触个别活的有机体时，它才会变得有害。此外，"内在冲动"的运动是"旋转的"，而必然在《蒂迈欧》中的运动是直线

---

① 参《治邦者》273B4；参《蒂迈欧》47E4 – 5。

② 参 S. Pétrement 页 47 和 G. Vlastos（1）页 78 以下。

的。①毫无疑问，有形体（$τὸ σωματοειδές$）在《治邦者》中的运动也同样是直线的，这就是为什么要把它（而非"内在冲动"）视为必然的对等物的另一个原因。然而，倘若如此，世界之"内在冲动"的地位就会变得很模糊，文本的证据似乎表明，柏拉图对这整个问题感到不安。柏拉图把世界视为一个生物，这让他谈论其活动时就像在谈论一个人的活动，他描述的世界就像一个任性的孩子（《治邦者》272E6，273C6 - 7）。斯肯普强调这一点，他把"内在冲动"视为他在《蒂迈欧》中发现的（灵魂）必然的对等物，这种必然与造物主对立，但顺从于造物主的劝说。②但是即使这一点正确，我们依然会怀疑"内在冲动"的真实身份。它究竟是世界灵魂内部的一种非理性冲动，还是对抗世界灵魂的一种非理性力量？不可能是后者，因为柏拉图明显反对，宇宙中存在两个对立的神（《治邦者》270A1 -2）。但是，如果它在世界灵魂内部，它就应该受造物主控制，因为是造物主塑造了世界和世界的灵魂。那么它的任性就可以用有形体的存在来解释。如此一来，造物主更准确的对立力量也同样会是"有形体"，"有形体"部分才是必然更准确的对等物。

另一方面，柏拉图在解释世界作周期性逆向旋转时，用了纺锤的形象，这让我们以为，这样的旋转是纯机械运动，而非灵魂的本质，只是张力放松后的简单结果，就像弹簧或者纺锤被拉得很紧，然后让其在自身储存的动力推动下松弛。如果我们强调这种形象，如舒尔（M. P. - M. Schuhl）一样，就可以认为，"内在冲动"丰富

---

① 关于参考书目和评论，参 J. B. Skemp（1），页 26 - 27。

② 参上文，页［135］注释 17。

地表达了其纯机械、非灵魂的现象。①这一解释极为 [138] 省事，但它对早期的形象不太公平，当时世界被描绘为一个生物，容易像个任性的孩子一样行动。按照字面意思，柏拉图在早期对话中，似乎是从宇宙层面的观点来描述人的灵魂，并得出合乎逻辑的结论。例如《蒂迈欧》中，讨论刚化身为婴儿的灵魂时，柏拉图展示了灵魂纯粹的理性之圈如何因身体及身体之需的侵入而发生倾斜（43A 以下）。不管理性灵魂在理论上如何可能，只要与身体接触，就容易受到影响，导致伤害。《斐多》早就把这一点视为真理，智性灵魂最后也"认为，身体说什么东西真实，什么东西就真实"（83D6）。《斐多》83D7-8 处也有类似的说法：

> 我认为，灵魂与身体意见一致，在相同的东西上寻找快乐，其结果是，灵魂在性格和训练方面必然（ἀναγκάζεται）变得与身体一样。

如果这个分析正确，柏拉图提及他在个体灵魂学中概括的真理，便含蓄地批评了他早期的世界灵魂观（《蒂迈欧》所示）。但他在这一点上表达得如此晦涩，以至于我们要得出自信的断言便很危险。如往常一样，他似乎满足于让两种观点并立，按我们的偏见来说，这是他谨慎或者思想混乱的永久标记。

---

① 舒尔和 Bidez（参上文，页 [132] 注释3）一样认为，《治邦者》中的世界灵魂不是如此，所以舒尔就认为 σύμφυτος ἐπιθυμία [内在冲动] 丰富地表达了纯机械性的物理动力，而非个人欲望（页 47）。J. B. Skemp 在他编辑的这部对话中承认（页 103），柏拉图用"松弛"来做解释确实显得机械，但他觉得，"世界真正的动力是自己的灵魂，塑造者和制造者通过劝说对其发挥本质作用"（页 102）。对舒尔的类似批评，参 A. Diès（3）页 xxxi 和 H. Herter（2）页 109 注释 13。

另一个有趣点在于，在《治邦者》中，灵魂的活动不只是运动，而且是一种特殊运动的引发力——旋转。在其完美状态下，灵魂似乎只能引发一种意义上的旋转；相反意义上的旋转是其不那么完美的性质，是灵魂与身体部分接触的结果（《治邦者》273B4，C6）。造物主为什么不能有时候引发一种旋转，有时候引发另一种旋转，原因并不清楚。柏拉图自己会乐意说，这将导致"不虔敬"（οὐ θέμις）。①但更可能的是，这种观点源于对《蒂迈欧》和《斐德若》观点的综合。因为，在《蒂迈欧》中，造物主引发的运动只是一种循环运动（直线运动由必然产生），②而《斐德若》似乎没有对灵魂能够引发的运动种类做出限制（《治邦者》245C8‐9）。然而，到了《治邦者》，似乎已经注意到《斐德若》中的说法不足，但仍然把灵魂视为"自我运动"的实体，灵魂引发的运动也［139］只是循环的（《治邦者》269E5‐6），对这种准则的偏离则归咎于"身体"的作用（《治邦者》273B6）。但是，如果灵魂做自我运动，它移动的东西又是以圆圈的方式运动的，那么合理的推论便是，它自身的运动是旋转的。由于这个原因，造物主这个最完美的灵魂，就是做旋转运动（《治邦者》269E5‐6），世界灵魂也是如此（《治邦者》269E3‐4）。

我们已经看到，这些旋转运动的种类各不相同，柏拉图用οὐ θέμις［不虔敬］来解释，没有什么启发性。我们可能会大胆猜测，

---

① 参《治邦者》269E7。这听起来像ἀνάγκη［必然］和εἱμαρμένη［命运］，在荷马史诗中，它们统治奥林匹亚诸神的行为，甚至宙斯本人。在色诺芬尼描绘的神的活动中，控制因素"恰到好处"，或者"适合于神"。参DK¹²B26（色诺芬尼）。

② 参《蒂迈欧》34A4‐5、43B1‐5。参 J. B. Skemp（1），页82。

造物主践行的单一意义上 的旋转体现了永恒、非衍生、不受干扰的自动本质（参《斐德若》245C8，自我运动的实体从不与自身"脱离关系"），而世界灵魂向后、向前的旋转则体现了它的"永恒性"最终派生于造物主，且受制于身体干扰性的迫切需求。《蒂迈欧》可能提出了另一个原因：天上的诸神在同一个地方有统一的运动，"因为他们的思想从不改变"（《治邦者》40AB），他们的认知方式显示出他们的完善。

第九章　《斐勒布》

[140]《斐多》与《王制》之间有个显著的差异，即对快乐和欲望的学说不同。在《斐多》中，二者都被视为源于身体部分，因而受到质疑；在《王制》中，它们获得了一个更值得尊敬的地位，被视为灵魂的一个特征。身体不再是快乐和欲望的来源，而是它们的渠道。在《斐勒布》中，这种学说得到进一步增强，柏拉图用划分法这种新的逻辑工具做出了更科学的分析。总的来说，《王制》的结论在《斐勒布》中得到了重申。快乐是灵魂上的而不是身体上的，尽管在某些情况下，身体在产生快乐方面比在其他方面发挥的作用更重要。例如，期望的快乐（《斐勒布》32B9 以下）纯粹是灵魂上的，正如知识的快乐一样（《斐勒布》66C6），其他快乐也是灵魂上的，但意义完全不同，因为那些快乐源于身体的消耗和填充。①

确实，柏拉图从来没有明确说过，所有欲望和快乐都是灵魂的

---

① 参 R. Hackforth（8），页 140 注释 2。

活动，但这种学说通篇都得到暗示（例如《斐勒布》55B3 和 35D1
－3，这两处与《高尔吉亚》499D4 以下及《斐多》66C7 说法不同，
他否认饥饿和口渴是身体活动）。考虑到《斐勒布》的整个主旨，
我们可以公正地说，当柏拉图确实偶尔谈及"身体"的快乐和欲望
时，总是漫不经心，这意味着（灵魂的）快乐和欲望源于身体。①

　　但是，《斐多》中更早和更消极的灵魂学并没有在《斐勒布》
中消失，而是与更高级的灵魂学（如《王制》卷九中的灵魂学）同
时存在。例如，在《斐勒布》63DE，除了"最纯粹的"快乐，即除
了知识的快乐或者欣赏诸如纯粹的形状和颜色的快乐，其他的快乐，
像《斐多》65A－67A"身体"的快乐和欲望那样的快乐，柏拉图都
用了同样轻蔑的词来谈论。用《斐勒布》中新的 [141] 术语来说，
大部分快乐"不受限制"（ἄπειρα），但这种程度的快乐根本不是真实
或纯粹的快乐；有价值的快乐是适当混合了"限制"（πέρας）的快
乐（52CD）。对于现代人的思想来说，在命题之外去肯定真伪，这
种做法很古怪，但柏拉图认为，快乐对象和欲望对象的本体论地位
就代表着快乐和欲望本身的特征。②尽管现在认为，最不"真实的"
快乐也算灵魂的过程，但实际上它们还是被轻蔑地对待，一如它们
曾被称为"身体"的快乐一样。《斐勒布》与其他对话一样，新旧
灵魂学笨拙地争抢最高地位。

　　至于灵魂概念本身，柏拉图的观点和以前一样，游移不定。他
认为，灵魂是一种实体，自足，与身体不同，其本体论地位与身体

---

① 例如，《斐勒布》45A5－6、46B8－C4。参 R. Hackforth（8），页61。
② 参 A. E. Taylor（4），页64。

平起平坐。①在《斐多》中，生命灵魂和智性灵魂同为一物；但在
《斐勒布》中，与在《蒂迈欧》和《智术师》中一样，生命灵魂和
智性灵魂的地位似乎是，在逻辑上是分开的，但一个不能离开另一
个而存在："没有灵魂，智慧和理智绝不会产生。"②同样，灵魂也经
常被视为一种内在的个人。这一点在柏拉图讨论感觉的本质时表现
得尤其明显。据说，身体经历着某些感觉，这些感觉与地的震动相
联系，震动会不会传给内在的灵魂，视情况而定（33D2 - E1）。③ 哈
克福斯认为，"身体（即感觉器官）经受了字面上的'震动'，而灵
魂或意识（非扩展的体积）只经受了比喻上的震动"，他的看法可
能正确。④但是，这不是柏拉图第一次用高度物质化和空间化的方式
来谈论灵魂，我已在其他地方论证过，这只是多种［142］相互冲突
的灵魂观的一种，柏拉图从同辈和前辈那里接过这种观点，而且似
乎满足于让其悬而未决。

　　《斐勒布》有个显著特征，即柏拉图仍然相信，有一个宇宙理智
和一个宇宙灵魂，尽管他认为这两者是我们的理智和灵魂的来源，

---

　　①　关于《斐勒布》中 ψυχή［灵魂］和 σῶμα［身体］的极端二分，参
M. Vanhoutte，页 237。

　　②　参《斐勒布》30C9 - 10；参《智术师》249A4 - 8、《蒂迈欧》30B3。

　　③　灵魂是感官印象的内在接收者，与之类似的观点，参《泰阿泰德》184 -
186。这段话涉及的认识论很复杂，就当前目的而言，注意到感性器官不是感知
者，而是接收者，这就足够；只有内在的灵魂才能"感知"。这种观点与早前
在《阿尔喀比亚德前篇》《斐多》和《王制》中见到的观点密切相关，即"灵
魂"和"自我"同义；身体是个媒介，灵魂不会声称享有"人"的头衔，甚至
不会（严格来说）享有所谓的感知活动。灵魂接收 παθήματα［被动的印象］
之后，感觉器官先把这些印象传送给它，他才能在更准确的意义上"感知"事
物。

　　④　参 R. Hackforth（8），页 63 注释 3

正如我们的身体源于物质世界一样。①世界是一个生物，其运行方式展示了理智，这种观点深深扎根于前苏格拉底思想。《斐多》中的苏格拉底渴望用理智来解释（97C 以下），而在《王制》中，世界早就被视为一个生物（546B3），而且天体的神性被认为理所当然（508A4）。如我们所见，在后来的对话中，柏拉图进一步将他的个体灵魂学运用到宇宙层面。灵魂与身体的二元对立被视为宇宙本身的特征，②人和世界的关系是小宇宙和大宇宙的关系。此二元论引发了诸多问题，这些问题在《蒂迈欧》和《治邦者》中已得到详细的处理，而《斐勒布》则总结了柏拉图的立场，做了一两处有趣的强调性调整。有四种"类型"的原因构成了实在的总数，最后一种原因是 *αἰτία μείξεως* ［混合的原因］，或"动力因"，亚里士多德无疑会如此称呼它。③这种原因被称为智慧和理智（30C6），在上下文中只能指宇宙的理智，而非个人的理智。

但是，说完这一点，柏拉图对这个话题的进一步评论则异常模糊。据说，这种智慧和理智"没有灵魂就不能存在"（30C9 - 10）。这个观点本身不是什么新鲜事。灵魂与理智携手并进，这只是《斐

---

　　①　参《斐勒布》29B6 以下。宇宙灵魂是个体灵魂的 *ἀποσπάσματα* ［一部分］，这种观点引发了后世很多思想家的想象，尤其那些支持廊下派的人。参 Epictetus 的 *Enchiridion* I，页 14，6；II，页 8，11；Marcus Aurelius Antoninus Augustus V，27；Diogenes Laertius VII，156；Philo，的 *De Opificio Mundi*，146；*De Sommiis* I，34；*De Mutatione Nominum*，223；Seneca，*Epistles*，66，12；92，30，等等。关于 Philo 的参考书目是 Cohn - Wendland - Reiter 版（Berlin，1896 -1930）。这些资料我要感激多明我会牧师 A. - J. Festugière 教授。

　　②　对造物主如何操作的叙述，参《蒂迈欧》29D7 以下。

　　③　参《斐勒布》30A10。它等同于亚里士多德的动力因，赞同这一点的还有 R. G. Bury（xliv - xlv）、A. E. Taylor（4）页 47 和 R. Hackforth（8）页 36。

多》极端立场的弱化表达,《斐多》认为灵魂等同于理智,①《蒂迈欧》30B3 和《智术师》249A6 – 7 也有类似的说法。但《斐勒布》30D1 – 3 则模糊了这一点,此处说"由于原因的力量,王之灵魂和王之理性就开始居住在宙斯的本质中了"。这个原因是 $a\iota\tau\iota a\ \mu\epsilon\iota\xi\epsilon\omega\varsigma$ [混合的原因],还是其他原因呢?这里的用语让我们认为是 [143] 其他原因。因为,据说是它负责($a\iota\tau\iota a$的基本意思)让所谓的"王之灵魂"和"王之理智"生成($\dot{\epsilon}\gamma\gamma\iota\nu\epsilon\sigma\theta a\iota$,《斐勒布》30D1 – 3)。这不一定涉及时间的先后关系,但似乎确实表明,一种原因是派生的,另一种不是。如果我们把"宙斯的本质"视为对宇宙的神话表达,②就可以把这两种原因分别视为超验理智和固有理智,或视为非依赖性理智和依赖性理智。③倘若果真如此,理智和灵魂就只有在派生的原因下才会一起产生,这种派生的灵魂和理智才会"命令和规定年、季和月"(《斐勒布》30C5 – 6)。这样的阐释,让我们不知如何理解超验的、非灵魂的理智,这个概念很像亚里士多德说的上帝。

普罗克罗斯直接面对这个问题,用一种真正的新柏拉图主义的方式总结说,一种原因是另一种原因的自我投射:若非为了自身存在,理智不会特别需要灵魂,倘若它想在物质世界的对象中展示自

---

① 例如,《斐多》67C3,其中$\delta\iota\acute{a}\nu o\iota a$ [推理] 明显代替$\psi\nu\chi\acute{\eta}$ [灵魂]。

② 我认为,世界的身体就是"宙斯的本质",世界的$\beta a\sigma\iota\lambda\iota\kappa\acute{o}\varsigma\ \nu o\hat{\upsilon}\varsigma$ [王之理智] 和$\beta a\sigma\iota\lambda\iota\kappa\acute{\eta}\ \psi\nu\chi\acute{\eta}$ [王之灵魂] 等同于《蒂迈欧》的世界灵魂和世界理性。关于这一点,我遵循 P. Shorey (2) 页 608 的观点。对于维拉莫维茨(Von Wilamowitz – Moellendorff),"因为,宙斯是世界灵魂"(Da ist Zeus Die Weltseele)(1640)。

③ 参 R. Hackforth (8),页 56 –57 注释 1。

己，它就需要中介性的容器，即灵魂。①因此，灵魂中存在的只是派生理智的一种特征。普罗克罗斯提供的解决方案可能正确，但是柏拉图令人混乱的叙述让自信的分析变得困难。难以想象，理智的本质脱离了生命和人格会是什么样，《蒂迈欧》将其对等物视为一个人格化的造物主（《斐勒布》29D 以下）。在这种情况下，超验的有效原因就被赋予了生命、人格和理智；但也有可能，柏拉图如此描述它，是因为他意识到有效原因很棘手，有效原因在某种程度上应该是理智的，而非活的。在更具总结性的《斐勒布》中，没有专门提到这个问题，可能柏拉图认为，有效原因应限定在"塑造"（δημιουργοῦν）和"制造"（ποιοῦν）事物上（《斐勒布》27B1，26E6）。然而，这不是新柏拉图主义者的观点，而且我们很容易看到，[144] 这段话的解释和《蒂迈欧》相应的部分会导致一种主张，即有一种超验理智存在，比灵魂的级别更高。这样一种观点可以通过《斐勒布》30B 的说法得到证实，即原因（理智）"提供了属于我们有灵魂的身体的元素"，或者"原因"的力量负责（αἰτία）让渗透宇宙的灵魂和理智得以产生（30D1 – 3）。尽管如此，足够明显的是，《蒂迈欧》和《斐勒布》都一致认同，看得见的宇宙，其灵魂和理智的存在（不管是时间上的存在还是其他方式的存在）依赖于某种超验的原因（αἰτία）。换言之，世界灵魂无论如何都是依赖性的。

---

① 参普罗克罗斯，《〈蒂迈欧〉笺释》122E（Diehl，页 1402/15 以下）；参 R. Hackforth（8），页 57 注释。普罗克罗斯自己认为，柏拉图的神就是超验的νοῦς［理智］，参 R. Hackforth（1），页 4 – 9。对这个观点的著名批评，参 J. B. Skemp（1），页 114；J. H. M. M. Loenen，页 252；F. Solmsen（4），页 138；以及 H. Cherniss（5）附录 II。然而，A. Diès（1）II 页 541 以下 和 H. Görgemanns 页 205 注释 3 的观点则与普罗克罗斯一致。

　　世界灵魂究竟是一个还是多个，或者被整体看待时是一个，而被分开看待时是多个？这对柏拉图似乎无关紧要。他经常将其视为一个，偶尔（如《斐勒布》30B4 - 5）也将其视为多个，我们发现他在《法义》898C7 - 8谈及"一个灵魂或多个灵魂"时，也同样淡然处之。就当前目的而言，更重要的是，《蒂迈欧》和《斐勒布》都认为，世界灵魂（或灵魂们）是理智的模板。两篇对话都没有暗示，世界灵魂中有什么非理性，更没有暗示世界灵魂在伦理上的中立性。但是，我们已顺便（en passant）注意到，两篇对话有个明显的重要差异，有关世界灵魂（或灵魂们）与个体的人的灵魂的关系，二者的叙述不同。《蒂迈欧》41D4 - 7叙述了造物主对于人的灵魂的个体创造，这就与泛神论相对。我们不可能是世界灵魂的组成部分，也不是世界灵魂的派生物或散发物。但现在，《斐勒布》29B6以下声称，我们的理智和灵魂确实源于宇宙的理智和灵魂。乍看之下，两种观点完全自相矛盾，但又绝非不可能。因为即便在《蒂迈欧》中，宇宙灵魂和个体灵魂的成分也是基本相同，只是纯度不同而已，而非实质不同（《蒂迈欧》41D4 - 7）。如果我们强调柏拉图叙述的这一方面，我们就最接近《斐勒布》的立场，我们可以合理地把《斐勒布》的说法视为发展而不是矛盾。当然，灵魂即世界灵魂的"片段"（ἀπόσπασμα），激发了许多古代思想家的想象力，①而就是这个段落为他们提供了经典文本。

---

　　①　参上文，页［142］注释4。

第十章 《法义》和《法义附言》

[145] 我们要审查柏拉图在《法义》中的灵魂学，就会常常引用卷十，因为这一卷为人类事务和宇宙事务的神性辩护，也支持灵魂的首要性，认为灵魂是所有活动的来源。这与《斐德若》尤其一致，致使一些学者认为，两篇对话的创作时间必定非常接近。①然而，与此相反，对话其余部分大量谈及灵魂的地方，却更让我们想起《高尔吉亚》《美诺》《斐多》和《王制》中的柏拉图。尤其，《斐多》中燃起的宗教热情依然高涨，那里提到的神圣启示这种"更安全的木筏"（85D3）有时似乎比哲学论证更为有效。生命是一个净化和靠近神性的过程（《法义》716CE），灵魂是真正的自我，享有个人的不朽（《法义》959B3 – 4）。正义的人在来世受到奖赏，对话也为恶人保留了处罚。②灵魂与身体当然有基本的实质性区分，"快

---

① 参 J. Stenzel（1）和 O. Regenbogen。

② 参《法义》904DE、881A 以下、727D、870DE、927AB、959B。

乐"再次不被信任。①对话忽略了《王制》中更精细的区分,"灵魂"被称作神圣之物,是人最宝贵的所有物(《法义》728B1,726A2 – 727A2)。可能,柏拉图指的是"理性"或者"智性灵魂",因为通篇都认为,灵魂理应分为广为人知的理性与冲动(如《法义》689AB,714A3)。灵魂的这两部分或两个方面好像也拥有大小,占有空间(《法义》689A9)。希珀克拉底认为,疾病源于各个部分的不平衡,此观点为以下说法做了铺垫,即认为不节制的灵魂是"受了疾病的支配"(νοσήματι συνεχομένην)。② [146] 灵魂或身体真正健康的状态是一种"衡量标准"。③

《王制》的线索(fil conducteur)现在可以得到进一步证实,即人在展现这种衡量标准时,是在模仿神,神是所有事物的准绳(μέτρον,《法义》716C4 – 5 以下)。对话甚至秘密地引入了灵魂转世的概念,尽管披上了更加体面的哲学外衣。④《王制》中的自由意志最终解释了灵魂的好状况和坏状况,但《法义》把这状况置于神圣棋手更大的语境中,棋手严格按照棋子的个体特质和资质来下棋,这种方式总是符合(或使其符合)整盘棋的利益(《法义》904AE)。不管其间发生了什么,我们似乎回到了《王制》的立场,即"责任在选择者,而不在神"(《王制》617E4 – 5)。有一点不同,《王制》为适应具体情况提出的具体主张——选择一种新生活,现在

---

① 参《法义》672D8 – 9、727C1 以下、714A2 以下、689AB。

② 参《法义》714A5 – 6。英格兰(England)对此处的注解,他跟随赫尔曼,质疑νοσήματι [疾病] 这个词的存在。Ast 和 Stallbaum 则为这个词辩护,Burnet 的牛津文本中收入了这个词。

③ 参《法义》728DE。另参英格兰对716D1 的疏解。

④ 参《法义》904A 以下。参 F. Solmsen(4),页158。

被认为适用于人的所有情况："……因为改变的原因在于他们自己。"①最后，《王制》早些时候用来评价灵魂中"好"部分和"坏"部分的用语被毫无条件地重新引入，②这表明《高尔吉亚》《斐多》和《王制》早些时候的灵魂学，仍然是一股强大的推动力，它们像《王制》卷九和《斐勒布》中更客观和更深入的观点一样，强烈地影响着柏拉图。尽管中年柏拉图的思想更具复杂的形而上学色彩，但老年的柏拉图似乎也乐于回到早期启发过他的那些资源中。③

刚才概述的灵魂观，尽管有所不足和前后不一，还是可以简略地概括出一个总体观点，此观点贯穿了《高尔吉亚》《美诺》《斐多》《王制》和（部分）《斐德若》的内容：（智性）灵魂在某种程度上是神圣、宝贵和值得尊敬的，它优于身体，是身体的自然主人。但《法义》卷十给我们介绍了一种非常不同的灵魂观，这种观点首先出现在《斐德若》（245C5 以下），即认为灵魂是"运动的本源"，我在第六章讨论过。如果前面的叙述处理的是人的（至少是智性）灵魂及其地位，那么这一卷就打算讲述灵魂本身，没有对灵魂做进一步限定。这种［147］区分非常重要，因为上下文（为有神论辩解，《法义》887C 以下）要求柏拉图必须给灵魂下一个广泛的定义，足以包含诸神的灵魂、人类的灵魂和其他生物的灵魂，因为他要给纯粹的机械主义者一个充分的答复，他认为这些人否认神性的存在。文中透漏，

① 参《法义》904C7。E. Magotteaux，页 349-351 强调《王制》617E 与《法义》904C 之间的相似性。关于它们差异的重要叙述，参英格兰对此处的注解。

② 参《法义》904B2-3；参《王制》431A、432A。

③ G. Müller 页 190 认为，整个就是对柏拉图哲学的戏仿，但是根据亚里士多德的证词，会把柏拉图的《法义》排除出柏拉图的文集。相反，P. Shorey 则认为，《法义》"几乎是柏拉图哲学的完整摘要"（1），页 347。

这样的灵魂在生成之物的序列中"占据首位"，出生在所有身体之前，"毫不含糊地控制所有变化，或重新安排一个身体可能经历的事"（《法义》892A4－7）。那么，"必然的"结论就是，与灵魂"同源"的事物也同样比身体古老（892A7以下），这些同源活动后来被描述为愿望、计算、真实的判断、目的和回忆（896C9－D1）。这已经是一个反机械主义的论证，用英格兰（England）的话来说，它表明，"ψυχή［灵魂］比身体更φύσει［天然而成］——因为怀疑论者用φύσις［自然］来指'最初产生的东西'，正如我们所说，那是ψυχή［灵魂］的事"。①

叙述完运动的不同种类后，柏拉图最终把灵魂定义为"能够使动自身的运动"或"能够激活自身的活动"（《法义》896A1－2），然后又将之扩展为"现在、过去、将来之物及对立者最初的生成和运动"，因为"灵魂在任何情况下都负责一切的变化和运动"。②此外，灵魂的首要性不只是本体论上的，而是时间上的。这似乎也是以下句子唯一可能的含义："灵魂先于身体生成（προτέραν γεγονέναι），而身体是第二位的、派生的（δεύτερόν τε καὶ ὕστερον），灵魂统治事物的真正秩序，身体则服从统治。"（《法义》896C1－3）这一灵魂最终被描述为"负责善与恶、美与丑、正义与不义之物及所有对立者"（《法义》896D5－7）。

很显然，我们迄今讨论的灵魂是一般性的灵魂，或许翻译为灵

---

① 参 E. B. England II，页26 对《法义》892 做了概括。

② 参《法义》896A6－8、896A8－B1。"对立者"指什么，不太清楚。C. Ritter 认为（英格兰引用过），"对立者"指的是τὰ μὴ ὄντα καὶ διαφθαρμένα καὶ διαφθαρησόμενα［所有非存在、被毁坏和将被毁坏之物］，他的看法可能正确，但我们似乎可以从《法义》896D6 以下推断，柏拉图心里想的可能是道德方面的对立者，尽管英格兰否认这一点。ψυχή［灵魂］即 πρώτη γένεσις［最初的生成］，另参《法义》899C7。

魂质料（soul-stuff）或灵魂力（psychic force）更好。①对话没有表明，灵魂是特殊的还是个人的。就这个程度来说，［148］《斐德若》②最初呈现的论证已经得到扩展。在《斐德若》中，柏拉图试图证明的不朽的（理性）灵魂纯粹只是一个自我运动的实体，处于永恒运动中，在其语境中，我们自然会以为，这样的灵魂是非依赖性的。现在，立场已经得到澄清，灵魂属于生成的秩序，尽管仍然比身体"古老"且不死。③而且，现在还提出了更加尖锐的问题。雅典异乡人问："灵魂统治着所有做着各种运动的事物并居于其中，那我们就要说它控制着宇宙吗？"（《法义》896D10以下）克莱尼阿斯做了肯定回答，但他同意了什么？他同意世界灵魂存在，其（理性）活动在天体（οὐρανός）的运动中显现得最清楚，就像在《蒂迈欧》中一样？还是同意说，整个宇宙（οὐρανός）充满着一种灵魂力或灵魂质料，它以某种方式优先或控制着物质和现实事物？

从之前的讨论来看，我们得说第二个答案乍看起来更合理：因为它讨论的是灵魂（ψυχή），而非某种特殊灵魂（ψυχή τις）。④但接下

---

① 关于翻译，参英格兰对《法义》896E8的论述，以及W. J. W. Koster，页60。另参J. Moreau（2）（页68）和E. Bréhier（S. Pétrement，页69赞成地做了引用）。认为ψυχή［灵魂］是某种"质料"的观念，参《蒂迈欧》35B以下。

② 参上文，页［111］以下。

③ 参《法义》892A4 - 5、892C4、896C1 - 3、967D5。参《蒂迈欧》41D4 - 7，34B3，《治邦者》273B1 - 2。

④ οὐρανός指"天体"，参英格兰对《法义》896E1的注释。这源于对《法义》896E8 - 9 τὰ κατ'οὐρανὸν καὶ γῆν［推动着天空和大地的事物］这句话的参考，其中οὐρανός明显指天体。但是，正如W. Spoerri认为（页212），在《法义》896E1的语境下，οὐρανός最自然的翻译是："整个宇宙"。另参《法义》899B8。然而，οὐρανός这个词本身模棱两可，几乎无法给出确定的解释，致使Reich下结论说，我们在《法义》中发现两种宇宙灵魂的概念：（1）ψυχή作为世界灵魂（正如在《蒂迈欧》中一样），"统治"着οὐρανός［天空］；（2）ψυχή"就其本身而言"（即作为灵魂质料或生命力）贯穿一切事物（πάντα περιάγει）。参K. Reich，页66 - 67。

来的句子马上造成困难。灵魂似乎是多个，而非一个。如果柏拉图意指有好几种或好几类灵魂的质料，这句话就可以理解，但按照希腊原文，这句话又只能翻译为"多于一个（单个）灵魂"（πλείους，《法义》896E4），而不能翻译成其他含义。据说，这些"灵魂"在数量上"至少有两个"（《法义》896E5 - 6），这就解释了896D为何把事物尽量细分为道德上的对立者。不必强调"两个"这个词，它只是让灵魂成为"多"而不是"一"的最小数字。① [149] 如果上下文是争论性的辩护而不是详尽的分析，灵魂做个特殊的区分的确有意义，也有用处。但整个句子用的希腊文容易给人误导，以至于许多人认为这里指的是拜火教的"二神"论。②如果柏拉图讨论的是不同"种类"的灵魂，而非特殊的灵魂，困难或许还能避免；许多人已经指出，"灵魂的种类"（γένος ψυχῆς，897B7）表达了柏拉图对此事的真实看法。③

当然，一旦雅典异乡人回到这个主题，他似乎谈论的又是一般的灵魂或灵魂力，它通过"自身（即灵魂）的运动"引导或指导天空、大地、海洋中的一切事物（《法义》896E9）。就其本身而论，这种灵

---

① 在语境中，选择δύο［二］这个词，似乎是因为它适合用来对现实做特殊的划分——也就是，把现实分为道德的对立者。但这并不是说，另一种方法就不会导致不同数量的"划分"。Pétrement认为，柏拉图最终的目的是想表明，天体被很多善的灵魂统治，为了实现这一目的，一开始就得把灵魂区分为善和恶，以形成对照（S. Pétrement，页67注释136）。

② 尤其参W. Jaeger（1）页132，R. Reitzenstein和H. H. Schaeder页6、页32 - 37，以及J. Geffcken 517以下。近期更多支持这种理论的人，参H. Cherniss（1），页53 - 57。

③ 参英格兰对此处的注解；S. Pétrement，页68；H. Cherniss（2），页26注释29；R. Hackforth（1），页6；V. Martin，页121；W. C. Greene，页311；H. Görgemanns，页201；R. Schaerer，页69注释1。

魂质料，似乎在伦理上和理性上都是中性的。当它的运作"有智慧相助"（*νοῦν προσλαβοῦσα*）或者"有愚蠢相伴"（*ἀνοίᾳ συγγενομένη*），它的活动才呈现出伦理和理性色彩。①现在用这个区分，是想回答如下问题：我们可以说哪种（*γένος*）灵魂在控制"天、地以及它们的整个轨迹"（《法义》897B7–8）？是"理性和充满了善的灵魂"［即有智慧相助的灵魂（*νοῦν προσλαβοῦσα*）］？还是相反的情况［即有愚蠢相伴的灵魂（*ἀνοίᾳ συγγενομένη*）］（897B8–C1）？对话者一致认同，天体的运动极大地证明了理智，因而得出前一种结论（897C4以下）。但在得出这个结论之前，大部分话都容易给人误导。还没有引出"灵魂的种类"这个有用概念之前，就先把两"种"灵魂描述为"最好的灵魂"（*τὴν ἀρίστην ψυχήν*）和"坏的灵魂"（*τὴν κακήν*）了。②

许多人认为，这只是证明柏拉图写作马虎，柏拉图的基本立场仍然是同一灵魂有着不同的种类。③而其他人则认为，柏拉图设想了两个世界灵魂的可能，一个善，一个恶，但只是一种"暂时的假设"。④那些我们可称其为拜火教者的人则认为，柏拉图在明确地声称，有两种世界灵魂存在；如果天体展现为善的灵魂，我们就可以认为，尘世［150］将是另一种灵魂的领地。⑤那我们就很容易把后

---

① 参《法义》897B1、3；参 V. Martin，页120。

② 参《法义》897C7、D1；参《法义》896E5–6，*τῆς εὐεργετίδος*［做好事的（灵魂）］等等。

③ 参注释18。

④ 参 L. Robin（1），页227；A.–J. Festugière（1）II，页126。然而，罗班之前就说过，一个灵魂内既有善的部分又有恶的部分（2），页114。

⑤ 参 S. Pétrement，页70–72的提及。此外，另参 A. Rivaud（1），页351–352；G. M. A. Grube（2），页147注释1；G. Müller，页87。

一种灵魂与《蒂迈欧》中的"必然"等同起来。①

拜火教者的观点似乎只取文本的字面含义。柏拉图的写作确实很不严谨，但我们可以在论证结尾找到反对"两种灵魂"说的确凿证据，他下结论说，"把工作归给其他事物，不归给一个或多个至善的灵魂，是一种亵渎行为"（《法义》898C7–8）。究竟是一个还是多个至善灵魂统治天体，他似乎并不关心。②重点是，天体运行中展示的灵魂力是一种看得出来的"善"，不管我们是从总体上看还是分开来看。③"假想"论很有吸引力，但并不意味着假想就涉及两种且只有两种世界灵魂；无论柏拉图的话多么随意，898C处的"一"或"多"都表明，他想谈论至少两种类型的灵魂，认为一种灵魂或两种灵魂都可以进一步细分。尽管如此，如果我们继续假设，有一个恶的世界灵魂（假定）存在，其本质必定存有疑问。因为柏拉图本人对它的评价游移不定，有时明确称之为"坏灵魂"（τὴν κακήν），有时又不那么严厉地称其为"起反（即坏）作用"（τῆς τἀναντία δυναμένης ἐργάζεσθαι）。④

整段话，柏拉图都说得不严密，使得任何解释都变得危险，最不让人满意的可能是英格兰、莫罗（Moreau）、彻尼斯和其他人的解释，他们认为，柏拉图是在尝试将单一的灵魂力分为两种基本的类

---

① 参 U. von Wilamowitz-Moellendorff II，页321；Th. – H. Martin，页356–357（遵循普鲁塔克）；E. R. Dodds（1），页21。

② 参《法义》898B5–6和《斐勒布》30B4–5。

③ 参 England 对896E4的注解，及《斐勒布》30B4–5。

④ 参《法义》897D1、896E6。这两个称谓中，不那么强烈的那个支持了如下说法，即正在讨论的ψυχή［灵魂］就等同于《蒂迈欧》中的ἀνάγκη［必然］。参 T. Gould，页134。

型。①如果我们把这些模棱两可的话解释为"至善灵魂"和"坏灵魂",那这段话还能说得通,可很多问题依然悬而未决。如果天体展现了"一种至善灵魂"（ἄριστον ψυχῆς γένος）的存在,我们能否得出结论说,"坏灵魂"只发挥了假设作用,而事实上根本不存在? 否则,[151] 它在哪儿? 完全在尘世,还是天体中也有?②它可能是对人的灵魂中的邪恶的一个集体称谓,③或是对物质世界中的背道而驰的一个流行称谓,而其他地方则突出地将其描述为必然?④对这些问题的回答无以计数,柏拉图的话不清不楚,让每一个问题都有讨论的余地。最保险的做法,可能是去不那么模糊的文本中寻找他"恶的哲学",如果他有这样的哲学。

灵魂定义的扩展已经让我们偏离了《斐德若》中图式化的推理,对话叙述完灵魂运动的本质之后,我们就偏离得更远了。灵魂的运动被详细列出:"希望、思考、预见、建议、判断、真或假、快乐、痛苦、希望、恐惧、仇恨、热爱,以及与他类似或最初（πρωτουργοί）的运动",⑤通过

---

① 对伯内特、英格兰、泰勒和莫罗的参考,参 S. Pétrement,页 68。此外还有:W. C. Greene,页 311;W. Spoerri,页 211;R. Hackforth（1）,页 6;H. Cherniss（2）,页 26 注释 29;T. Gould,页 134。

② 有学者认为柏拉图在谈论恶的世界灵魂,他们倾向于将其置于尘世当中。例如:H. Cherniss（3）,页 208 注释 2;G. Müller,页 87;R. W. Hall,页 77。Hall 强调,恶的世界灵魂低于善的世界灵魂。

③ G. M. A. Grube 认为,恶的灵魂（们）必定是无知者的灵魂（2）,页 146。另参 P. Stöcklein,页 45。

④ 参 E. R. Dodds（1）页 21,他遵从普鲁塔克。

⑤ 参《法义》897A1 - 4。我认为,W. Theiler（2）页 70 所说的,在《斐德若》中,灵魂的运动只是现实空间中的移动（Ortsbewegung）,这个观点走得太远。在我看来,《斐德若》245C 以下的论证,似乎是一般性的,并没有做出承诺。关于非物质的（non - material）灵魂运动,参《王制》583D 以下和《泰阿泰德》153B9 - 10。

这些运动，灵魂引导或控制了天空、地上、海里的一切事物。这种非常"人格化"或"精神化"的描述与《蒂迈欧》（36C 以下）对个人灵魂的运动和宇宙灵魂的运动的"物理"描述形成鲜明的对比。当然，可以用这一段和《智术师》249A 来解释《蒂迈欧》的"粗陋"，这样做很具吸引力，因为《智术师》249A 对灵魂的运动也描述得非常清楚，灵魂的运动不是空间性的，而完全是精神性的。①但是，用后来的对话"解释"前面的对话，总体上存在风险，除此之外，我们考虑的也不是同样的运动类型。在《法义》中，讨论的是非依赖性的、自动的灵魂之自我引导、自我维持的运动；而在《蒂迈欧》中，我已经提示，灵魂（除了假定的——和例外的——造物主的灵魂）只是处于永恒运动中，灵魂不是一种运动原则，且基本上是依赖性的。

鉴于此，我认为柏拉图在这里表达了一种非常不同的灵魂观，这种观点可能暗示了有关灵魂活动本质的更加深刻的观点。这些（灵魂）活动，其运动的首要性得到强调（πρωτουργοί），活动表面上相当"人格化"，[152] 而且很大一部分源于预见 [尤其是动词"检查"（σκοπεῖσϑαι），"照料"（ἐπιμελεῖσϑαι）和"计划"（βουλεύεσϑαι）]。②这有用地阐明了《斐德若》含蓄表达的意思，灵魂的预见在《斐德若》中也同样明显（《斐德若》246B6－7）。但有一点值得注意，灵魂的预见在《法义》中不一定有益，它可能被导向目的而非善。③它也不必特别理性，柏拉图最多说它"有计划"，能够（但不必）"正

---

① 参 J. B. Skemp（1），页 21、86。

② 参《法义》897A4、897A1。比较《法义》897A4 和《法义》897A5 的 παραλαμβάνουσαι [控制] 与《法义》897B2 的 παιδαγωγεῖ [照料] 这两个词。

③ 尤其参《法义》897A3、897B1－4。

确地发表意见"(《法义》897A1 -2),它既能被仇恨激发,也能被爱激发(897A3)。

据说,灵魂的运动"控制""身体的次级运动",因此引发"增长和减少""分离和结合"以及其他物质世界类似的特征(897A4以下)。这种次级运动是灵魂必须与其合作的物质,结果完不完美取决于它是用理智还是非理智来行动(897B1 -3)。这一切与其他对话谈论的个体(理性)灵魂或造物主有很多共同之处,但差异更为引人注目。造物主只做好事,而且自己完全是好的(《蒂迈欧》29E1 -3,《治邦者》273B6 -7),而灵魂本身做好事还是坏事,取决于它是"有智慧相助"还是"有愚蠢相伴"(897B1 -3)。可以有意义地(误导性地)把造物主视为世界灵魂的胞体,或世界灵魂的理智,而灵魂本身则不必使用理智,它体现的预见能导向目的而非善。这最后一点也有助于我们把灵魂与我们在《蒂迈欧》中看到的完全理智的、仁慈有远见且神圣的世界灵魂区分开来。灵魂被更加正确地描述为宇宙的灵魂质料或灵魂力,它在伦理上和理智上是中性的,只有按照智慧(νοῦς)或愚蠢(ἄνοια)来运作时,才会呈现伦理和理智色彩。①(毫无疑问,这种区分只是逻辑上的区分,我们很难想象,灵魂既没有"智慧相助"又没有"愚蠢相伴"会是怎样的状态。)灵魂本质上的中立性,使其很像《斐多》首次介绍给我们的"生命灵魂"。②

[153] 马丁(Martin)也是类似的思路,他指出,生物性存在

---

① 参 W. Theiler (2),页69注释1,他对"世界灵魂"这个词的介绍容易误导人;此外,他给《法义》中的ψυχή[灵魂]做出了一个极好的定义。他写道:"世界灵魂只是概括了宇宙运动中所有的精神起源。"

② 即基于对立原则的论证。

是一切好行动或坏行动、理性行动或疯狂行动的必要条件（sine qua non）。①如同《斐多》一样，这里也假定生命灵魂和认知灵魂同为一物，这就再次忽略了本来应该（却没有）在《斐多》中提出的问题。

《斐多》中讨论的原因和必要条件（sine qua non），《法义》似乎也做了相应的讨论。按照《斐多》，苏格拉底坐下来的真正原因，在于意愿的灵魂"运动"（对此《法义》897C1，βούλεσθαι），肌肉的收缩或者关节的弯曲，只是必不可少的身体条件（συναίτιον），而不是真正的原因（《斐多》98C 以下）。尽管说法不同，读起来却很像《法义》卷十中的"首要"和"次要"运动。如果这个分析正确，《法义》卷十的灵魂似乎是个体灵魂（被视为生命灵魂）的宇宙版本，正如个体灵魂的智性或认知方面在《蒂迈欧》和《治邦者》理性的世界灵魂中也有其宇宙对等物一样。我们首先在《斐多》对立论证和回忆说论证中见到这两种类型的灵魂，注意到它们假设的同一性如何制造了问题而非解决了问题。后来，在宇宙论层面讨论同样的问题时，柏拉图时而强调一种灵魂的运作，时而强调另一种灵魂的运作，显然从未怀疑这二者实际上是同一个原则。问题似乎在于诸多混淆的根源。这些观点都不认为，灵魂是运动的本源，本身（per se）是自动的，但依然受制于生成。②灵魂要么是依赖性的，要么就是非依赖性的，但不可能既是依赖性又是非依赖性的。

---

① 参 V. Martin，页 120。

② 参《法义》967D4 - 5、892A4 - 5、892C4。A. Diès（1）Ⅱ页 567 认为，柏拉图在此处迎合读者（他们对形而上学思辨的细节不十分感兴趣）。M. Guéroult（页 38）觉得，我们只能认为，灵魂是造物主造的，正如在《蒂迈欧》中一样。

当所有运动都被含蓄地宣称为永恒运动时，困惑就加深了——阿纳克萨戈拉就大胆地想象，说运动可以源自一种原初的不动状态，他为此受到批评。①有一种解决方案貌似可行，即再次引入造物主，他的灵魂是个例外，是最重要的灵魂，没有受制于生成，正如在《蒂迈欧》和《治邦者》中一样。碰巧，造物主本身没有被发现，但神圣棋手中明显出现了他的对应者，神圣棋手以一种适合整体的方式安排棋子。他是被称为"不低于匠人"的神（《法义》902E4 – 5），[154] 他在照料整体时，被比作"一个医生或熟练的匠人"（δημιουργός）。②

但是，依赖于他而存在的灵魂如何也能自动，这个问题依旧令人困惑；看起来，要么得证明灵魂多余，要么得证明神自己多余。当然，与《蒂迈欧》相比，问题尖锐得多：《蒂迈欧》中的世界灵魂只是一个处于永恒运动状态的实体，自身显然不做自我运动；现在，灵魂既处于永恒运动状态，又做自我运动（《法义》896A1 – B1）。柏拉图没有意识到这一点，亚里士多德却看到了其中的隐含意思，他将造物主和作为运动本源的灵魂合为一体，使其成为最终不动的动者。但是，柏拉图冒着前后矛盾的危险，想始终保存他的两条原则。

在上下文中，《法义》卷十的灵魂学是毫不妥协的辩护。抽象地看，柏拉图的灵魂观只是其主要论题的前奏，柏拉图主要想论证，天体及其运行展现了践行理智和预见的一种或几种特殊灵魂的活动，

---

① 参《法义》895A6 以下和 M. Guéroult 页 43。在我看来，他对这些问题解释得很好，但他的解决方案（用黑格尔的三元组）却很荒谬。

② 参《法义》903C5 – 6，像造物主一样，他也被称为 βασιλεύς［王］（904A6）。参《斐勒布》28C7 和 H. Görgemanns 页 202。

因此显然配得上神圣的称号。这些灵魂的理智可以从它们的圆周运动推断出来;①否定他们的预见和关心是一种亵渎（898C3－8）。在《法义》898D，对话者最后达成一致意见，可以说所有天体都有一个个体灵魂，他们提出一个有趣的问题，如何将这样的灵魂与身体联系起来。一开始，柏拉图的著作就从未清楚地阐明身体与灵魂的关系，即使到了最后，他也一如既往地不确定。他以太阳为例，提及灵魂可以控制身体的三种方式：内部控制，如同"我们自己的灵魂"；外部控制；或者用某种神秘的方式"引导"，"脱离了身体，拥有某种奇妙的力量"。②要注意个人灵魂即"内在的人"，这个观点依然占主导地位，但除此之外，他的结论几乎不可能不让人满意。原因近在咫尺。不管灵魂与身体在本体论地位上应该有多大的悬殊，不管我们处理的是《斐多》还是《法义》卷十的灵魂，两者实际上都同等重要。尽管灵魂在两篇对话中都不应该被感官察觉到，③[155]尽管灵魂的运动不是身体上的，但他对灵魂行为的三种猜测中，有两个都只是三维身体的行为。然而，第三种猜测，虽然没什么启发性，但或许给了我们一个暗示，即柏拉图感觉到前两种猜测不太合理。

　　他最终得出如下结论：

---

　　①　参《蒂迈欧》36E3－5 和《治邦者》269E5。

　　②　参《法义》898E8－10、898E10－899A2、899A2－4。这可能说明，尽管柏拉图依然觉得，把天体当作ζῷα［生物］来讨论是有意义的，但他开始认为，当我们处理超出感官极限的天外之物时，ζῷον［生物］这个属可能得扩大范围。参 V. Martin，页 119。

　　③　参《法义》898E1，《斐多》79B12 以下。然而，在《法义》898D11－E2，要注意，柏拉图并非教条地认为灵魂在所有情况下（τὸ παράπαν）都不可感知。就其目的而言毋庸置疑，但他又没有十足的信心完全确信地写下来。即使在《斐多》中，灵魂也只是类似于看不见的理念。

　　雅典异乡人　关于既有星辰、月亮、年月和既有季节，我们还有别的要讲吗，除了这同一个之外，即我们已经证明，灵魂——或灵魂们——和那些有着至善的善灵魂，是一切事物的原因，我们就说些灵魂是神，无论它们是住在宇宙体内，像个活的生物那样指引宇宙，还是以它们自己的行动方式来指引宇宙。有此信念的人听了这些话，还会说一切事情不"充满神"吗？

　　克莱尼阿斯　异乡人，没有人会说这种胡话。①

有了这段话，反对无神论者的论证就完整了。

《法义附言》可能是柏拉图的收官之作，或是某个人在柏拉图死后不久写的。②关于灵魂，对话没说什么新东西，尽管强调的重点有所改变。尤其，灵魂与身体的二分得到有力的确认（《法义附言》980D6 以下），我们看到了很多熟悉的修饰语。灵魂是生物的统治部分（《法义附言》980E2），比身体古老（《法义附言》980E5），更像神，且"更好"（《法义附言》980D8）；不管身体与灵魂以宇宙的还是其他方式组合，情况总是如此（《法义附言》980D7）。然而，983D2 – E3 更为夸张的说法则很新颖，整个存在（τὰ ὄντα）被分为两类，一类是灵魂，一类是身体；存在的一切要么是这个属的种，要么是另一个属的种。作者继续说：

---

　　① 参《法义》899B3 – C1。在这个说法中，我强调，如果ψυχή［灵魂］是ἀρχὴ κινήσεως［运动的始基］，那它就是非依赖性的。对生命哲学（Lebensphilosophie）更感兴趣的作者会强调，当ψυχή运用于人的灵魂时，那就会强调它的自主性和自由意志。参 H. Barth，页288，他遵循黑格尔的观点。

　　② 充分的讨论，参 Budé 版前言。

当然，我们会认为第一种有理性，而第二种没有理性；第一种统治，而第二种服从；第一种是普遍的原因，第二种是产生不了结果的原因。(《法义附言》983D3 - 7)

理智和因果责任 (αἴτιον) 似乎仅限于灵魂。比起《蒂迈欧》，这标志着一个很大的变化，［156］《蒂迈欧》为理念这个唯一真正的存在 (ὄντα) 留有空间，把"必然"视为世界形成过程中的一股强大力量，而非一种灵魂力量。但是，《法义》却把灵魂视为一切事物活动的原因，并不强调理念。《法义附言》似乎把后一个观点推向了极致。

灵魂的依赖性或非依赖性这个老问题依然伴随着我们。对话声称，灵魂做自我运动 (《法义附言》988D2)，我们马上就会认为，灵魂的实在是非依赖性的；与此相反，只有神 (θεός) 才能赋予身体以灵魂 (《法义附言》983B2 - 3)，因此我们必须下结论说，灵魂在某种程度上必定依赖于某种实在而非自己而存在，这种存在或是时间上的，或是其他方式的。神 (θεός) 被称为"父亲"，像《蒂迈欧》中的造物主 (《法义附言》978C4；《蒂迈欧》37C7)，但作者似乎也愿意将神与看起来像世界灵魂的东西等同起来，世界灵魂现在被称为乌拉诺斯 (Uranus)，或者宇宙 (Cosmos)，或者奥林匹亚 (Olympus，《法义附言》977A4，B2)。这确实让神 (θεός) 成造物主看起来像是世界灵魂的胞体，至少在《法义附言》中似如此。①但如果灵魂做自我运动，为何还要提到神 (θεός)？或许是因为作者看

---

① 从宇宙学层面而言，灵魂的"造物"活动通过《法义附言》984B6 - 7 处的πλάττειν［制造］和984C2 - 5 的πλάττειν...δημιουργήσασαν［制造……塑造］得到清楚的概括。在这种程度上，造物主和宇宙的ψυχή［灵魂］很可能被称为胞体 (参上文，页［100］注释18，提到 Theiler 和 Festugière)。但是，鉴于《法义附言》的真伪，将这种观点直接运用于《法义》会很危险。

到了非依赖性的世界灵魂（和/或造物主）与其他依赖性的灵魂在种类上有差别，后者把自己的存在归于前者。但倘若果真如此，困难就只是搁置了，而不是解决了，因为即便是天体，其依赖性的灵魂也做自我运动（《法义附言》988D2）；除非这些灵魂的自动属于另一种类型，否则为什么它们的实体化就得有一个它们自身之外的原因（αἴτιον），而世界灵魂则明显不需要？然而，作者没有暗示，它们的自动属于另一种类型，这就给我们留下一幅混乱的图像：灵魂要么是两种中的一种，一种是（可解释的）非依赖性的，而另一种是（不可解释的）依赖性的；要么就是一种，根据它的活动程度，以某种方式或是依赖性的，或是非依赖性的。无论哪种，我们都没有从断言阶段走到论证阶段。

善灵魂和坏灵魂的问题再次被简要提出，但一如既往地不清不楚。"善灵魂"是所有善果的根源，坏（灵魂）则相反（《法义附言》988E2–3）。这只是对两种不同类型的灵魂的松散写法，如同《法义》中的情况，还是作者真的认为有两种对立的神？第三种观点认为，坏灵魂［157］只是作为一种临时的假设引入进来，①这种观点可以排除，因为重点放在宇宙中的善与恶，而不仅仅是善，作者明显打算为两者假设一个灵魂上的起源（《法义附言》988D4以下）。但此处与《法义》一样，来自文本的证据依然不够清晰，我们只能勾勒出各种可能的平衡状态。最不可能的情况是，柏拉图到了老年，竟转到拜火教这种极端的立场而不给吃惊的读者以充分的解释。有一种差强人意的解决方案，即把善恶两种"灵魂"当成两种类型的灵魂，在恩培多克勒的爱与恨中去寻求它们的根源，而不

---

① 参上文，页［149］注释22。

是在拜火教的两个神中去寻找。这个结论足以解释作者最后的主张，即"善（τὰ ἀγαθά）必定且曾经战胜过它的对立面"（《法义附言》988E3－4）。这个信念与作者如下观点一致，即天体及其运动展现了神圣理智在宇宙中的运作（《法义附言》982A7 以下），理智这种完美秩序产生的结果就是，理智自身也不可避免地完美（《法义附言》982C1－2）。天体进入有序的过程是先前主人计划的结果（《法义附言》982C4－5），这读起来像前定（pre-established）和谐论的原始宇宙版。这样的信念似乎很难与如下观念画等号，即在宇宙中存在一个恶神，他与善神不分伯仲。这样的信念更接近于《蒂迈欧》的立场，《蒂迈欧》中的与身体相关的"必然"乐于接受理智的劝说，允许自己被引向善的事物（《蒂迈欧》48A2－3）。说"善的事物"胜过它们的对立面，这表达了我们最终的信念，即尽管宇宙顽固不化，它还是受制于理性预见性的指导，恶的力量永远不要指望能与之并肩而立。

第十一章　尾声

[158] 柏拉图几乎在每个话题上都展现了复杂微妙的思想，注释者若想将其化减为一个短小、统一、容易理解的概括和结论，这样的尝试就会很冒险。请记住，我在这里只是回顾讨论柏拉图的灵魂概念时明显产生的紧张和冲突，我会让读者自己去判断，什么样的统一因素（如果有的话）构成了它们的基础，并（或者）让读者去发现柏拉图在写作这个主题的过程中有何进展（或倒退，取决于读者自己的观点）。

苏格拉底的对话出现了好几个可以辨识的灵魂意义。灵魂是一个认知原则（比如，在《卡尔米德》和《普罗塔戈拉》中）和一个道德活动原则（比如，在《高尔吉亚》和《美诺》中）。在《卡尔米德》《阿尔喀比亚德前篇》和《普罗塔戈拉》中，灵魂被视为"真正的自我"，在《高尔吉亚》（后来也在其他对话）的神话中，灵魂被视为我所说的"另一个人"。就身体与灵魂的关系而言，《卡尔米德》、《阿尔喀比亚德前篇》和《普罗塔戈拉》一致断言，自我和灵魂同为一物，但它们对灵魂与身体关系的叙述，则各有不同。在《普罗塔戈拉》中，身体只是灵魂的所有物；在《阿尔喀比亚德前篇》中，身体既是灵魂的所有物，又是灵魂的"工具"，与灵魂有一种其他所有物没有的"特殊关系"；在《卡尔米德》中，身体本身被视为灵魂不可或缺、不可分离的部分，两者具有生物部分与生物整体的复杂关系。《高尔吉亚》和《美诺》这两篇对话暗示，灵魂内部有区分，灵魂与身体分离后继续存在。

在《斐多》中，更为明显的观点是，灵魂是一个认知原则、道德原则，是真正的自我和另一个人，尽管现在又增加了灵魂即生命原则（或"生命携带者"），以及灵魂即身体中某种像外质（ectoplasm）那样的空间液体的概念。但是，更令人困惑的是，《斐多》对灵魂与理念的描述极为相似，灵魂似乎是 [159] 某种静止、同质和原子式的东西。在这些描述中，灵魂显然是一种与身体相当的实体，因此它们加起来数量为二。至于身体与灵魂的关系，则是一种极端的二元论。身体充其量是一种妨碍，最坏的情况是一种恶，绝不是真实自我的一部分，真实自我的内容被灵魂占尽了。同样可疑的是，身体的快乐和欲望与身体之需，在种类上与灵魂更高尚的欲望不同。总之，身体是一种有害的影响，好人的生命就是远离身体的"净化"过程，以期在别处获得奖赏。至于占据了对话大量篇幅的灵魂不朽的证明，我认为它们因不断解释灵魂概念本身（有意无意）的含混性而被削弱了。

我们在《斐多》中看到的有关灵魂的大部分含义都在《王制》中重新出现，灵魂即生命原则与灵魂即道德原则混在一起，严肃地质疑了《王制》卷一结尾几页关于灵魂幸福的论证。总的来说，灵魂与自我被视为同义，尽管一些奇怪的段落把自我视为灵魂与身体的生物结合体（正如在《卡尔米德》中一样），或超越了身体与灵魂这个混合体的超我。然而，究竟应该如何严肃地看待这些段落，尚无结论。

显然，为了适应政治类比，柏拉图声称灵魂三分，比起《斐多》，这是一个明显的进步。在《斐多》中，欲望和快乐因为源于"身体"部分而被忽视，并因此受到质疑；但现在，只要它们接受明智的疏导，就会在平衡的人格中发挥作用。相反，一个人内心的冲突就是灵魂内部的冲突，而非灵魂与身体的冲突（正如在《斐多》中一样）。德性是灵魂的健康，而灵魂的健康就是其不同成分、不同部分或不同"动力"之间的平衡。

《王制》卷十引入了一种新的灵魂不朽论，我支持少数人的观点。他们认为，不朽的"灵魂"指的是整个（三分的）灵魂，而不只是卷四称之为理性或推理的部分。但这不是说，灵魂以三分的状态存活下来；它只是说，存活下来的灵魂可能是个统一体，与此世（ici bas）据说以某种方式三分的灵魂有着相同的范围或者外延。

在《蒂迈欧》中，我们看到，[160]《王制》暗示的内容得到了充分解释——世界，类似于人类和其他生物，自身是活的，拥有"灵魂"。我认为（与康福德相反），这个灵魂是纯粹智性的，许多方面类似于《王制》卷四描述的人的灵魂的"推理"部分。它也像人的理性一样，是永久的，尽管不是永恒的；也就是，它的永久性是一种"时间上的"持续（不同于理念和柏拉图说的造物主的非时间性的"永恒"）。它的存在依赖于造物主，因此是依赖性的，它与造物主和理念相反，后两者是非依赖性的。它拥有永久的循环运动，被称为同和异的运动，我认为（再次与康福德相反），这两种运动都证明了它内在的理性；即使异的运动以暂时存在的亚理性（subrational）世界为领地，但它的路径是最理性的，且与这个世界享有的少量存在和理智相符。

我的绝大部分阐释都批评了普罗克罗斯和普鲁塔克的观点（及其现代追随者），支持亚里士多德更"字面的"解释，包括用来描述世界灵魂的非常"物质"的语言；在我看来，它们类似于《斐多》中有时用来描述个体灵魂的物质语言。

《蒂迈欧》也把同样"物质"的语言运用到个体的人的灵魂上，这种灵魂也是三分的，每个"部分"就像安放在身体内的一个特殊部分。然而，这样的"三分"似乎与《王制》中概括的三分有些不同，可能描述成二分更合适，是二分的进一步细分；人的灵魂在本质上可分为可朽与不朽两个方面。因为现在明确主张（与《王制》卷十相反），人的灵魂唯一不朽的部分是理性部分。两个"较低"部分是可朽的，只是灵魂人格化时的两个方面。

我遵循泰勒，认为造物主，即宇宙的父亲和组织者（但不是创造者）是一个人，而不只是理智的象征。他是最不受限制的灵魂和理智。我反对费斯蒂吉埃（Festugière，他只把造物主视为世界灵魂的一个胞体）和康福德（他只把造物主视为世界灵魂"理性部分"的一个胞体）的观点，我认为造物主是一个存在，与世界灵魂的种类很不相同。他是非创造的、永恒的和非依赖性的；而世界灵魂是被创造的、时间上是永久的，也是依赖性的。

[161] 我认为"必然"是一种永恒的、非灵魂的母体，与造物主形成对照，它集中体现了"身体部分"（正如后来在《治邦者》中被称呼的那样）对有计划的理智产生的阻碍作用，后者被迫要与它打交道。因为它永恒，所以既可以在前宇宙的混沌中找到它，也可以在成形后的宇宙中找到它。无论哪种情况，它的因

果关系都不是目的性的，即便在宇宙形成时，它已被造物主"说服"和驯化，致使其因果关系变成可预测的机械关系，为成形了的物质对象所享有——我们的日常生活就是基于这种普遍可靠且可预测的机械性因果关系。

区分了世界灵魂和造物主的灵魂之后，我又提出，灵魂即运动的本源且做自我运动，这种学说中的灵魂不可能指世界灵魂，因为世界灵魂的源泉依赖于造物主。我们充其量可以说，这种灵魂可以暗指造物主永恒的、非依赖性的灵魂。世界灵魂可以处于永久的运动中，但不是永恒、自发和自我维持的运动，《斐德若》和《法义》尽力肯定这种运动，认为它是一切灵魂的本质。我们可以承认，是灵魂即生命原则的概念酝酿出了灵魂自我运动之力的说法（如《斐多》），但鉴于《斐多》这样的对话中出现了非常"静止的"灵魂形象，我们便可以合理地怀疑，柏拉图在这个阶段是不是意识到了他的主张所隐含的含义。至于《蒂迈欧》中关于世界灵魂的"运动"学说（以及类似的个体灵魂的运动学说），从看得见的天体运动就很容易得到解释，无需涉及《斐德若》提出的更复杂全面的灵魂学说。

我认为，《斐德若》提出了一种灵魂观，与《蒂迈欧》中流行的灵魂观相比，这种灵魂观有了很大的进步。它涉及灵魂本身，不是宇宙的灵魂，也不是个体的灵魂，它认为灵魂是运动的本源，做永恒的自我运动，像神一样关照没有被赋予灵魂的事物。我认为，这种灵魂指的是所有非依赖性的和永恒的灵魂，这在《蒂迈欧》中仅适用于造物主，而《斐德若》却认为这普遍适用于所有灵魂。但是，关于这一点，我遵循赫米亚斯，主张这种"灵魂"仅指智性灵魂。

与这个后来的观点相伴的是早期对话中已经出现的一种灵魂形

象。比如，在神话部分，灵魂被视为"另一个人"（在所有神话中都如此），尽管它也显然是［162］《王制》卷四中的三分灵魂。从《蒂迈欧》的立场来看，这似乎是一场大转变（volte‐face），在《蒂迈欧》中，只有灵魂的推理部分才不朽，但这也许与《王制》卷十的讨论一致。

在我看来，《治邦者》中的神话似乎有趣地合并了《蒂迈欧》和《斐德若》所表达的观点。正如在《蒂迈欧》中一样，世界灵魂也是依赖性的，造物主是非依赖性的。然而，《斐德若》中发现的观点，引导柏拉图把造物主描绘成做永恒的自我旋转，这是他把非依赖性和自动性结合在一起得出的合理推论。鉴于《斐德若》对灵魂的讨论，自动性归给了世界灵魂，但它对造物主的基本依赖则表明，这样的"自动"只是一种合格的性质，与柏拉图最初的设想相比，《斐德若》的普遍性主张没有那么绝对。与《蒂迈欧》不同，世界灵魂似乎也包含部分非理性因素（参《斐德若》，即便是神的不朽灵魂似乎也有"欲望"因素），在《蒂迈欧》中，非理性的母体称为"必然"，造物主需要与之搏斗，它在《治邦者》中有其明显的对应者，称为"有形体"。

在《斐勒布》中，柏拉图再次强调了世界灵魂与个体灵魂之间的相似性，但各自又有不同，世界灵魂是人的灵魂的来源，世界精神则是人的精神的来源。世界灵魂在本质上是理智的模板（对比《蒂迈欧》和《智术师》）：没有迹象表明，世界灵魂是非理性的或伦理上是中立的。世界灵魂似乎也依赖于一种"超验"理智，这理智显然是《蒂迈欧》和《治邦者》中造物主的对应物。至于人的灵魂，对它的描述往往游移不定，不过有一点值得注意，与《王制》卷九的灵魂观一致，《斐勒布》也认为所有快乐和欲望都源于灵魂，这就与《斐多》的观点彻底分道扬镳了。

在《法义》中，柏拉图也说，灵魂是运动的本源，做永恒的自我运动，但《斐德若》中的论证已被大大扩展了。因为现在强调的是灵魂即生命力量或宇宙质料，而不是认知原则（对比《蒂迈欧》和《治邦者》）。我们不再处理这样一个（仁慈、有远见、理性的）世界灵魂，它的活动最明显地展现于天体的运行，我们处理的是在伦理和理智上是中性的宇宙质料，或生命力量，是所有伦理或理智活动的必要条件。它能（但［163］不必）理智地行动，它的预见能（但不必）指向值得称赞的目的。这种灵魂质料就像《蒂迈欧》中的世界灵魂，比世界的身体更古老（正如《斐多》中的个体灵魂比个体的身体要古老），是生成的。也就是说，它依赖于某种其他的存在。这种存在是神圣的棋手，显然对应于《蒂迈欧》和《治邦者》中的造物主和《斐勒布》中的超验理智。《治邦者》中暗示的观点在《斐德若》中得到缓和的论证，此观点与《法义》相关：灵魂质料可能是运动的本源且做自我运动，但它的自我运动将属于一个特殊的秩序，依赖于比它自己更高的灵魂。

有人认为，存在"两个灵魂，"一个好，一个坏，两个在争夺宇宙的最高地位，我拒绝这种看法，但我承认，柏拉图表达自己观点的方式甚为遗憾。

《法义附言》不管是柏拉图还是其他人所作，主要重述了《法义》有关灵魂质料的观点，但它对"造物"活动的讨论则表明，作者试图将其等同于《蒂迈欧》中（理性的）世界灵魂，或许也想将其等同于造物主本人。同样，在《斐多》中，作者也试图在个体层面上将生命灵魂等同于理性灵魂。

至于个体灵魂，《法义》和《法义附言》几乎给我们呈现了柏拉图观点的一个完整概要。但有一点要注意，三分说被删除了，尤其在如此明显的政治语境中。不管柏拉图对世界灵魂的看法发展得多么复杂，在个体灵魂问题上，柏拉图这个老人，似乎满足于遵循最初在苏格拉底对话中所提出的流行的灵魂二分说。

文献缩写

AC   *Acta Classica*
AJP   *American Journal of Philology*
AntCl   *L'Antiquité classique*
ArchGPh   *Archiv für Geschichte der Philosophie*
ArchPh   *Archiv für Philosophie*
ArchPhilos   *Archives de philosophie*
BonnJbb   *Bonner Jahrbücher*
CP   *Classical Philology*
CQ   *Classical Quarterly*
CR   *Classical Review*
DK[12]   *Die Fragmente der Vorsokratiker,*[12]
      eds. H. Diels, W. Kranz (Dublin/Zürich 1966)
HSCP   *Harvard Studies in Classical Philology*
JClS   *Journal of Classical Studies*
JHI   *Journal of the History of Ideas*
JHPh   *Journal of the History of Philosophy*
JHS   *Journal of Hellenic Studies*
JP   *Journal of Philology*
PhQ   *Philosophical Quarterly*
PhR   *Philosophical Review*
PP   *La Parola del Passato*
ProcArSoc   *Proceedings of the Aristotelian Society*
ProcBritAc   *Proceedings of the British Academy*
ProcPhilSoc   *Proceedings of the American Philosophical Society*
RBPh   *Revue Belge de philosophie et d'histoire*
REA   *Revue des études anciennes*
REG   *Revue des études grecques*
REL   *Revue des études latines*
RhM   *Rheinisches Museum für Philologie*

RMM   Revue de métaphysique et de morale
RPh   Revue de philologie, de littérature et d'histoire anciennes
RThPh   Revue de théologie et de philosophie
SBBay   Sitzungsberichte der Bayerischen Akademie der
　　Wissenschaften, Phil.-hist. Klasse
SBWien   Sitzungsberichte der Oesterreichischen Akademie der
　　Wissenschaften, Phil.-hist. Klasse
StPh   Studia Philosophica
TAPA   Transactions of the American Philological Association

参考书目

Ackrill, J. L. Review of R. Hackforth (7) *Mind* LXII (1953) 277-9

Adam, J. (ed.) (1) *Plato's Crito* Cambridge 1888

   (2) *The Republic of Plato*² Cambridge 1963

Allan, D. J. (ed.) *Plato: Republic, Book I*² London 1944

Allen, R. E. (ed.) *Studies in Plato's Metaphysics* London 1965

Archer-Hind, R. D. (1) "On some Difficulties in the Platonic Psychology"
   JP x (1882) 120-31

   (2) *The Phaedo of Plato* London 1894

Baldry, H. C. "Embryological Analogies in pre-Socratic Cosmogony" *CQ*
   XXVI (1932) 27-34

Ballard, E. "Plato's Movement from an Ethics of Individuals to a Science of
   Particulars" *Tulane Studies in Philosophy* VI (1957) 5-41

Bambrough, R. (ed.) *New Essays in Plato and Aristotle* New York 1965

Barth, H. *Die Seele in der Philosophie Platons* Tübingen 1921

Bäumker, C. *Das Problem der Materie in der griechischen Philosophie* Münster
   1890

Bidez, J. *Eos, ou Platon et l'Orient* Bruxelles 1945

Bluck, R. S. (1) "The Phaedrus and Re-incarnation" *AJP* LXXIX (1958)
   156-64

   (2) "Plato, Pindar and Metempsychosis" *AJP* LXXIX (1958) 404-14

Boeckh, A. *Untersuchungen über das kosmische System des Platon* Berlin 1852

Boll, F. (1) *Sphaera* Leipzig 1903

   (2) *Sternglaube und Sterndeutung* Leipzig-Berlin 1926

Boyancé, P. *Le Culte des Muses chez les philosophes grecs* Paris 1937

Brémond, A. "De l'âme et de Dieu dans la philosophie de Platon" *ArchPhilos*
   II (1924) 372-404

Buford, Th. O. *The Idea of Creation in Plato, Augustine and Emil Brunner* Boston 1963

Burnet, J. (1) "The Socratic Doctrine of the Soul" *ProcBritAc* VII (1916) 235 ff.

(2) *Early Greek Philosophy*² London 1908

(3) *Plato's Euthyphro, Apology of Socrates and Crito* Oxford 1924

(4) *Plato's Phaedo* Oxford 1911

(5) *Greek Philosophy* I: *Thales to Plato* London 1914

Bury, R. G. *Plato's Philebus* Cambridge 1897

Callahan, J. F. *Four Views on Time in Ancient Philosophy* Cambridge, Mass. 1948

Campbell, L. *The Sophistes and Politicus of Plato* Oxford 1867

Chaignet, A.-Ed. *De la Psychologie de Platon* Paris 1862

Cherniss, H. (1) "Plato (1950–7)" *Lustrum* IV–V (1959–60)

(2) "The Sources of Evil According to Plato" *ProcPhilSoc* XCVIII (1954) 23–30

(3) Review of A.-J. Festugière (1) II *Gnomon* XXII (1950) 204–16

(4) "The Philosophical Economy of the Theory of Ideas" *AJP* LVII (1936) 445–56

(5) *Aristotle's Criticism of Plato and the Academy* I Baltimore 1944

(6) "The Relationship of the Timaeus to Plato's later Dialogues" *AJP* LXXVIII (1957) 225–66

Claghorn, George S. *Aristotle's Criticism of Plato's "Timaeus"* The Hague 1954

Comau, J. "L'immortalité de l'âme dans le Phédon et la resurrection des morts dans la littérature chrétienne des deux premières siècles" *Helikon* III (1953) 17–40

Cornford, F. M. (1) "The 'Polytheism' of Plato: An Apology" *Mind* XLVII (1938) 321–30

(2) "The Division of the Soul" *Hibbert Journal* XXVIII (1929–30) 206–19

(3) "Psychology and Social Structure in the Republic of Plato" *CQ* VI (1912) 246 ff.

(4) *The Republic of Plato* Oxford 1941

(5) *Plato's Cosmology* London 1937

Courcelle, P. (1) "Le corps-tombeau" *REA* LXVIII (1966) 101–22

(2) "Tradition platonicienne et traditions chrétiennes du corps-prison" *REL* XLII (1966) 406–43

Couvreur, P. (ed.) *Hermiae Alexandrini in Platonis Phaedrum Scholia* Paris 1901

Croiset, A. (ed.) *Platon: Oeuvres complètes* II: *Hippias Majeur, Charmide, Lachès, Lysis* Paris 1921

Crombie, I. M. *An Examination of Plato's Doctrines* 2 vols. London 1962, 1963

de Mahieu, W. "La doctrine des athées au Xe livre des Lois de Platon" *RBPhil* XLI (1963) 5–24

des Places, E. (1) "Platon et l'astronomie chaldéenne" in *Mélanges Franz Cumont* Bruxelles 1936, 120–42

    (2) *Syngeneia: La parenté de l'homme avec Dieu, d'Homère à la patristique* Paris 1966

de Vogel, C. J. (1) "Het godsbegrip bij Plato, II" *AC* VIII (1965) 38–52

    (2) "On the Neoplatonic Character of Platonism and the Platonic Character of Neoplatonism" *Mind* LXII (1953) 43–64

Diano, C. "Quod semper movetur aeternum est" *PP* II (1947) 189–92

Diès, A. (1) *Autour de Platon* 2 vols. Paris 1927

    (2) "Le dieu de Platon" in *Autour d'Aristote* (Festschrift for A. Mansion) Leuven 1955, 61–7

    (3) (ed.) *Platon: Oeuvres complètes* IX: *Le Politique* Paris 1935

Dodds, E. R. (1) "Plato and the Irrational" *JHS* XLV (1945) 18–25

    (2) *The Greeks and the Irrational* Berkeley 1951

    (3) *Plato: Gorgias* Oxford 1959

Disertori, P. *Il Messaggio del Timeo* Padova 1965

Dover, K. J. "The Date of Plato's Symposium" *Phronesis* X (1965) 2–20

Edelstein, L. Review of M. Pohlenz *Hippokrates und die Begründung der wissen-schaftlichen Medizin* (Berlin 1938) *AJP* LXI (1940) 221–9

Einarson, B. "A new edition of the Epinomis" *CP* LIII (1958) 91–7

England, E. B. *The Laws of Plato* 2 vols. Manchester 1921

Festugière, A.-J. (1) *La Révélation d'Hermès Trismégiste* II and III Paris 1949, 1953

    (2) "Platon et l'Orient" *RevPhil* III, 21 (1947) 5–45

    (3) *Contemplation et vie contemplative chez Platon*² Paris 1950

    (4) "Les trois vies" *Acta Congressus Madvigiani* II (Hafniae 1954) 131–74

    (5) "Les 'Mémoires Pythagoriques' cités par Alexandre Polyhistor" *REG* LXVIII (1945) 1–59

Ferguson, J. *Plato: Republic, Book* X London 1957

Flasch, K. von (ed.) *Parusia: Studien zur Philosophie Platons und zur Problemgeschichte des Platonismus* Frankfurt 1965

Freire, A. "Aspectos da ideia de Deus em Platão" *Revista Portuguesa de Filosofia* XXIII (1967) 135–60

Friedländer, P. *Plato* I: *An Introduction* New York 1958

Frutiger, P. *Les Mythes de Platon* Paris 1930

Gaye, R. K. *The Platonic Conception of Immortality, and its Connexion with the Theory of Ideas* Cambridge 1904

Geffcken, J. "Platon und der Orient" *Neue Jahrbücher für Wissenschaft und Jugendbildung* V (1929) 517–28

Görgemanns, H. "Beiträge zur Interpretation von Platons Nomoi" *Zetemata* XXV (München 1960)

Gould, J. *The Development of Plato's Ethics* Cambridge 1955

Gould, T. *Platonic Love* London 1963

Greene, W. C. *Moira: Fate, Good and Evil in Greek Thought* Harvard 1944

Grube, G. M. A. (1) "The Composition of the World-soul in Timaeus 35A–B" *CP* XXVII (1932) 80–2

　　(2) *Plato's Thought* London 1935

Guéroult, M. "Le Xe livre des Lois et la dernière forme de la physique platonicienne" *REG* XXXVII (1924) 26–78

Guthrie, W. K. C. (1) "Plato's views on the nature of the soul" in *Recherches sur la tradition platonicienne* (Fondation Hardt, Entretiens III) Vandeuvres-Genève 1957, 3–19

　　(2) *Orpheus and Greek Religion*^{2} London 1952

Hackforth, R. (1) "Plato's Theism" *CQ* XXX (1936) 4–9

　　(2) "Plato's Cosmogony (Timaeus 27D ff.)" *CQ* n.s. IX (1959) 17–22

　　(3) "Immortality in Plato's Symposium" *CR* LXIV (1950) 43–5

　　(4) "Moral Evil and Ignorance in Plato's Ethics" *CQ* XL (1946) 118–20

　　(5) "The Modification of Plan in Plato's Republic" *CQ* VII (1913) 265–72

　　(6) *Plato: Phaedo* Cambridge 1955

　　(7) *Plato's Phaedrus* Cambridge 1952

　　(8) *Plato's Examination of Pleasure* Cambridge 1945

Hager, F.-P. *Die Vernunft und das Problem des Bösen im Rahmen der platonischen Ethik und Metaphysik* Bern 1963

Hall, R. W. "ψυχή as Differentiated Unity in the Philosophy of Plato" *Phronesis* VIII (1963) 63–82. This article now appears, revised, as a chapter in his book *Plato and the Individual* The Hague 1964

Hamlyn, D. W. "The Communion of Forms and the Development of Plato's Logic" *PhQ* V (1955) 289–302

Handley, E. W. "Words for 'soul,' 'heart' and 'mind' in Aristophanes" *RhM* N.F. XCIX (1956) 205–25

Hardie, W. F. R. *A Study in Plato* Oxford 1936

Herter, H. (1) "Bewegung der Materie bei Platon" *RhM* N.F. C (1957) 327–47

  (2) "Gott und die Welt bei Platon (Eine Studie zum Mythos des Politikos)" *BonnJbb* CLVIII (1958) 106–17

Hicken, W. F. "Phaedo 93A11–94B3" *CQ* n.s. IV (1954) 16–22

Hicks, R. D. (ed.) *Aristotle: De Anima* Cambridge 1907

Hirzel, R. "Die Person" *SBBay* X (1914)

Hoffmann, E. (1) *Die griechische Philosophie bis Platon* Heidelberg 1951

  (2) *Drei Schriften zur griechischen Philosophie (Platons Lehre von der Weltseele)* Heidelberg 1964

Jaeger, W. (1) *Aristotle³* (tr. R. Robinson) Oxford 1948

  (2) "A new Greek word in Plato's Republic" *Eranos* XLIV (1946) 123–30

  (3) *Paideia: The Ideals of Greek Culture* (tr. G. Highet) Oxford 1939

Jäger, G. *"Nus" in Platons Dialogen* Göttingen 1967

Joseph, H. W. B. *Essays in Ancient and Modern Philosophy* Oxford 1935

Jowett, B. *The Dialogues of Plato²* Oxford 1953

Kerschensteiner, J. *Platon und der Orient* Stuttgart 1945

Keyt, D. "The Fallacies in Phaedo 102A–107B" *Phronesis* VIII (1963) 167–72

Koster, W. J. W. "Le Mythe de Platon, de Zarathoustra et des Chaldéens" *Mnemosyne* suppl. III (1951)

Kranz, W. "Platon über Hippokrates" *Philologus* XCVI (1944) 193–200

Kucharski, P. (1) "Eschatologie et connaissance dans le 'Timée'" *ArchPhil* XXIX (1966) 5–36

  (2) "L'Affinité entre les idées et l'âme d'après le Phédon" *ArchPhil* XXVI (1963) 483–515

Kusayama, K. "On the Disorderly Motion in the Timaeus" (Eng. résumé) *JClS* XII (1964) 56–73

Laemmli, F. *Vom Chaos zum Kosmos* Basel 1962

Lee, E. N. "On Plato's Timaeus, 49D4–E7" *AJP* LXXXVIII (1967) 1–28

Legido, L. M. *El problema de Dios en Platón: La teología del demiurgo* Salamanca 1963

Leyden, W. von "Time, Number and Eternity in Plato and Aristotle" *PhQ* XIV (1964) 35–52

Linforth, I. M. *The Arts of Orpheus* Berkeley–Los Angeles 1941

Litsenburg, P. J. G. M. van *God en het goddelijke in de dialogen van Plato* Nijmegen-Utrecht 1954

Loenen, J. H. M. M. *De Nous in het systeem van Plato's philosophie* Amsterdam 1951

Lopez-Doriga, E. "Inmortalidad y personalidad en Platón" *Pensamiento* XXIII (1967) 167–76

Luce, J. V. "Immortality in Plato's Symposium: A Reply" *CR* n.s. II (1952) 137–41

Magotteaux, E. "Manes virgiliens et Démon platonicien" *AntCl* XXIV (1955) 341–51

Maier, H. *Sokrates, sein Werk und seine geschichtliche Stellung* Tübingen 1913

Martin, Th.-H. *Etudes sur le Timée de Platon* 2 vols. Paris 1841

Martin, V. "Sur la condamnation des athées par Platon au x⁰ livre des Lois" *StPh* XI (1951) 103–54

McGibbon, D. D. "The Fall of the Soul in Plato's Phaedrus" *CQ* n.s. XIV (1964) 56–63

McMinn, J. B. "Plato as a Philosophical Theologian" *Phronesis* V (1960) 23–31

Meldrum, M. "Plato and the 'ἀρχὴ κακῶν'" *JHS* LXX (1950) 65–74

Merlan, P. "Religion and Philosophy from Plato's Phaedo to the Chaldean Oracles" *JHPh* I (1963) 163–76, II (1964) 15–21

Michel, A. *La Lecture de Platon* Paris 1967

Moreau, J. (1) "Platon et la connaissance de l'âme" *REA* LV (1953) 249–57

   (2) *L'Ame du monde de Platon aux Stoiciens* Paris 1939

Morrison, J. S. "Four Notes on Plato's Symposium" *CQ* n.s. XIV (1964) 42–55

Morrow, Glenn R. (1) "Necessity and Persuasion in Plato's Timaeus" *PhR* LIX (1950) 147–63

   (2) "Plato's Gods" *Rice University Studies* LI (1965) 121–34

Mugler, C. "Démocrite et les postulats cosmologiques du Démiurge" *REA* LXIX (1967) 50–8

Müller, G. *Studien zu den platonischen Nomoi* München 1951

Murphy, N. R. *The Interpretation of Plato's Republic* Oxford 1951

Naddei, M. C. "L'immortalità dell'anima nel pensiero dei Greci" *Sophia* xxxiii (1965) 272–300

Nilsson, M. P. "The Immortality of Soul in Greek Religion" *Eranos* xxxix (1941) 1–16

North, H. "Pindar, Isthmian 8, 24–28" *AJP* lxix (1948) 304–8

O'Brien, D. "The Last Argument of Plato's Phaedo" *CQ* n.s. xvii (1967) 198–231; n.s. xviii (1968) 95–106

Olerud, A. *L'Idée de macrocosmos et de microcosmos dans le Timée de Platon* Uppsala 1951

Onians, R. B. *The Origins of European Thought about the Body, the Mind, the Soul, the World, Time and Fate*[2] Cambridge 1954

Owen, G. E. L. (1) "The Place of the Timaeus in Plato's Dialogues" *CQ* n.s. iii (1953) 79–95

(2) "Plato and Parmenides on the Timeless Present" *The Monist* l (1966) 317–40

Patterson, R. L. *Plato on Immortality* University Park, Pa. 1965

Pépin, J. *Théologie cosmique et théologie chrétienne* Paris 1964

Pétrement, S. *Le Dualisme chez Platon, les Gnostiques et les Manichéens* Paris 1947

Pfeiderer, E. (1) *Zur Lösung der Platonischen Frage* Freiburg 1888

(2) *Sokrates und Plato* Tübingen 1896

Pieper, J. *Ueber die Platonischen Mythen* München 1965

Pohlenz, M. *Aus Platos Werdezeit* Berlin 1913

Popper, K. R. *The Open Society and its Enemies*[3] 2 vols. London 1957

Raeder, H. *Platons Philosophische Entwickelung* Leipzig 1905

Rankin, H. D. *Plato and the Individual* London 1964

Rees, D. A. (1) "Bipartition of the Soul in the early Academy" *JHS* lxxvii (1957) 112–18

(2) "Theories of Soul in the early Aristotle" in *Aristotle and Plato in the Mid-fourth Century* (ed. I. Düring and G. E. L. Owen) Göteborg 1960, 191–200

Regenbogen, O. "Bemerkungen zur Deutung des platonischen Phaidros" *Miscellanea Academica Berolinensia* I (1950) 198–219

Reich, K. Review of J. Kerschensteiner *Platon und der Orient* (Stuttgart 1945) *Gnomon* XXII (1950) 65–70

Reinhardt, K. *Platons Mythen* Bonn 1927

Reitzenstein, R. and Schaeder, H. H. *Studien zum antiken Synkretismus aus Iran und Griechenland* Leipzig 1926

Reverdin, O. *La Religion de la cité platonicienne* Paris 1945

Rich, A. N. M. "The Platonic Ideas as the Thoughts of God" *Mnemosyne* IV 7 (1954) 123–33

Rist, J. M. (1) *Eros and Psyche: Studies in Plato, Plotinus, and Origen* Toronto 1964

(2) "The Order of the Later Dialogues of Plato" *Phoenix* XIV (1960) 107–21

Ritter, C. *Platon, sein Leben, seine Schriften, seine Lehre* 2 vols. München 1910, 1923

Rivaud, A. (1) *Le Problème du devenir et la notion de la matière dans la philosophie grecque depuis les origines jusqu'à Théophraste* Paris 1906

(2) (ed.) *Platon: Oeuvres complètes* X: *Timée, Critias* Paris 1925

Robin, L. (1) *Platon* Paris 1935

(2) *La Théorie platonicienne de l'amour* Paris 1908

(3) "La Signification et la place de la physique dans la philosophie de Platon" in *La Pensée Hellénique, de ses origines à Epicure* Paris 1942, 231–337

(4) (ed.) *Platon: Oeuvres complètes* IV: *Phèdre* Paris 1933

Robinson, T. M. "Demiurge and World Soul in Plato's Politicus" *AJP* LXXXVIII (1967) 57–66

Rohde, E. *Psyche*[8] (tr. W. B. Hillis) London 1925

Runciman, W. G. *Plato's Later Epistemology* Cambridge 1962

Ryle, G. *The Concept of Mind* London 1949

Saunders, T. J. "The Structure of Soul and State in Plato's Laws" *Eranos* LX (1962) 37–55

Schaerer, R. "Sur l'origine de l'âme et le problème du mal dans le platonisme" *RThPh* XXVII (1939) 62–72

Scarrow, D. S. "*Phaedo* 106A–106E" *PhR* LXX (1961) 245–52

Schiller, J. " 'Phaedo' 104–105: Is the Soul a Form?" *Phronesis* XII (1967) 50–8

Schipper, E. W. "Souls, Forms and False Statements in the Sophist" *PhQ* xv (1965) 240-2

Schottländer, R. "Platon und das Prinzip des Bösen" *Helikon* v (1965) 173-6

Schuhl, P.-M. "Sur le mythe du Politique" *RMM* xxxix (1932) 47-58

Shorey, P. (1) "Plato's Laws and the Unity of Plato's Thought" *CP* ix (1914) 345-69

(2) *What Plato Said* Chicago 1933

Skemp, J. B. (1) *The Theory of Motion in Plato's Later Dialogues* Cambridge 1942

(2) "Plants in Plato's Timaeus" *CQ* xli (1947) 53-60

(3) "Comment on Communal and Individual Justice in the Republic" *Phronesis* v (1960) 35-8

(4) "ὕλη and ὑποδοχή" in *Aristotle and Plato in the Mid-fourth Century* (ed. I. Düring and G. E. L. Owen) Göteborg 1960, 201-12

(5) *Plato's Statesman* London 1952

Simson, J. *Der Begriff der Seele bei Platon* Leipzig 1889

Solmsen, F. (1) "Antecedents of Aristotle's Psychology and Scale of Beings" *AJP* lxxvi (1955) 148-64

(2) "Aristotle and Presocratic Cosmogony" *HSCP* lxiii (1958) 268-82

(3) "Tissues and the Soul" *PhR* (1950) 435-68

(4) *Plato's Theology* Ithaca, N.Y. 1942

(5) *Aristotle's System of the Physical World* Ithaca, N.Y. 1960

(6) "Nature as Craftsman in Greek Thought" *JHI* xxiv (1963) 473-96

Spoerri, W. "Encore Platon et l'Orient" *RevPhil* xxxi (1957) 209-33

Steckerl, F. "Plato, Hippocrates and the 'Menon Papyrus'" *CP* xl (1945) 166-80

Stenzel, J. (1) *Ueber zwei Begriffe der Platonischen Mystik: ζῷον und κίνησις* Breslau 1914, reprinted in *Kleine Schriften* Darmstadt 1957, 1-31

(2) "Ueber Platons Lehre von der Seele: Zur Erklärung von Phaidros 245c ff." in *Festschrift des Schlesischen Philologenvereins der Universität* Breslau 1911, 87-91

Stewart, J. A. *The Myths of Plato*² London 1960

Stöcklein, P. "Ueber die philosophische Bedeutung von Platons Mythen" *Philologus* suppl. xxx 3 (1937)

Stocks, J. L. "Plato and the Tripartite Soul" *Mind* xxiv (1915) 207-21

Strang, C. "Plato and the Third Man" *ProcArSoc* suppl. xxxvii (1963) 147-64

226 柏拉图的灵魂学

Tait, Marcus D. C. "Spirit, Gentleness and the Philosophic Nature in the Republic" *TAPA* LXXX (1949) 203-11

Tarán, L. "Phaedo 62A" *AJP* LXXXVII (1966) 326-36

Taylor, A. E. (1) "The 'Polytheism' of Plato: An Apologia" *Mind* XLVII (1938) 180-99

    (2) *Plato, the Man and his Work* London 1929

    (3) *A Commentary on Plato's Timaeus* Oxford 1928

    (4) *Plato: Philebus & Epinomis* (ed. R. Klibansky) London 1956

Tejera, A. D. "Die Chronologie der Dialoge Platons" *Das Altertum* XI (1965) 79-86

Tenkku, J. *The Evaluation of Pleasure in Plato's Ethics* Helsinki 1956

Theiler, W. (1) "Demiurgos" in *Reallexicon für Antike und Christentum* III Stuttgart 1955

    (2) *Zur Geschichte der teleologischen Naturbetrachtung bis auf Aristoteles*[2] Berlin 1965

    (3) Review of F. Müller *Stilistische Untersuchung der Epinomis des Philippos von Opus* (Berlin 1927) and A. E. Taylor *Plato and the Authorship of the Epinomis* (London 1930) *Gnomon* VII (1931) 337-55

Thévenaz, P. *L'Ame du monde, le devenir et la matière chez Plutarque* Paris 1938

Topitsch, E. (1) "Die platonisch-aristotelischen Seelenlehren in weltanschauungskritischer Beleuchtung" *SBWien* CCXXXIII 4 (1959)

    (2) "Seelenglaube und Selbstinterpretation" *ArchPhil* (1959) 1-36

    (3) *Vom Ursprung und Ende der Metaphysik* Wien 1958

Tsirpanlis, E. C. "The Immortality of the Soul in Phaedo and Symposium" *Platon* XVII (1965) 224-34

Turnbull, R. G. "The Argument of the Sophist" *PhQ* XIV (1964) 23-34

Van Camp, J. and Canart, P. *Le Sens du mot Θεῖος chez Platon* Leuven 1956

Vanhoutte, M. "La Genèse du plaisir dans le Philèbe" in *Mélanges Diès* Paris 1956

Verdenius, W. J. (1) "Platons Gottesbegriff" in *La notion du divin depuis Homère à Platon* (Fondation Hardt, Entretiens I) Vandeuvres-Genève 1952, 241-82

    (2) "Notes on Plato's Phaedo" *Mnemosyne* IV 11 (1958) 193-243

    (3) "Notes on Plato's Phaedrus" *Mnemosyne* IV 8 (1955) 265-89

Vlastos, G. (1) "The Disorderly Motion in the Timaios" *CQ* XXXIII (1939) 71-83, reprinted in R. E. Allen 379-99

(2) "Creation in the Timaeus: Is it a Fiction?" in R. E. Allen 401–19

(3) "Postscript to the Third Man: A Reply to Mr. Geach" *PhR* LXV (1956) 83–94

Waszink, J. H. *Studien zum Timaioskommentar des Calcidius* I Leiden 1964

Webster T. B. L. "Psychological Terms in Greek Tragedy" *JHS* LXXVII (1957) 149–54

Wilamowitz-Moellendorff, U. von *Platon*² 2 vols. Berlin 1920

Wilford, F. A. "The Status of Reason in Plato's Psychology" *Phronesis* IV (1959) 54–8

Winspear, A. D. *The Genesis of Plato's Thought*² New York 1956

Wippern, J. "Eros und Unsterblichkeit in der Diotima-Rede des Symposions" in *Synusia: Festgabe für W. Schadewaldt* (ed. H. von Flashar and K. Gaiser) Pfullingen Neske 1965, 123–9

Witte, B. "Der εἰκώς λόγος in Platons Timaios" *ArchGPh* XLVI (1964) 1–16

Wolfe, J. "A Note on Plato's 'Cyclical Argument' in the Phaedo" *Dialogue* V (1966) 237–8

Wrobel, J. (ed.) *Platonis Timaeus interprete Chalcidio cum eiusdem commentario* Lipsiae 1876

Zeller, E. *Die Philosophie der Griechen* II, 1⁴ Leipzig 1876

索引说明

引用段落的索引（［179］–［184］），完整地列出了从古代文献中明确引用或参考了的段落。而那些未明确引述或参考的古代文献，或特殊的段落，见主题索引。

作者索引（［185］–［187］），涵盖了除古典作者之外的所有作者。

主题索引（［188］–［199］），意在综合概论凡书中所涉及的或所讨论的主题，应注意以下几点：

1 各处苏格拉底和柏拉图的名字未编入索引。

2 "灵魂"这个词编入索引，但不详尽。这些索引仅试图让读者对柏拉图广泛而灵活地使用这个概念有所认识。

3 对柏拉图特殊对话的引用，不包括那些专门讨论该对话的章节。

引用段落索引

作者索引

主题索引

希腊词索引

译后记

在本书付梓之际，笔者想在此感谢在本书翻译和出版过程中帮助和支持过本人的老师和同行。

翻译这本书的缘起，是我在中国社会科学院博士生学习期间。我的导师王柯平研究员在一次古希腊哲学的会议上结识了本书作者罗宾逊教授，最终决定将罗宾逊教授的《柏拉图的灵魂学》这部经典作品引介过来。导师出于对我的信任，将翻译重任交给了我。导师在柏拉图哲学与诗学领域深耕多年，他的作品和个人的指导对我翻译本书提供了很好的指引。

本书作者罗宾逊（T. M. Robinson）是多伦多大学哲学系的荣休教授。在 2014 年 10 月北京第二外国语学院五十周年校庆暨柏拉图国际诗学大会上，笔者有幸见到了罗宾逊教授，并就本书中的几个重要问题与他交换了看法。罗宾逊教授为人谦逊风趣，思想活跃，学识渊博，和教授交流既是一次学习机会，也是一次难得的精神之旅。教授屡次提到，如果在翻译过程中有任何问题，可以随时随地写邮件向他提问，这给了笔者莫大的鼓舞和信心。

翻译此书，笔者有不小的压力。罗宾逊教授是柏拉图研究领域的专家，对柏拉图哲学中的灵魂学有深入和细致的思考，他的这部作品是这一研究领域的经典作品。这些都让我在翻译此书的过程中有一种无形的压力和责任感，想要用准确流畅的中文将本书呈现给中国的读者。

坦率地说，翻译此书并不是一件轻而易举的事情。笔者在翻译之前已经看过两遍英文原文。但是，用准确恰当的词语表达原文的意思在很多地方也并非易事。作者写作本书的过程中，跨度很广，从前期的《欧蒂德谟》写到后期的《法义》。书中讨论的有些对话，笔者在翻译之前并不十分了解，比如《阿尔喀比亚德前篇》《法义附言》，故而翻译过程中谨小慎微，希望能正确理解对话和其中的论证。

除了要准确理解书中涉及的论题，语言的准确性也是一个不小的难题。本书出现了不少古希腊语原文，在初译稿时，通过查阅希腊文字典和既有中文译本，并不能完全准确地理解其中的意思。所幸，在初译完本书时，笔者将无法理解的关于古希腊文、拉丁文、西班牙文、德文、法文、瑞典文的问题发给了罗宾逊教授，教授很快答复了这些问题，对实现译文的准确提供了莫大帮助。在此要真心感谢罗宾逊教授热情无私的帮助。

除了要感谢我的导师王柯平研究员和罗宾逊教授外，在此尤其要感谢本丛书的主编刘小枫教授、联系本书版权的黄薇薇副教授和华夏出版社的马涛红编辑。刘小枫教授的学术成就令人景仰，其治学的严谨值得我们这些后学之辈学习。他看完我试译的第一章内容不久，就同意让笔者翻译此书，笔者很受鼓舞，故决心要尽力将本书翻译好。黄薇薇老师审阅了我的试译稿，在给予积极评价的同时，也给了很多修改意见和指导，让随后的翻译更加顺畅。交稿之后，黄薇薇老师对译文做了通校，使译文质量大为提高。兰花博士对译文的校对亦有贡献。在此一并表示感谢！华夏出版社的马涛红编辑在本书翻译的过程中，一直给予我莫大的支持和帮助，不仅帮助笔者翻译了一些书中的疑难句子，而且也没有催促笔者，而是数次重申要保证翻译的质量，从而让笔者翻译和校对起来更加从容，这让本人感到万分感激。

　　这本书是笔者初次翻译这样有分量的学术专著，虽已竭尽全力，但其中问题在所难免。如有不正确或者不恰当的地方，恳请读者批评指正，也诚望各位专家和同行提出中肯的改进意见。学无止境，进步也无止境。在此希望我们的学术研究和翻译可以在不断的探讨交流、批评指正中不断前进！

张　平

2019 年 2 月

北京市版权局著作权合同登记号：图字 01 - 2014 - 5950 号

图书在版编目（CIP）数据

柏拉图的灵魂学／（加）T. M. 罗宾逊（Thomas M. Robinson）著；张平译 . -- 2 版 . -- 北京：华夏出版社有限公司，2024.4
（西方传统：经典与解释）
书名原文：Plato's Psychology
ISBN 978 - 7 - 5222 - 0627 - 1

Ⅰ.①柏⋯ Ⅱ.①T⋯ ②张⋯ Ⅲ.①柏拉图（Platon 前 427 - 前 347）- 哲学思想 - 研究 Ⅳ.①B502.232

中国国家版本馆 CIP 数据核字（2024）第 018985 号

柏拉图的灵魂学

作　　者	［加］T. M. 罗宾逊
译　　者	张　平
责任编辑	马涛红
美术编辑	殷丽云
责任印制	刘　洋
出版发行	华夏出版社有限公司
经　　销	新华书店
印　　刷	北京汇林印务有限公司
装　　订	北京汇林印务有限公司
版　　次	2024 年 4 月北京第 2 版　　2024 年 4 月北京第 1 次印刷
开　　本	880 × 1230　1/32
印　　张	10
字　　数	242 千字
定　　价	75.00 元

华夏出版社有限公司　　地址：北京市东直门外香河园北里 4 号　　邮编：100028
网址：www. hxph. com. cn　　电话：（010）64663331（转）
若发现本版图书有印装质量问题，请与我社营销中心联系调换。

西方传统：经典与解释
Classici et Commentarii
HERMES
刘小枫◎主编

古今丛编

欧洲中世纪诗学选译　宋旭红 编译

克尔凯郭尔　[美]江思图 著

货币哲学　[德]西美尔 著

孟德斯鸠的自由主义哲学　[美]潘戈 著

莫尔及其乌托邦　[德]考茨基 著

试论古今革命　[法]夏多布里昂 著

但丁：皈依的诗学　[美]弗里切罗 著

在西方的目光下　[英]康拉德 著

大学与博雅教育　董成龙 编

探究哲学与信仰　[美]郝岚 著

民主的本性　[法]马南 著

梅尔维尔的政治哲学　李小均 编/译

席勒美学的哲学背景　[美]维塞尔 著

果戈里与鬼　[俄]梅列日科夫斯基 著

自传性反思　[美]沃格林 著

黑格尔与普世秩序　[美]希克斯 等著

新的方式与制度　[美]曼斯菲尔德 著

科耶夫的新拉丁帝国　[法]科耶夫 等著

《利维坦》附录　[英]霍布斯 著

或此或彼（上、下）　[丹麦]基尔克果 著

海德格尔式的现代神学　刘小枫 选编

双重束缚　[法]基拉尔 著

古今之争中的核心问题　[德]迈尔 著

论永恒的智慧　[德]苏索 著

宗教经验种种　[美]詹姆斯 著

尼采反卢梭　[美]凯斯·安塞尔-皮尔逊 著

舍勒思想评述　[美]弗林斯 著

诗与哲学之争　[美]罗森 著

神圣与世俗　[罗]伊利亚德 著

但丁的圣约书　[美]霍金斯 著

古典学丛编

荷马笔下的诸神与人类德行　[美]阿伦斯多夫 著

赫西俄德的宇宙　[美]珍妮·施特劳斯·克莱 著

论王政　[古罗马]金嘴狄翁 著

论希罗多德　[古罗马]卢里叶 著

探究希腊人的灵魂　[美]戴维斯 著

尤利安文选　马勇 编/译

论月面　[古罗马]普鲁塔克 著

雅典谐剧与逻各斯　[美]奥里根 著

菜园哲人伊壁鸠鲁　罗晓颖 选编

劳作与时日（笺注本）　[古希腊]赫西俄德 著

神谱（笺注本）　[古希腊]赫西俄德 著

赫西俄德：神话之艺　[法]居代·德拉孔波 编

希腊古风时期的真理大师　[法]德蒂安 著

古罗马的教育　[英]葛怀恩 著

古典学与现代性　刘小枫 编

表演文化与雅典民主政制
[英]戈尔德希尔、奥斯本 编

西方古典文献学发凡　刘小枫 编

古典语文学常谈　[德]克拉夫特 著

古希腊文学常谈　[英]多佛 等著

撒路斯特与政治史学　刘小枫 编

希罗多德的王霸之辨　吴小锋 编/译

第二代智术师　[英]安德森 著

英雄诗系笺释　[古希腊]荷马 著

统治的热望　[美]福特 著

论埃及神学与哲学　[古希腊]普鲁塔克 著

凯撒的剑与笔　李世祥 编/译

伊壁鸠鲁主义的政治哲学　[意]詹姆斯·尼古拉斯 著

修昔底德笔下的人性　[美]欧文 著

修昔底德笔下的演说　[美]斯特劳斯 著

古希腊政治理论　[美]格雷纳 著

论源初遗忘 [美]维克利 著

阅读施特劳斯 [美]斯密什 著

施特劳斯与流亡政治学 [美]谢帕德 著

驯服欲望 [法]科耶夫 等著

施特劳斯讲学录

追求高贵的修辞术

——柏拉图《高尔吉亚》讲疏（1957）

斯宾诺莎的政治哲学

施米特集

宪法专政 [美]罗斯托 著

施米特对自由主义的批判 [美]约翰·麦考米克 著

白纳德特集

古典诗学之路（第二版） [美]伯格 编

弓与琴（重订本） [美]伯纳德特 著

神圣的罪业 [美]伯纳德特 著

布鲁姆集

巨人与侏儒（1960-1990）

人应该如何生活——柏拉图《王制》释义

爱的设计——卢梭与浪漫派

爱的戏剧——莎士比亚与自然

爱的阶梯——柏拉图的《会饮》

伊索克拉底的政治哲学

沃格林集

自传体反思录

朗佩特集

哲学与哲学之诗

尼采与现时代

尼采的使命

哲学如何成为苏格拉底式的

施特劳斯的持久重要性

迈尔集

施米特的教训

何为尼采的扎拉图斯特拉

政治哲学与启示宗教的挑战

隐匿的对话

论哲学生活的幸福

大学素质教育读本

古典诗文绎读 西学卷·古代编（上、下）

古典诗文绎读 西学卷·现代编（上、下）